한국과 일본의 지역 패밀리기업의 매니지먼트 비교

창업부터 성장, 재창업에 이르기까지의 기업가활동을 중심으로

김태욱

박영사

서문

　　최근 한일관계가 대전환기를 맞고 있다. 한일관계 개선을 위한 한국 정부의 적극적인 자세가 느껴지는 가운데 정부뿐만 아니라 기업과 민간의 교류와 협력이 활발해지고 있다. 전쟁 전부터 전후에 걸쳐 일본의 기업으로부터 자산을 물려받아 그 기술뿐만 아니라 경영 노하우까지 배워 온 한국이지만, 최근 수십 년간 그 경제성장이나 기업의 경쟁력 향상은 현저해 일부 분야에서는 일본을 능가하는 수준까지 발전해 왔다. 처음에는 모방에서 시작했지만, 스스로 독창적인 발상이나 기술 개발까지 할 수 있게 되면 개인도 회사도 초심을 잃어버리는 경향이 있다. 또한, 침소봉대(針小棒大)라는 말처럼 자신감 과잉이 되거나 사실을 왜곡하면서 현실을 외면하는 행위는 그리 바람직하지 못하다. 현실을 진지하고 겸허하게 받아들이고, 그것으로부터 무엇을 어떻게 할 것인가를 생각해 가는 것이 개인에게도 기업에게도 발전의 계기가 된다.

　　기초과학부터 응용분야에 이르기까지 폭넓게 사회 전반을 지탱하고 있는 일본과 일부 분야에서는 세계 정상급이지만 조금만 분야가 바뀌면 전혀 상황이 다른 한국을 보면서, 이 차이는 어디서 언제 발생했는지 오래전부터 의문이 들었다. 노벨상 수상자의 수가 모든 것을 말하는 것도, 그리고 수학과 건축 분야에서 전 세계적으로 권위 있는 수상자의 수가 그 나라의 품격을 모두 말해주는 것도 아니다. 그러나 하나의 중요한 판단 기준이 될 수 있다고 본다.

의학, 화학, 물리학 분야 등에서 거의 매년 일본 학자들이 수상하거나 후보자로 이름을 올리고 있다. 애초에 근대화의 역사가 일본에 뒤떨어져 있었으니 어쩔 수 없는 부분은 있다 하더라도 근대교육이 시작된 지 벌써 80년이 지나도 그 격차는 좁혀지지 않고 있다. 그 이유에 대해서는 여러 가지 설이 있지만 필자는 가정교육을 포함한 유소년기의 교육과 그 후의 대학 진학이나 기업이나 국가를 포함한 사회 전반의 시스템과 의식의 문제에 기인한다고 생각한다.

일본과 한국은 명문대에 진학하기 위해 유치원 때부터 막대한 투자가 이뤄진다. 영어나 국어, 수학 등 선행학습을 통해 남들보다 한발 앞서 유리한 고지를 선점하려는 노력이 끊임없이 보인다. 우선 일본과 한국의 결정적 차이는 고졸과 대졸의 임금 격차와 사회적 인식 차이다. 한국의 경우 대기업과 중소기업의 임금과 대우 차이는 물론 대졸과 고졸의 수입과 사회적 인식은 일본과 사뭇 다르다. 대학 진학률 면에서도 일본보다 한국이 훨씬 높다. 그 이유는 물론 취업과 사회에서 대학 졸업생에 대한 인식의 차이에서 비롯된다.

세상에는 다양한 사람들이 존재하기 때문에 공부를 잘하는 사람들이 있는 반면, 만들기와 요리, 스포츠와 예술, 기타 다양한 분야에서 그 능력을 발휘하는 사람들이 존재한다. 옛날 농담으로 미국에서 가장 우수한 학생은 대학을 졸업하지 않고 창업해서 억만장자가 되고, 그다음으로 우수한 인재는 대기업에 취직을 한다. 그리고 관료가 되는 사람은 그 다음 그룹이라고 했는데 일본에서는 그 반대라는 설이 있다. 즉, 일본이나 한국의 사회에서 기업가가 평가되기 시작한 것은 최근에 이르러서이다. 그러나 사농공상(士農工商)이라는 사회적 인식이 깊이 남아 있고, 일본보다 상업이나 공업을 역사적으로 배척해 온 한국의 상황은 일본보다 심각하다. 기술과 상업을 중요시하는 문화가 자라지 못한 채 근대화를 맞았기 때문에 사회 전반적으로 관료에 대한 동경이 있었다.

그 결과, 문과 중심의 통치구조가 조선시대 이래 이어지고 있다고 해도 과언이 아니다. 한국에서 해시계, 물시계 등이 만들어지고 있는 시대에 일본에서는 서양의 기계식 시계가 만들어졌듯이 과학과 서양 문화에 대한 나라의 문호를 언제 열었는지, 또 그것을 받아들이는 사람이나 나라의 체제는 어떻게 변화되었는지가 현재까지의 격차의 근간이다.

기본적으로는 차이를 인정하는 문화, 획일적인 것이 아니라 개성이나 타인을 존중하는 마음이 없으면 나라는 발전하지 않는다. 기업의 창업이나 후계에 관해서도 똑같이 말할 수 있다.

필자는 오랜 세월에 걸쳐 일본과 한국의 기업 매니지먼트 분석을 실시해 왔다. 일본과 한국의 기업 환경의 큰 차이는 무엇일까. 우선 일본에 비해 한국 기업의 역사는 짧다. 식민지시대 종업원이나 적산으로 불리는 일본인이 남긴 시설과 종업원을 물려받아 재벌이 된 경우도 드물지 않다. 또, 그 재벌에 다양한 중소기업이 하청이라고 하는 형태로 관련되어 있는 경우가 많아, 독자적인 기술을 가지고 오랫동안 지속된 중소기업의 수는 일본에 비해 압도적으로 적다. 또한, 각 지역의 전통 산업 등을 담당하고 있는 지역 기업의 역사나 전통도 일본에 비해 짧아서 영세한 기업이 많다. 원래 각 지역에 지역 기업이 생존할 수 있는 충분한 시장이 존재했던 일본과 달리 한국의 경우 기업 규모가 일정 이상 커지려면 수도권이나 대도시권으로 진출을 해야 한다. 대기업도 글로벌 시장을 공략하지 못하면 큰 성장을 기대하기 어렵다.

위와 같은 구조는 일본과 한국의 지역기업이나 중소기업 및 대기업의 매니지먼트의 차이를 낳는 직접적인 원인이 되었다. 위에서 말한 바와 같이, 사회적·문화적 환경과 함께 기업을 둘러싼 직접적인 경영 환경 그 자체의 차이를 엿볼 수 있다. 또한 기업을 상속하고 지속적으로 운영하기 위한 국가제도의 차이로 인해 한국에서 기업승계가 어려워지고 있다. 재벌기업 경영자가 울며 겨자 먹기로 그 후손이 주식 등을 상속받을 때 천문학적 상속세를 내야 한다. 결국 현금으로 한꺼번에 낼 수 없는 기업들은 할부금을 내고 주식 전매에 따른 상속세를 내고 있다. 그 사이 기업 방어의 허점이 드러나 기업 경영권이 다른 사람에게 넘어가는 경우도 적지 않다. 필자는 함부로 재벌이나 기업 경영자 쪽을 대변하는 것이 아니다. 단지, 기업의 매니지먼트를 실시하는 데 있어서 경영하는 측도 모티베이션을 유지할 수 없으면 사업을 계속하는 매력을 느낄 수 없게 되어 버린다.

이처럼 기업을 둘러싼 제도나 국가 정책은 기업 경영에 큰 영향을 미친다. 동아시아를 둘러싼 경제와 안보 정세가 급변하고 있는 가운데 일본과 한국의 정부와 기업은 절차탁마하여 서로 좋은 점을 배우면서 지속적으로 성장 발전해 나갈 필요가 있다. 참고로 이 책이 발간된 2022년은 한국에 새로운 정부가 탄생하고 일본도 7월 참의원 선거를 마치면 당분간 큰 선거는 없다. 서로 안정적으로 교류할 수 있는 좋은 기회가 찾아오기 때문에 이 기회를 유용하게 사용했으면 좋겠다.

본서는 2021년과 2022년에 일본에서 출간한 '일본과 한국의 지역 패밀리 기업의 매니지먼트 비교'의 상하권을 통합해 번역한 것이다. 상권에서는 일본 지역기업의 창업부터 성장, 제2의 창업까지 분석하였고, 하권에서는 한국의 대표적인 지역기업을 선정하여 기업가정신과 지역기업의 이노베이션 관계에 대해 분석하였다. 구체적으로는 상권에서는 야마다야와 아사히 주조 주식회사를, 하권에서는 주식회사 무학과 SPC 그룹의 사례 분석을 실시했다.

일본에서는 지역 화과자 및 일본술 회사의 성장 발전 스토리를, 한국에서는 지방 소주 회사와 제과, 제빵 회사의 성장 스토리를 그려 양국 지역 기업의 성장 발전 과정에는 어떤 공통점과 차이점이 있는 지를 규명하고자 노력하였다.

또한, 이 책은 『지역 기업의 리노베이션 전략-노포 패밀리 기업의 비즈니스 모델 진화(2015, 박영사(한국)』의 내용을 대폭 수정하여 출간한 것이다. 이론적 배경은 답습하고 있으나 분석 대상 변경과 추가 조사 등을 실시한 전혀 별개의 연구서이다. 특히 상권과 하권으로 나누어 그 분석 대상을 한국 기업에까지 넓혀 전혀 다른 시각의 연구를 시도하고 있다는 점에 주목하기 바란다. 본 연구는 수많은 분들의 지원으로 이러한 형태로 출판할 수 있었다. 여기에 글로 적어 감사드린다.

카나이 카즈요리(金井一賴) 교수님(아오모리 대학교 학장)은 필자의 은사로 홋카이도 대학교 대학원생 시절부터 필자를 항상 따뜻하게 지도해 주고 있다. 교수님의 중소기업론과 지역기업론에 대한 폭넓은 지식과 기존연구의 한계를 뛰어넘는 탁견에 늘 감복하고 있다. 항상 건설적인 조언을 해주시는 선생님께 진심으로 감사드린다.

홋카이도 대학교 경제학 연구과의 이와타 사토시(岩田智) 교수님 에게는 대학원 시절의 지도는 물론 지금도 공동 연구등으로 큰 신세를 지고 있다. 또, 오타루 상과 대학교의 우치다 준이치(內田純一) 교수님은, 선행 연구의 리뷰나 프레임워크의 구축에 있어서, 필자에게 많은 건설적 어드바이스를 주었다. 마찬가지로 오타루 상과 대학교의 니시무라 토모유키(西村友幸) 교수님은 가끔 메일이나 전화로 연구의 고민이나 경영전략론에 관한 상담 및 논의를 해 주셨다. 선생님들께 감사드린다. 칸사이 대학교의 요코야마 케이코(橫山恵子) 교수님에게는 학부

세미나생의 프로젝트등으로 큰 신세를 지면서 지역 기업의 사회적 가치 창조란 무엇인가에 대해 생각해 볼 수 있는 기회를 주었다. 감사의 말씀을 드리고 싶다. 교토대학교 경영관리대학원의 야마다 진이치로 (山田仁一郎) 교수님, 도호쿠대학교의 이시다 슈이치(石田修一) 교수님, 류코쿠대학교의 아키바 후토시(秋庭太)교수님, 츄우오우대학교의 신도 하루오미(新藤晴臣) 교수님께는 대학원 시절부터 공사에 걸쳐 많은 신세를 지고 있고 항상 감사하고 있다. 덧붙여 본 연구의 착상 단계부터 마지막 정리의 단계까지 수미 일관되게 본서의 간행에 진력해 준 긴키대학 상학연구과 박사 후기 과정 출신, 주식회사 성광물류의 한상진 군에게 감사의 말씀을 전하고 싶다. 학부생 때부터 박사후기 과정에 이르기까지 오랜 세월 나를 도와주었다. 이번에도 선행연구의 이론과 분석 프레임 워크를 이해한 뒤 기업 경영현장에 동행해 경영자를 여러 차례 인터뷰하고 서적으로 정리하는 작업은 여간 힘든 일이 아니었다. 끈기 있게 끝까지 필자를 보좌해 준 한군에게 감사의 말씀을 드리고 싶다. 또 이 책을 출간하면서 바쁘신 와중에도 시간을 들여 일러스트레이션 작업을 해주신 늘봄병원 문준 원장님과 흔쾌히 출판을 맡아주신 박영사 안상준 대표님께 깊은 감사의 말씀을 드리고 싶다. 마지막으로 본 연구의 성공을 기원하며 시종일관 필자의 연구생활을 헌신적으로 도와주며 지켜봐준 가족들에게 감사의 말씀을 드리며 필자의 인사말을 끝내고자 한다.

목차

서장

　일본은 중소기업이 많은 나라다. 일본 전체 기업 수의 99.7%는 중소기업이며, 총 종업원 수는 전체의 약 70%를 차지하고 있다.[1] 또, 대기업·중소기업별 출하액 구성비를 살펴보면, 중소기업이 차지하는 비율은 약 40%를 차지하고 있다.[2] 그러나 일본 중소기업을 둘러싼 환경은 여전히 어렵다. 내각부의 조사에 따르면 일본경제는 동일본대지진 침체에서 빠른 회복세를 보이고 있지만 엔저와 세계경제 둔화 등의 영향으로 점차 회복 움직임이 완만해지고 있으며, 또 세계적으로 코로나가 유행해 2020년도 제1분기 실질 GDP 성장률로 보면 −4.6%로 마이너스 성장을 보이고 있다. 이 같은 나라 전체의 경기침체는 중소기업의 실적에도 큰 영향을 미치고 있다. 일본의 중소기업기본실태조사에 따르면 중소기업의 매출은 2018년도에 비해 감소했으며, 2018년도에는 기업당 7,997만엔이었던 매출액이 2019년도 조사에서는 7,625만엔까지 감소했다고 한다. 중소기업청의 조사에 의하면 중소기업의 기술경쟁력의 위상을 5년 전과 비교해 보면, 전체의 80% 정도의 기업에서 「기술경쟁력이 높아지고 있다」거나 「종래의 수준을 유지하고 있다」라고 회답하고 있는 한편, 20%의 기업에서 「기술경쟁력이 저하되고 있다」라고 회답하고 있다. 그 이유로는 기술·기능 계승이 잘 되지 않고 있다(69.6%), 해외 기업 등의 기술 향상(16.2%), 기술 유출에 의해 동일 기술을 타사가 보유(13.0%), 기계화·IT화에 의한 기술의 일반화(12.2%) 등을 들 수 있다.[3] 즉, 모든 중소기업이 그렇지는 않다고 해도, 세계화에 의한 경쟁의 격화나 타사 기술과의 유사화 혹은 차별화가 충분히 이루어지지 않은 상황에 있는 것은 확실하다. 장기적으로도 저출산 고령화로 인해 그동안 중소기업들이 주요 시장으로 삼아온 국내 시장의 수요가 둔화될 전망이다. 중소기업은 앞으로 기존의 기술·시장에 의존하지 않고 혁신적인 사업을 수행하여 경쟁우위를 지속하고 새로운 시장 개척에 힘써 나갈 필요가 있을 것이다. 본서에서 우리가 다루는 것은, 그러한 혁신성을 가지고, 지역 자원을 활용해 사업의 이노베이션에 임하고 있는 「지역 기업」이다.

지역 기업이란, 「특정의 〈지역〉에 본사 기능을 두는 기업」이다(우치다·김, 2008).[4] 여기서 말하는 「지역」이란, 도쿄나 오사카 등 대도시권 이외를 의미하고, 「지역 기업」이란 대도시권을 제외한 지역을 중심으로 사업을 전개하는 기업을 가리킨다. 우리나라에서 수도권이라고 하면 대기업, 지방이라고 하면 중소기업이라는 구조가 암묵적으로 이루어져 있는데, 본서에서도 그러한 중소규모로 특정 지역에 본사 기능을 두어 사업을 전개하는 기업을 「지역기업」이라고 부르고 있다. 그리고, 그러한 특정 지역에 본사 기능을 두어 사업을 전개하는 중소기업의 대부분이 패밀리 기업이다. PwC Japan 의 조사[5]에 의하면, 일본은 창업자 일족이 경영에 관련된 패밀리 기업이 국내 기업 총수의 90% 이상을 차지하고, 기업역사가 100년 이상된 패밀리 기업이 수만 개나 존재하는 「패밀리 비즈니스 대국」이라고 한다. 일본의 대기업이 총기업수 중 1% 미만밖에 존재하지 않는다는 점을 감안해도 얼마나 많은 중소기업이 패밀리기업의 형태인지 알 수 있을 것이다. 그런데, 본서에서 「패밀리 기업」은 지역 기업에 내포되는 개념으로 파악하고 있다. 왜냐하면, 패밀리 기업의 대부분이 지역 특유의 수요에 경영자원을 집중적으로 투입하고 지역 네트워크를 활용해 사업을 전개한다는 지역 기업적 전략적 특징을 가지고 있기 때문이다. 이를 바탕으로 지금부터는 중소기업에 대한 정책에 주목하면서 지역기업을 둘러싼 현황과 과제에 대해 검토해 나가기로 하자.

GHQ의 통치하에 있던 전후 초기의 중소기업 정책에서는 미국의 중소기업 정책의 개념이 강하게 반영되어 있었다. 즉, 중소기업을 '대기업에 대한 도전자'로 규정하고, 기업정책은 독점금지법에 의한 시장 경쟁 원리를 보완하는 형태로 이루어진 것이다(야스다, 2010). 이를 위해 1948년 설립된 '중소기업청'을 중심으로 중소기업을 건전하고 독립된 기업으로 육성하고 경제력이 집중되지 않은 상태에서 주로 금융관련 법제도의 정비와 중소기업에 대한 지도·조언이 이루어졌다.

그 후 고도경제성장기에 들어서 일본 중소기업 정책의 원점이라고 할 수 있는 「구 중소기업 기본법」(1963년)이 제정되었다. 이때가 되자 대기업과 중소기업 간 생산성, 기업소득, 노동임금의 격차가 큰 사회문제로 주목받게 됐다. 이 무렵 중소기업은 수도권의 근대화된 대기업, 지방의 전근대적 중소기업이라는 이중구조 속에서 회자됐다.

그 때문에, 중소기업 정책에서는 대기업의 「하청」으로서의 중소기업을 어떻게 보호·지원할 것인가 하는 시점에 선 제도 설계가 되어 있었다.

그런데 중소기업기본법이 개정되는 1999년까지 36년 동안 중소기업의 이미지는 크게 변화했다. 그동안 '사회적 약자'라는 획일적 시각을 갖고 있던 중소기업이 전근대적 중소기업이라는 기존 이미지에서 벗어나 혁신적인 사업을 하는 일본 경제의 역동성의 원천으로 인식되게 된 것이다.

1999년에 개정된 「신중소기업기본법」에서는 구 중소기업기본법이 지금까지 담당해 온 중소기업의 문제에 계속적으로 대처하면서도 「경영혁신·창업촉진」, 「경영기반강화(경영자원의 충실)」와, 혁신에 임하는 기업을 위한 「안전망 정비」라는 새로운 정책이 도입되었다. 조직내부의 경영자원 능력의 충실화나 혁신성의 관점이 도입된 것은 중소기업 정책의 큰 변화였다고 할 수 있을 것이다.

최근 들어 중소기업과 지역의 관계가 재검토되면서 중소기업이 지역 활성화의 주체로서 주목받기 시작했다. 2007년에 제정된 「중소기업 지역자원활용촉진법」에서는 지역의 강점이 될 수 있는 농림수산물이나 광공업품, 생산기술, 관광자원 등 지역자원을 활용한 신상품·신서비스의 개발·생산 등을 실시하여 수요를 개척하는 것을 목적으로 사업주에 대해 보조금이나 융자제도, 과세특례 등을 종합적으로 지원하고 있다. 이 제도에 의해 처음으로 중소기업의 차별화 요인으로 지역 특유의 자원을 활용한다는 관점이 도입되어 각 지방에서 지역자원의 활용을 촉진시키고 있다.[6]

또한 최근 들어 패밀리 기업들도 주목을 받고 있다. 경제 불황으로 일본 전체가 일제히 실적 부진에 빠지는 가운데 실질적인 지역 기업의 중심인 패밀리 비즈니스가 '지역에 뿌리를 두고 세대를 뛰어 넘어 경제, 고용, 문화 등 다방면에 걸쳐 지역에 공헌하고 있으며, 지역 활성화 대책측면에서는 지역 관계자의 이해조정 및 리더로서의 역할을 담당하고 있다'는 것을 인지하게 된 것이다.[7]

그러나 패밀리 기업의 장점은 단점과 양면의 코인과 같은 관계이다. 패밀리 기업은 가족이 독점적인 경영권을 가지고 있어야 장기적인 관점에서 사업을 전개할 수 있다는 장점이 있다. 반면 소유와 경영에 가족의 이해가 관련되기 때문에 의사결정이 보수적이기 쉬워 시대 변화에 대응하지 못하고 뒤처질 수 있다. 지역과의 강한 네트워크는 지역으로부터의 신뢰를 얻기 쉽고 사업 전개도 원활하게 실시하기 쉬운 반면, 네트워크를 재편성하지 않으면 안 될 때에는 오히려 족쇄가 될 가능성이 있다. 또한 패밀리 기업은 사업 승계 문제라는 특유의 문제를 안고 있다.[8] 중소기업의 대부분이 패밀리 기업이 되는 원인은, 경영자를 중심으로 한 소수의 씨족 관계자가 자사 주식의 대부분을 보유하고 있기 때문이다. 회사 소유와 경영이 일치하기 때문에 가족 외 후계자에게 대표이사 사장 자리를 물려준 것만으로는 완전한 사업승계가 되지 않고 동시에 회사 경영권, 즉 자사 주식도 물려줄 필요가 있다. 그래서 외부인에게 계승시키기 어렵고 가족 내에서 계승하는 경향이 있다.

다음으로 자금조달에 있어서 경영자 개인보증이나 개인자산을 담보로 차입금을 얻는 비율이 높기 때문에 차기 후계자가 부담하는 리스크가 높아 후계자 찾기가 어려워지고 있는 것도 요인이다. 자산의 인계·분리가 문제가 되는 경우가 많아 친족 외로의 계승이 어려워지는 것이다. 상황이 이렇다 보니 설령 경영자가 가족 내에서 사업승계를 원하지 않더라도 별다른 선택지가 없고, 기업에 큰 경영과제로 닥치게 된다. 이와 같이 패밀리 기업에 관한 정책은 중소기업 정책의 「사업 승계 문제」에서 이야기되어 왔지만, 장기적인 관점에서 사업을 실시할 수 있고, 지역과의 밀접한 유대관계의 강점을 적극적으로 지원·활용하려는 정책은 아직 부족한 것이 현실이다.

이상과 같은 내용을 정리하면 '지역기업'이라는 개념도, 패밀리 기업이라는 개념도 중소기업이라는 개념에 묻히기 쉬운 존재이며, 최근에서야 주목받기 시작한 개념이라 할 수 있을 것이다.

　　제1장에서는 본 연구의 분석항목 선정 이유와 그 흐름에 대해 설명한다. 지역 기업, 패밀리 기업, 이노베이션, 기업가 연구, 조직 학습 등 폭넓은 선행 연구의 검토를 실시하는 이유와 그 통합 가능성에 대해 기술하고 있다.

　　이어진 선행연구의 검토에서는 지역기업과 이노베이션, 패밀리 비즈니스에서의 기업가 활동, 지역기업의 비즈니스 모델(시스템)과 전략적 자원, 지역기업의 조직학습의 4개 분야로 분류해 선행연구를 실시하고, 그 후 이를 종합적으로 정리했다.

　　이들 분야는 모두 기존 지역 기업의 경영을 논할 때 그 필요성은 인식되고 있었지만, 전반적·통합적으로는 논의되는 경우가 적었다.

　　제2장에서는 제1장에서의 선행연구 검토를 바탕으로 해당 산업의 현황과 과제를 보다 정확하게 분석하기 위한 분석틀을 제시하는 동시에 그 구성요소에 대해 기술한다.

　　제3장에서는 본 연구에서 다루는 사례를 분석틀에 따라 분석한다. 히로시마현 하쓰카이치시의 미야지마에 거점을 둔 과자 제조 회사 야마다야, 야마구치현 이와쿠니시에서 양조장을 운영하고 전 세계에 판매하고 있는 아사히 주조 주식회사를 다룬다.

Endnotes

1 　総務省(2019)。

2 　経済産業省(2018)。

3 　中小企業庁(2020)。

4 　内田・金(2008) p.20。

5 　PwC Japan HPより。

6 　히로시마에서는 농림수산물, 광공업품 및 광공업품의 생산과 관련된 기술, 문화재, 자연풍경지, 온천 및 기타 지역의 관광자원 등 총 200종류의 지역자원이 등록되어 있다.

7 　経済産業省(2011) p.1。

8 　岡田悟(2007)。

한국과 일본의 지역 패밀리기업의 매니지먼트 비교

창업부터 성장, 재창업에 이르기까지의 기업가활동을 중심으로

Chapter

01

선행연구의 검토

Chapter

01 선행연구의 검토

1 본 연구의 분석항목 선정 이유와 그 흐름

본 연구에서 취급하는 기업은 지역 기업이다. 우치다·김(2008)[1]에 의하면, 지역 기업은 「특정의 〈지역〉에 본사 기능을 두는 기업」이라고 하고 있지만, 일반적으로는 지방 기업이며, 중소규모의 기업인 회사를 가리키는 경우가 많다. 본 연구에서는, 업종이 다르지만, 일본의 중국 지방의 노포 기업이나 지역 자원을 적극적으로 활용해 사업 전개를 하고 있는 기업을 연구 대상으로 한다. 알다시피, 대부분의 노포 기업 이나 지역의 중소기업은 패밀리 기업이다. 패밀리 기업의 역사는 참으로 길고 많은 사람들이 알고 있는 다수의 유명 기업들도 그 정의에 부합하지만 우리는 그 사실을 깨닫지 못하고 있다. 자동차 회사인 도요 타나 포드, 일본의 유명 조미료 회사인 킷코만, 그리고 세계 최대의 지퍼 제조업체인 YKK도 모두 패밀리 기업이다.

그러나 본 연구에서 사례로 취급하는 기업은 패밀리 기업 중에서 도 비교적 소규모로 지역에 위치한 기업이 많다. 패밀리 기업은 사업 활동에서 민첩성과 조직력이 있다는 장점이 있는 반면, 후계자 문제나 외부 의견이나 자원을 적극적으로 도입하는 계기가 되는 네트워크 구축 측면에서 과제가 남아 있다.

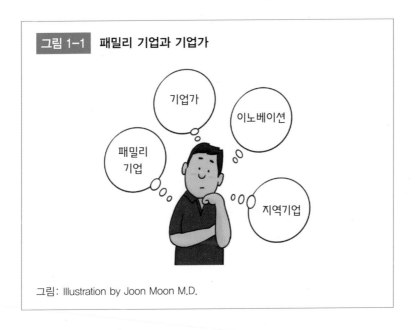

그림 1-1 | 패밀리 기업과 기업가

기업가

이노베이션

패밀리 기업

지역기업

그림: Illustration by Joon Moon M.D.

또, 지역 기업에 있어서는 이노베이션을 선도하는 기업가의 역할이 매우 중요하다. 대기업과는 달리 중소기업에서의 이노베이션은 기업가 자신에 의해 실현되는 경우가 많다. 본 연구에서는 패밀리 기업이나 지역 기업의 특징을 언급한 후, 그 지역의 중소기업을 견인하고 있는 기업가와 패밀리 기업이나 지역 기업과의 관련성에 대해 검토한다.

또한 본 연구에서는 지역기업을 아웃사이드 인어프로치와 인사이드 아웃어프로치에서 고찰하는 의미에서 지역기업을 RBV(자원 베이스론)의 관점에서 정리하고, 기업의 내부능력 축적이 사업전략이나 비즈니스 모델 책정에 미치는 영향에 대해 논한 후 패밀리기업이나 지역기업을 둘러싼 경영환경과 기업 매니지먼트의 상호작용에 대해서도 언급한다. John Child(1972)[2]가 이미 주장했듯이, 조직은 그것을 둘러싼 경영환경에 대해 수동적으로 반응하는 것인 동시에 적극적으로 그 경영환경에 영향을 미치는 존재이기도 하기 때문이다.

한편, 본 연구에서는 기업 장기 존속의 원천이 되는 조직 내부의 논의로서 조직학습에 대해 언급한 후, 조직학습에서의 실패 관리야 말로 기업성장의 원동력이나 이노베이션의 원천으로 이어질 가능성이 있기 때문에 그와 관련된 이론검토를 실시한다.

2 | 지역기업과 이노베이션

1 지역기업과 이노베이션

이노베이션에 대해 이야기하기 전에 먼저, 이노베이션이란 무엇인가에 대해 이야기를 하고자 한다. Drucker(1985)[3]는 이노베이션이란 현재 있는 자원에 대해 새로운 능력을 부여하는 것으로 자원을 진정으로 가치 있는 자원으로 바꾸는 것이라고 말하고 있다. 또한, 이때에는 이미 존재하는 것을 경제적 가치를 부여하기 위해 유용한 것으로 전환하는 것도 중요한 것이라고 말하고 있다. 최근 수요의 불확실성에 의해 쇠퇴를 피할 수 없게 된 지역 기업의 재활성화를 도모하는데 있어서, 이 이노베이션의 중요성은 더욱 높아지고 있다. 단지, 같은 이노베이션이라고 할지라도, 회사의 규모와 업종에 따라 크게 그 형태가 달라지는 것이라고 생각된다.

본 연구에서 다루는 대상은 지역 기업이므로, 이하의 오타키·카나이(2006)[4]의 지역 기업의 전략적 특징을 염두에 둔 후, 지역 기업에 있어서의 이노베이션에 필요한 요소에 대한 이야기로 진행해 나가고자 한다.

먼저 지역 기업의 전략적 특징을 염두에 둔 후, 지역 기업에 있어서 이노베이션에 필요한 요소에 대한 이야기를 하도록 하겠다. 우선 '지역 특유의 니즈 발견'은 지역에 숨어 있는 고객의 니즈를 발굴하고 이에 부응하기 위해 유연하게 대응하는 것이 필요하다. 다음으로 「지역 자원의 활용」이란, 그 지역 특유의 자원을 활용해 타지역과의 경쟁 우위로 연결해 나가야 한다는 발상이다.

마지막으로 「네트워크 창조에 의한 전략적 제휴」는 자원이 부족한 지역 기업은 자원적 제약을 극복하고, 사업진척의 속도를 높이기 위해서 지역의 다른 기업, 대학 등의 연구기관, 지방정부와 전략적 제휴를 맺어 서로 협력해 나가는 것이 중요하다는 생각이다. 이들 3가지 요소 모두 지역과 깊은 연결고리를 갖고 있는 지역기업이기 때문에 가능한 일이지 활동 범위를 넓히기 위해 1개 지역에 머무르지 않고 전국에 사업을 전개하는 대기업은 할 수 없는 일이다.

여기서부터는 이러한 지역 기업의 전략적 특징을 살려 이노베이션을 도모해 나가기 위해서 필요한 요소에 대해 논해 나갈 것이다. 그때 축이 되는 것은 ① 「기업 이노베이션의 주체가 되는 기업가의 혁신적 의식」과 ② 「이노베이션을 실시하는 데 필수 불가결한 실패로부터 배우는 기업문화」이다. 이하에서 각각의 요소에 대해 검토하고자 한다.

2 혁신적 의식을 가진 기업가

이노베이션에 있어서 혁신적인 아이디어는 필수불가결한 요소이며, 그러한 아이디어에 의해서 기업에 활기가 생긴다. 기업인은 자신이 혁신적인 아이디어를 내는 것도 중요하지만 직원들에게도 아이디어를 요구해 그 혁신적인 아이디어가 실현 가능한지, 수익성을 낼 수 있는지에 대한 정확한 판단을 내려야 한다. 그러기 위해서는 종업원과의 거리를 가깝게 유지하고 적극적으로 커뮤니케이션을 도모해 사내에서 대화가 활발하게 이루어지도록 해야 한다. 이 점에 있어서 지역기업은 대기업에 비해 우위성을 가지고 있다고 생각된다. 왜냐하면 종업원 수가 적은 지역 기업에서는 경영진과 현장 스태프의 지리적, 심리적 거리가 가깝고 또 개개인이 져야 할 책임도 커지기 때문이다. 그러나 이는 지역 기업의 강점인 동시에 약점이 될 수 있는 부분이다. 회사 내의 인간관계가 가깝고 밀접하다는 것은 각각 집단에 미치는 심리적 영향도 크다는 것이며, 그 의미에서 사내 분위기가 사원의 동기부여에도 큰 영향을 미칠 것으로 생각된다. 이때 기업가들이 조심해야할 것은 직원들의 혁신적인 아이디어를 보수적인 판단으로 무너뜨리지 않도록 해야 한다는 것이다. 지역 기업 중에는 가문에서 대대로 사업을 계승해 나가는 씨족 기업이 많이 존재한다. 시모노(2009)[5]에 의하면, 그러한 동족 기업에서 기업가는 선대의 의사를 존중한 이노베이션을 실시하기도 하지만, 자신을 사장으로 선택한 선대나 임원에 대한 배려가 필요 없기 때문에 필요할 때에는 근본적인 이노베이션을 실시하기 쉽다는 이점을 가지고 있다.

그러한 동족 기업의 강점을 살려 조상 대대로 일관된 「전통」을 지키면서도 패밀리라고 하는 일체감으로부터 종업원을 정리해, 대대로 관계가 계속되고 있어 유대가 깊어진 주위의 환경과 협력하면서 시대의 변화에 적합한 이노베이션을 실시해 나가는 것이야말로, 지역에서 지역 기업이 장기에 걸쳐 존속해 가는 데 중요하다고 말할 수 있을 것이다.

이러한 점에서 지역기업에서 이노베이션을 일으켜 나가기 위해서는 기업가가 이노베이션에 적극적으로 개입해 나가는 것이 중요하다고 할 수 있다. 그러한 기업가의 이노베이션에 대한 큰 역할이 기업 내에서 이노베이션이 일어나기 쉽게 하는 조직 설계를 하는 것이다. 이 러한 관점에서 다음 절에서는 이노베이션에 있어서 실패의 중요성에 대해 검토해 나갈 것이다.

3. 실패로부터 배우려 하는 조직설계

Christensen(1997)[6]에 의하면, 기업의 이노베이션에는 2종류가 있으며, 각각 지속적 기술을 이용한 '지속적 이노베이션'과 파괴적 기술을 이용한 '파괴적 이노베이션'으로 나뉜다. 「지속적 이노베이션」은 제품의 성능을 높이는 것이 목적이며, 기존의 고객에게 기존의 제품보다 성능이 뛰어난 지속적 기술을 이용한 제품을 제공하고자 하는 이노베이션이다. 이 지속적 이노베이션이 각 업계의 기술 진보의 대부분을 담당하고 있어 기업이 지속적 이노베이션에서 실패하는 일은 거의 없다.[7]

즉, 지속적 이노베이션은 기존 고객의 만족을 충족시키기 위해 이루어지는 이노베이션으로, 기업이 시장 내에서 성장·존속해 나가기 위해서도 필요한 이노베이션이다. 그러나 고도 경제 성장기 무렵에는 성장하던 시장이 시대가 진보함에 따라 성숙해지면서 제품 매출에도 한계가 보이기 시작했다. 이러한 시기에는 지속적 이노베이션이 아니라 「파괴적 이노베이션」을 이용해 새로운 시장을 개척해 나갈 필요성이 있다.

Christensen(1997)[8]에 의하면, 파괴적 이노베이션이란 기존의 가치를 파괴하고 신규 시장의 신규 고객에게 새로운 가치를 제공하는 이노베이션이다. 즉 기존 가치와는 다른 가치 기준을 가져오기 때문에 기존 제품보다 성능이 떨어지지만 기존 시장에서 조금 떨어진 곳에 가치를 찾는 사람의 평가를 얻는 성질을 갖고 있다.

이들 2가지 이노베이션의 성질에서 지속적 이노베이션을 향해서 시장을 세세하게 분석하고, 거기에 대응하는 개선을 계속해 나가는 것은 중요하지만, 파괴적 이노베이션이 기존 시장과는 다른 시장의 고객 가치를 창조한다는 성질을 가지고 있음을 생각하면, 기존 시장의 연장선상에서의 분석만으로는 불충분하다는 것을 알 수 있다. 따라서 파괴적 이노베이션으로 실패의 리스크를 줄이기 위해서는 실패를 분석하고, 그 분석으로부터 얻은 지식을 사용해 학습을 계속해, 제품 개량에 활용해 나가는 것이 중요하다. Davila 외(2006)[9]는 실패에서 성공 요인이 보이는 경우가 많다며 실패의 가치가 조직 내에서 소홀히 취급되면 직원들이 실패를 두려워해 실험에 나서지 못한다고 말했다. 여기서 Davida는 '실패의 가치'라는 단어를 사용하여 실패의 중요성에 대해 지적하고 있다.

실패라는 말은 언뜻 듣기 거북하다. 더불어 누구나 머릿속에는 '실패'는 해서는 안 되는 것이라는 이미지를 품고 있기 때문에, 불필요하게 실패의 부정적 이미지가 기업 내에 자리 잡기 쉽다. 대기업과 비교해 사업 규모가 작은 지역 기업에 있어서 한 번의 실패가 기업의 장래를 좌우할 수 있다. 그 때문에 대기업에 비해 리스크에 대해 민감해지기 쉽다. 그러나 정체된 기업 활동을 활성화하기 위해서는 이노베이션이 필수 불가결하다. 따라서 기업가 는 리스크에 대해 신중한 검토를 실시하면서도 새로운 기업 성장을 위해서도 일정한 리스크를 허용하고 실패로부터 학습해 나가는 조직 설계를 실시해 나갈 필요가 있다.

지역 기업이 실패로부터 학습해 나가는 조직 운영을 실시해 나가는 데 중요한 점으로는 다음 두 가지를 들 수 있다. 우선, 첫째로 「지역」이라고 하는 특정 세그먼트의 요구에 응하려고 하는 것이다. 신시장 개척 시에 중요한 데이터가 되는 고객으로부터의 의견을 지역과의 깊은 연결 고리속에서 획득함으로써 대기업이 실시하는 설문조사보다 더 직접적이고 신뢰성 있는 피드백을 얻기 쉽다고 생각된다. 둘째, 인적 자원의 부족의 문제이다. 원래부터 인원수가 적어서 기업인을 중심으로 한 권한구조가 복잡한 대기업에 비해 신속하게 고객의 니즈를 전사적으로 공유할 수 있고 그에 대한 대응책을 검토할 수 있는 것이다.

이상에서 기술한 바와 같이 지역기업은 파괴적 이노베이션을 통해서 기업활동의 활성화를 도모해 나갈 필요가 있으며, 이때에는 지역기업의 강점을 활용해 파괴적 이노베이션의 리스크를 최대한 경감하고 실패로부터 학습해 나가는 조직설계를 실시해 나가는 것이 중요하다.

3 패밀리 비즈니스의 기업가 활동

1 패밀리 기업 연구

본 절에서는 패밀리 기업의 역사를 경영사의 관점에서 서술한다. 자세한 것은 후술하겠지만, 일본에서의 패밀리 기업의 연구는 미국 등과 비교해 뒤쳐져 있다. 일본은 역사가 긴 패밀리 기업이 세계에서 가장 많은 노포 대국이다. 그럼에도 불구하고 일본에서의 패밀리 기업의 연구는 타국과 비교했을 때 저조하다고 할 수 있으며, 심층적인 조사가 별로 이루어지지 않았기 때문에 데이터 자체가 부족한 것이 현실이다.[10] 일본에 눈을 돌리기 전에, 미국의 패밀리 기업의 흐름을 먼저 알아 보고자 한다.

18세기부터 19세기까지 영국에서 산업혁명이 일어나 근대 기업의 원형이 만들어졌다. 1850년 이전의 미국 기업에서는 전문경영자를 필요로 할 정도의 대규모 비즈니스가 극히 적고, 기업경영을 담당하는 2~3명이 회사를 지배하는 동족간 사업이 일반적이었다. 즉, 패밀리 기업은 보다 전문적인 경영을 하기 위해 「경영자 기업」으로 진화하는 과정의 하나에 지나지 않았다. 그 후, 비즈니스의 주류는 1900년대 초에 미국에서 「대량 생산·대량 소비」의 빅 비즈니스로 이행해가면서 계층 조직이 형성되었다. 수직통합이나 수평통합에 의해 거대화된 조직을 운영하는 큰 비즈니스에서는 전문경영인에 의한 효율적인 경영이 요구되어 패밀리비즈니스는 이미 낙후된 기업형태로 인식되고 말았다.

그렇다면 일본의 패밀리 기업의 역사는 어떨까. 고토(2005)[11]는 일본에서는 패밀리 비즈니스의 중요성이 경시되어 패밀리 기업 경영의 편차성이나 부정적인 측면이 문제시되고 있다고 지적한다. 그러나 토요타나 캐논, 타케다 약품 등 일본 유수의 대기업도 패밀리 기업이고, 일본 내의 패밀리 기업 비율은 전체의 95%, 상장 기업 비율은 30%를 넘는 것으로부터 알 수 있듯이, 일본 경제에 있어서 패밀리 기업의 영향력은 매우 강해, 더 이상 무시할 수 없는 존재라고 말할 수 있다. 일본에서의 패밀리 기업의 역사를 거슬러 올라가보면, 가족적·동족적 경영 형태를 볼 수 있게 된 것은 에도 시대이며, 일본 기업이 오늘날과 같이 자본주의적 근대적 기업으로 형성된 것은 메이지 유신 이후이다. 메이지 유신 이후 무가·무사 계급의 충 중심의 유교적 윤리 관념이 더해지면서 기업 충성심을 중심으로 한 경영가족주의 이념이 발전하였다. 지금까지의 일본의 기업 지도자는 국익·공익 우선을 이념으로 내걸고 있었지만, 사적 자본주의화가 진전됨과 동시에 기업 중심성이 강해져, 미츠이나 스미토모, 미쓰비시 등의 일본을 대표하는 재벌은, 마치 가족과 같은 기업에 대한 충성심이 전면적으로 부상되게 되었다. 1970년대에 들어서면서 고도 경제성장을 이룬 일본은 「장기 고용」이나 「안정적 노사관계」에 주목하게 되었다.

그러나 이후 버블 붕괴로 상황은 급변했고 일본은 잃어버린 20년 이라는 말을 들을 정도로 긴 불황에 빠졌다. 이러한 환경하에서도 일본의 패밀리 기업은 사업 활동을 계속해, 수많은 위기를 극복하면서 전통을 쌓아 갔다. 세계경제는 세계화의 시대를 맞이하여 '소유와 경영의 분리'나 '주주가치의 향상'이 국제기업의 책무로서 요구되게 되었지만, 주식의 보유나 이사회 등에 의해 오히려 관련회사와의 관계를 돈독히 하고 있던 일본기업은 세계의 흐름에 반하는 기업 형태였기 때문에 그 존재가치가 일본에서 그다지 평가되어 오지 않았던 것이다.[12]

지금까지는 경영사의 관점에서 일본과 미국에 있어서 패밀리 기업의 변천을 살펴보았으나, 다음 절에서는 패밀리 기업의 성격을 가지고 있는지를 명확히 제시한 후에 일본 재벌과 성격이 비슷한 화교 재벌의 사례를 들어 패밀리 기업이 어떤 강점을 가지는 조직인가에 대해 검토하고자 한다.

2 패밀리 기업의 특징과 양면성

밀러(2005)[13]에 의하면, 패밀리 기업은 이하와 같은 「4개의 C」라고 하는 원동력을 가지고 있다고 한다. 우선, 계속성(Continuity)이다. 패밀리 기업은 조상으로부터 부여 받거나 후손에게 전달하기 위한 장기적인 미션을 달성하기 위해 필요한 역량을 구축하는 데 장기간에 걸쳐 과감한 투자를 실시한다. 또 경영간부 육성에 시간을 들인 뒤 오랜 재임기간을 부여하고 있다. 둘째, 커뮤니티(Community)이다. 강한 가치관을 중심으로 종업원을 결집시키고, 그들과의 교류를 통해 가치관

그림 1-2   패밀리기업의 4개의 C

패밀리 기업의 특징 4개의C
Continuity
Community
Connection
Command

그림: Illustration by Joon Moon M.D.

의 보편성을 납득시키고, 종업원을 존중함으로써 충성심과 협력을 이끌어내는 것이다. 셋째, 비즈니스 파트너, 고객뿐만 아니라 널리 사회 일반에 대해 영속적이고 개방적인 호혜적 관계를 구축하는 커넥션(Connection)이다. 넷째, 일족이 발언과 결정에 일정한 권한을 가지고 있기 때문에 지휘권을 발휘할 수 있다는 커맨드(Command=지휘권)이다.

즉, 패밀리 기업은 권력을 가진 경영자가 생각하는 장기적인 미션을 달성하기 위해 종업원이 단결하고, 또한 파트너나 고객 및 일반 사회에 대해 신뢰 구축을 위해 많은 노력을 기울이면서 장기간에 걸쳐 핵심 자원을 축적하거나 역량 구축을 위해 막대한 투자를 실시하는 특징을 가지고 있는 기업이라고 할 수 있을 것이다. 패밀리 기업은 위와 같은 특징이 있는 반면, 기업경영이나 사업전략에 있어서 경영자의 권력이 강한 것은 독재주의로 이어지기 쉽고, 또 동족에 의해서 경영진이 구성되기 때문에 외부환경의 변화에 익숙하지 않은 정보의 고정화가 일어날 가능성이 높아지는 등의 단점도 존재하고 있다. 패밀리 기업에서는 특히 내부 의사소통에 객관성이 결여되는 것이 종종 쇠퇴의 원인이 된다. 즉, 좋은 영향을 미치는 경우도 있고, 반대로 내부 의사소통에 객관성이 결여될 우려가 있는 것이다.

이러한 문제점을 해결하기 위해서는 조직 외부와의 네트워크를 활용함으로써 조직의 폐쇄성을 타파하는 것이 요구된다. 다음 내용에서 검토해 나갈 화교기업에서는 그러한 네트워크가 패밀리 비즈니스에 있어서 어떠한 영향을 미치는지에 대해 의미 있는 시사점을 준다. 그럼, 화교기업의 네트워크가 어떻게 구축되고 기능하고 있는지 알아보도록 하겠다.

3 패밀리 기업의 네트워크
-화교기업으로부터 보는 외부 네트워크

화교는 중국인들이 해외로 대량 이주하면서 형성된 민족집단으로 전 세계에 많이 산재해 있다. 화교사회에서는 '혈연·지연·업연'이라는 연결고리를 중요시하고 있으며, 화교기업 간에는 서로 협력하여 사업을 전개하는 경우를 흔히 볼 수 있다. 과거에는 이주국 정부가 사회, 경제면에서 화교에 대한 여러 제약을 가했던 시기도 있었으나 화교는 이러한 역경에 맞서 서로 도우면서 화교 네트워크를 구축하였고, 현재는 화교기업 및 화교기업그룹이 경제적으로 큰 힘을 갖게 되었다.

주(1995)[14]는, 화교기업의 독특한 경영방법으로 다각화경영, 정치권력과의 통합, 가족경영을 중심으로 한 경영형태를 꼽고 있다. 여기서 주목해야 할 것은 화교기업의 상당수가 패밀리기업이며 경영과 소유가 일치하는 기업이 많다는 점이다. 화교사회는 신뢰를 중시하고 있지만, 화교기업간에도 그 사고방식이 깊이 뿌리내려 있어 상호간의 굳은 신뢰관계는 협력의 기반이 되고 있다. 그리고 이 협력관계는 화교의 대기업 그룹 상호간 지분 보유, 합작이나 자본참여에 의한 기업 설립 등에 의해 구축되고 있다. 공동투자로 설립한 기업이 발전에 따라 분할돼 여러 대기업 그룹의 모태가 되기도 했다. 또 화교기업의 협력은 상호 임원 파견, 가족 구성원의 규벌 관계(정략결혼으로 이룬 가족관계) 등의 형태로도 볼 수 있다. 화교기업 그룹에 대한 연구에는 관계 네트워크론이 자주 이용된다. 관계 네트워크란, 기업의 그룹화를 단순히 가족뿐만이 아니라, 동종, 동향, 동창, 친구 관계에 근거하는 폭넓은 인적인 결합까지 요구하는 생각이다. 화교기업에는 제2차 세계대전 이전의 일본 재벌과는 다른 느슨한 기업연합체로서의 그룹의 존재가 지적되고 있지만,[15] 느슨한 기업연합체를 구축하기 위해서는 사람과 사람간의 신용과 신뢰관계의 구축이 필수 불가결하다. 이것은, 화교 기업끼리의 비즈니스에 있어서의 가장 큰 특징이기도 하다.

경영자가 회식자리에 나가거나 사회공헌이나 봉사를 목적으로 하는 집회에 참석하여 네트워크를 형성해 나가는 적극적인 노력이 네트워크 형성에 매우 중요한 역할을 하고 있다.

이 화교기업의 네트워크에 대한 생각을 일본의 패밀리기업에 비추어 보면 외부환경 변화에 유연하게 대응하고 기업이 장기적으로 존속해 나가기 위해서는 같은 지역에 위치한 기업, 지역정부, 기타 지역의 다양한 행위자에 대해 기업가가 적극적으로 노력해 네트워크 및 신뢰관계를 구축하는 것이 꼭 필요하다고 생각된다.

지금까지는 주로 패밀리 비즈니스의 조직 외부와의 관계성 매니지먼트에 대해 화교 기업을 예로 들어 검토해 왔지만, 설령 조직 외부로부터 유익한 지식이나 정보를 획득할 수 있었다고 해도, 그것을 조직 내부에서 공유해 나가지 않으면 지식이나 정보가 활용되지 않는 채로 남게 된다. 즉, 조직 내부에서 어떻게 매니지먼트를 실시해 나갈 것인가 하는 점에 대한 검토가 필요하다는 것이다. 다음 내용에서는 조직 내부의 네트워크에 관한 선행연구를 실시하고 사내에서의 지식 및 정보 공유가 얼마나 중요한지에 대해 고찰한다. 그리고 그 조직 내부의 정보의 공유가 후계자 문제의 해결을 위한 첫 걸음이 될 것임을 주장하고자 한다.

4. 패밀리 기업의 네트워크
- 한국 재벌로부터 보는 내부 네트워크

화교기업뿐만 아니라 전반적인 패밀리기업의 연구에서 자주 언급되는 것이 후계자 문제 및 그에 따른 사업승계 문제이다. 본 절에서는, 한국 재벌에 있어서의 패밀리 기업의 톱 매니지먼트에 대해 연구를 실시하고 있는 아베(2006)[16]의 연구를 바탕으로 논의를 전개하고자 한다. 아베(2006)에 따르면 한국 재벌의 성장 역사는 다각화와 기업 그룹화의 역사인데, 특히 비관련 다각화를 통한 급속한 확대가 특징이라고 한다. 그러므로 급속한 사업 확대에 따라 사외로부터 봉급 경영자[17]를 확보하는 것이 큰 과제였다. 지난 2010년 공정거래위원회가 발표한 자산액 기준 기업그룹 순위 1위였던 삼성의 경우 1976년 초기에는 다수의 창업자 가문이 이사회 멤버로 참여했지만 사외 초청을 받은 봉급경영자는 계열사에 일부 등용되는 데 불과했다. 그러나 1980년대 후반 창업자가 사망하고, 나아가 1990년대에 들어서면서 많은 가족들이 삼성그룹을 떠나면서 그룹에는 창업자 가문 중 그룹 회장과 그 아내의 직계만 남게 되었다. 2003년 상법 및 증권거래법 개정에 따라 자산액 2조원 이상 상장사는 이사회의 절반 이상을 사외이사로 하는 것이 의무화됐고 삼성은 사외이사 수를 최소화하기 위해 이사회 규모를 대폭 축소했다. 그 결과 창업자 가문이 이사회에서 차지하는 비율은 약간 상승했지만 삼성 계열사에서 창업자 가문의 위상은 한층 작아졌다. 다만 삼성에는 회장비서실과 같은 회장 직속 조직이 만들어져 있고 창업주 가문인 그룹 회장은 계열사 경영의 상당 부분을 외부 봉급경영자에게 맡기는 한편 그룹 전체와 관련된 중요한 의사결정만 직속기관인 회장비서실을 통해 회장이 하는 시스템을 만들었었다(이후 미래전략실 로 바뀌었고 공식적으로는 해체되었다).

국내 자산액 5위 기업인 SK그룹의 경우에도 삼성그룹보다 많은 가족이 이사회에 참여하고 있지만 봉급 경영자의 위상이 높아지는 추세이기는 마찬가지다. 즉, SK그룹에서도 가족경영자나 그 일족뿐만 아니라 봉급경영자까지 포함한 경영팀이 조직되는 경향이 있다. 가족에 의한 폐쇄적인 기업 경영은 때때로 외부의 봉급 경영자에게 매력적이지 않게 비춰져 우수한 봉급 경영자의 유지·획득이 어려운 경우도 많은데, 이러한 봉급 경영자를 경영팀에 넣는 것은 기업 성장에 중요한 역할을 하는 동시에 사업 전승 문제 해결을 위한 효과적인 돌파구 중 하나가 될 수 있다. Useem(1986)[18]은, 각각의 거래기업이나 업종과 같은 좁은 이해관계를 초월한 실업계와의 보다 광범위하고 장기적인 비전을 가진 '이너 서클'이라는 주체 간의 관계 구축의 중요성에 대해 지적하고 있지만, 패밀리 기업에서는 폐쇄성을 타파해 나가기 위해서도 이러한 조직 내외부의 인재가 집결한 경영팀이 사업 전개나 계승 문제에 대해 상담이나 논의를 하고 지식과 정보를 공유하는 구조를 구축할 필요가 있다.

이러한 노력은 직원들에게 강한 헌신과 동기부여로 이어져 결속과 위로의 조직문화를 조성할 수 있다. 또한, 기업의 미션이나 가치관을 경영진과 공유함으로써 이노베이션 창출을 위한 사업 기회의 인식 촉진으로 이어지는 효과가 초래될 가능성이 있다.

다음 내용에서는 외부와 내부의 네트워크를 구축하는 데 중요한 역할을 하는 「기업가」의 역할에 관해 기술한다. 이 기업가에 의한 네트워크 구축은 이노베이션 창출의 기반이 되기 때문에 기업가에 관한 선행연구는 지역기업의 이노베이션을 기술할 때 빼놓을 수 없다.

5 네트워크 구축을 위한 기업가의 역할

앞에서는 패밀리 기업에 있어서의 네트워크의 중요성에 대해 설명하고, 문제점으로서 정보의 고정화나 사업승계 문제를 들었다. 본 연구에서는, 그러한 패밀리 기업에 잠재하는 과제를, 기업가 활동의 관점에서 분석해, 해결하는 것을 목적으로 한다. 또 기업가의 본질을 이해하면서 패밀리 기업 내에 존재하는 기업가 활동에 초점을 맞추어 네트워크의 중요성을 밝힌다. 또한 패밀리 기업의 과제에 대한 기업가의 구체적인 대응책에 대해서도 검토한다. 기업가와 그 역할에 관해서는 많은 연구가 전개되고, 그 정의도 무수히 존재한다. 요네쿠라 (2003)[19]에 의하면, 기업가란 조직 안에서 「사업을 일으키는」 사내 조절의 코디네이터라고 한다. 또 슘페터(1998)[20]는, 「조직의 발전은 생산수단의 「신결합」을 통해 비연속적으로 나타나고, 이를 혁신적으로 담당해 나가는 것이 기업가이다」라고 하고 있으며, 그 신결합의 내용으로는 ① 새로운 생산물 또는 새로운 품질의 창조과 실현, ② 새로운 생산방법의 도입, ③ 산업의 새로운 조직의 창출, ④ 새로운 판매시장의 개척, ⑤ 새로운 구매처의 개척을 들 수 있다. 여기서 기업가를 설명하는 데 있어 '혁신성'이라는 것이 중요한 키워드가 되고 있음을 알 수 있다. 이에 대해서 츠노다(2002)[21]도 주장하듯이, 이들에 따르면 기업가의 핵심은 혁신성에 있으며 기존 기업 중 새로운 기술 혹은 제품 개발, 제조 방법, 마케팅 등의 새로운 기준을 도입해 기존 사업의 리뉴얼 혹은 재구축을 하는 사람을 지칭한다. 그렇다면 기업가들은 어떤 의지를 갖고 어떻게 행동해야 할까. 드러커(1985)[22]에 의하면, 기업가정신은 「기업가적 경영관리, 즉 기업 내부의 정책과 실천을 필요로 하는 동시에 기업가적 전략, 즉 기업의 외부 시장에서의 정책과 실천을 필요로 한다」라고 한다. 또 카나이(2004)는 기업가 활동에 요구되는 요건으로서 ① 컨셉 창의력 ② 가설 구축력 ③ 네트워크 구축력 ④ 대화력의 4가지를 들고 있으며, 이 내부 조직 관리와 외부 환경 변화에 대한 대응을 양립시킴으로써 기업은 지속적이고 발전적인 성장력을 얻는다고 하고 있다.

여기서 카나이가 논하는 기업가에게 요구되는 4개의 요건과 패밀리 기업에 있어서 원동력이 되는 「4개의 C」의 관련성이 떠오른다. 즉, 컨셉 창조력, 가설 구축력, 네트워크 구축력의 컨셉을 어떻게 실현 가능하게 할 것인가 하는 구체적인 가설에 대해 도전하는 동시에, 적극적으로 조직 외부에 대해 네트워크를 구축하고 그 안에서 경영 자원을 획득하거나 컨셉을 강화하는 점에 관해서는 커넥션(Connection)과 관련되어 있다고 생각된다. 또, 컨셉 창조력, 대화력의 명확한 컨셉을 내걸어 조직 내부에 침투시킴으로써 원활한 의사소통을 가능하게 하는 동시에, 구성원의 모티베이션 향상을 위해서 작용하는 점에 관해서는 커뮤니티(Community)와 관련되어 있다고 생각된다.

즉, 기업가 활동 특히 패밀리 기업에 있어서의 기업가활동이란 조직의 외부 및 내부 쌍방에 거쳐 조직의 효율화를 도모하고, 장기 존속을 가능하게 하는 것이라고 말할 수 있을 것이다. 그러기 위해서는 외부를 향한 적극적인 압력과 조직을 이끄는 리더십, 그리고 혁신성이 중요한 요소가 된다.

따라서 본 연구에서는 기업가를 '① 명확한 컨셉을 제시하고, ② 조직 내의 커뮤니케이션의 장을 열며, 구성원의 협동 의욕을 이끌어냄과 동시에 ③ 외부 네트워크로부터 획득한 경영자원을 예리하게 취사선택하여 ④ 혁신적으로 사업활동을 수행하는 인물 또는 경영집단'으로 정의한다. 다음 내용에서는 이 정의를 바탕으로 패밀리 기업에 있어서 네트워크 구축의 중요성을 분명히 함과 동시에 패밀리 기업 내에 잠재하는 과제를 기업가라는 관점에서 분석, 이를 해결하고자 한다.

6 외부 네트워크의 구축 - 경영자원부족의 보완

앞에서 이야기한 것처럼, 패밀리 기업은 동족 내에서 기업 경영을 실시하기 때문에 외부 환경의 변화에 대해 비패밀리 기업과 비교하면 민감하지 못하다는 문제가 있다. 이 해결책으로서는 기업가의 적극적인 외부 네트워크 구축 및 활용에 의해 다양한 정보를 도입함으로써 고정화된 정보를 보완하는 방법이 효과적이라고 생각된다. 기업가 활동과 네트워크에 관해서는 다양한 연구에 의해 그 중요성이 실증되고 있으며, 카나이(2008)[23]는 네트워크라는 개념을 '통일적인 명령의 범위 밖에 있는 복수의 주체간의 관계(연결)'라고 나타내고, 그 연결이란 '복수의 주체 간을 오가는 정보와 재화의 흐름(상호행위)'이라고 하고 있다. 또한, 와카바야시(2009)[24]에 의하면 네트워크 조직이란 「복수의 개인, 집단, 조직이 특정한 공통 목적을 달성하기 위해 사회 네트워크를 매체로 하면서 조직 내부 또는 외부에 있는 경계를 넘어 수평적이고 유연하게 결합하고 있어 분권적·자율적으로 의사결정할 수 있는 조직 형태」라고 정의되어 있다. 게다가 「소셜·캐피탈」, 즉 「사회 관계 자본」이라고 하는 관점도 있어, 기업이나 자치체, NPO 등의 조직에 있어서, 그 내부나 주변에 발달한 인적 네트워크가 그 목적이나 활동을 촉진하는 역할을 완수하면, 그 행동이나 업적에 좋은 효과를 가져오는 경우가 많이 보인다. 그러한 특성을 가지는 네트워크는 조직이나 사업가에 있어서 유익한 경영자원이라고 생각되고 있으며, 이러한 네트워크는 조직에 있어서 인간, 물건, 돈, 정보를 매개하고 활용하는 중요한 경영자원이라고 생각되고 있다. 정보사회인 현대에서 특히 중요시되는 경영자원은 '정보'라고 할 수 있다. 그 이유로서는 조직간에 정보교환을 실시함으로써 자사에 부족한 경영자원(기술이나 노하우, 아이디어 등)이 기업가를 통해서 조직에 환원된다는 것을 들 수 있다. 또한 기업가 자신이 내세우는 컨셉의 재인식·수정, 나아가 보다 구체적인 것으로 강화하는 기회도 되기 때문이다.

즉, 사업의 담당자로서 외부로부터 얻은 정보의 취사선택을 강요받는 기업가의 역할이라는 것은 이전에 비해 보다 적극성·혁신성 및 판단력이 요구되게 되며, 그 활동은 조직의 장기 존속에도 큰 영향을 미친다는 것을 알 수 있다.

7 내부 네트워크의 구축 – 조직 매니지먼트와 리더십의 발휘

앞에서는 주로 패밀리 기업의 기업가 외부로의 활동과 그 효과에 주목했다. 본 절에서는 대조적으로 조직 내부로의 작용과 그 효과에 대해 설명하고자 한다. 기업가 활동에 있어서의 네트워크 어프로치는 외부뿐만 아니라 내부로도 이루어지는 것이 이상적이다. 조직의 네트워크는 정보나 자원을 가져올 뿐만 아니라 학습 기회의 제공이나 이노베이션의 촉진 효과 등도 있음을 알고 있다. 네트워크에 있어서의 개개의 조직 또는 개인 간의 연결은 종종 「연대」라는 말로 표현된다. 와카바야시(2009)[25]에 의하면, 이 유대의 밀도가 높아지면 정보나 자원에의 접근이 증가해, 그 유통이 촉진된다. 또, 거기에서 이루어지는 유대의 증가도 기대할 수 있어 상호작용의 기회가 증가해 간다. 사람들과 기업 간의 상호작용이 빈번해짐으로써 개인이나 조직의 능력·성과에 관한 정보도 유통되기 쉬워지고, 이를 통해 비즈니스 현황을 파악하기 쉬워진다. 게다가 네트워크 내부에서 서로의 존재를 파악하거나 평가하는 것으로, 신뢰 관계의 구축과도 연결되는 것이다. 또한 와카바야시는, 「신뢰 관계」는 계속적인 비즈니스 관계의 기반이 되어, 그 발전을 촉진시킨다고 했다.

그리고 앞서 이야기한 바와 같이, 패밀리 기업 내부에 있어서의 과제의 하나로 사업 계승 문제가 있다. 해결책으로서는 일관된 의사소통이나 커뮤니케이션의 공간을 기업가 스스로 창출하는 접근법을 들 수 있다. 또한, 여기에서는 기업가의 「리더십」도 중요한 요소라고 생각된다. 조직을 움직이는 데 리더십은 필수불가결하며 인간 간의 복잡한 의존관계를 조종하는 역할을 한다. 리더십은 변혁을 이룰 수 있는 역량을 말하며 의미 있는 변혁을 성공으로 이끄는 원동력이 되기도 한다. 패밀리 기업의 사업승계 문제도 일종의 조직변혁이라고 한다면, 그러한 대응을 생각하는 데 있어서 매우 중요한 포인트이다. 조직변혁은 어떠한 저항을 받기 쉽다. 후계자 문제라면 아들의 저항을 받을지도 모른다. 변혁의 결과, 필요한 스킬이나 행동 양식을 스스로 계승할 수 없을지도 모른다는 불안이나 주눅이 저항의 원동력이 되기도 한다. 변혁이 필요한 것은 이해하고 있어도, 감정의 측면에서 갑자기 스탑 사인이 나와 버리는 것이다(코터, 1999).[26] 즉 사업승계 문제에서 중요한 것은 후계자의 심리적 상황을 이해하는 것, 즉 '모티베이션 매니지먼트'이다.

그렇다면 어떻게 하면 후계자의 동기부여를 높일 수 있을까. 이에 관해서는 다양한 연구가 진행되고 있는데, 코터(1999)[27]는 교육에 있어서 커뮤니케이션을 적극적으로 취하고 이쪽의 생각을 전달하고, 변혁의 필요성과 이론을 이해시키는 것이 문제해결에 도움이 된다고 말하고 있다.

동기부여와 자기계발에 의해 내적 에너지를 불태우는 것이다. 단, 이러한 프로세스를 성공시키기 위해서는 전달하는 측이 자신들의 익숙한 방법이나 노하우의 장단점을 다시 한번 정확하게 이해할 필요가 있다. 이것이 후계자에게 전달되는 파워다. 경영지침을 명확하게 이해하고, 그것을 제대로 후계자에게 전승해 나갈 수 있는가 하는 것이 기업가에게 요구되는 리더십이다.

즉, 기업가는 외부압력에 적극적으로 대응함과 동시에 내부에 대한 조직통제를 실시함으로써 조직의 활성화 내지 장기존속에 공헌할 수 있는 것이다. 또, 그것은 「혁신성」에 기반하는 것으로, 외부 환경의 변화가 격화되고 있는 오늘날, 기업가 자신이 어떻게 판단해 행동해 나갈 것인가 하는 것이 조직의 미래를 크게 좌우한다.

8 패밀리 기업의 매니지먼트

지금까지 패밀리 기업에 있어서의 문제점을 크게 정보의 고정화와 사업 계승 문제로 나누고, 그 해결책을 기업가 활동의 시점에서 고찰해 보았다. 선행연구에 따르면 기업가에게는 외부 네트워크 구축을 통해 자원을 확보하는 능력과 내부 네트워크 구축을 통한 조직관리 능력이 요구된다. 특히 일본의 재벌기업의 경우 다각화됨에 따라 외부에서 전문경영인을 수용하고 성장해 나가기 때문에 외부에서 전문경영인을 확보해 경영마인드를 공유할 필요가 있다. 이에 규모가 그리 크다고는 말할 수 없는 지역 기업에서는 사외의 인재보다는 가족 내에서 후계자를 찾는 경향이 강하다고 생각된다. 이 경우, 가족 내에서 어떻게 후계자를 육성하고 계승할 것인가 하는, 대기업과는 또 다른 과제가 생긴다. 그러나 이는 기업 내부의 네트워크만을 강조하는 것이 아니라는 점에 주의해야 한다. 오히려 지역가족경영의 존속 및 발전에 있어서 경영팀의 학습의 장(場)과 외부와의 네트워크는 필수 불가결하다.

이에 대해서 정(1999)[28]은 패밀리 기업이 가족에서 후계자를 육성할 때의 조건으로 「외부사업 경험」을 들어 후계자를 독립적이고 전문적인 경영자로 성장시킬 필요가 있다고 한다. 또 창업자 자신은 가족경영자에게 사업을 승계할 때 최고책임자에서 점차 사업보조역이나 컨설턴트역으로 변신해 나가야 한다며 역할을 이행하는 과정에서 지속적으로 가족협의회를 열어 사업 아이디어를 공유하고 성장 전략을 논하는 가운데 서로 학습하는 메커니즘을 구축할 필요가 있다고 주장하고 있다.

그러면서 가족협의회에는 사외의 인재를 넣어 객관성을 갖도록 해야 한다고도 했다. 이 가족협의회라는 상호학습메커니즘을 본 연구에서는 조직학습으로 파악하고 선행연구를 실시한다. 가족협의회는 '학습의 장(場)'으로서 비즈니스 모델 구축에 영향을 미치고 조직에 공통 인식을 구축하는 역할을 한다. 그러한 견지에서, 다음 내용에서는 비즈니스 모델이란 무엇인가, 왜 비즈니스 모델을 공유해야 하는가에 관해서, 또 조직 학습이란 무엇인가에 관해서 검토를 실시한다.

1 비즈니스모델

(1) 비즈니스 시스템이란

카고노·이시이(1991)[29]에 의하면, 비즈니스 시스템이란 「생산·유통 시스템 중에서, 어디까지를 자사 안에 통합할 것인가, 어디까지를 준통합할 것인가, 그리고 어디까지를 자유로운 경쟁에 맡길 것인가」라고 하는 판단의 결과로서 생기는 개별기업의 담당 범위를 말한다. 카고노·이시이(1991)는 정보기술의 비약적인 진화에 의해 일본의 전통산업인 주조산업의 유통·생산시스템이 큰 구조변혁을 피할 수 없게 됨에 따라 '정보'가 자원으로서 가치를 갖게 된 것에 주목하여 '정보'를 축으로 한 '범위의 경제'나 '속도의 경제'가 추구되어, 기존 업계 구조의 울타리를 초월한 융합화가 진행될 것으로 생각했다. 즉, 제조업자, 도매, 소매 간의 수평적인 경쟁뿐만이 아니라, 제조업자 대 도매라고 하는 종적인 경쟁에 의해서 부가가치의 분배를 둘러싼 경쟁이 있다고 하는 것이다. 그 후, 비즈니스 시스템은 고객에게 보다 나은 서비스나 상품을 제공하기 위한 구조로서 파악되어 구체적으로 정의하고 있다.

카고노(1999)[30]에 의하면, 사업 시스템이란 「어떤 활동을 자사에서 담당할 것인지, 사외의 여러 거래상대방과의 사이에 어떠한 관계를 구축할 것인지를 선택해 분업의 구조, 인센티브시스템, 정보, 물건, 돈의 흐름의 설계의 결과로서 창출되는 시스템」이다. 여기서 중요한 것은 종래까지 기업 경쟁력의 원천은 상품이나 서비스의 개발에 있다고 생각되었던 것이, 고객에게 가치를 전달하기 위한 사업의 구조 자체에 있다고 파악되게 되었다는 점이다. 이런 종류의 차별화는 모방되기 어렵고 눈에 띄기 어렵기 때문에 기업은 지속적인 경쟁 우위를 획득하기 쉬워진다. 이 때문에, 카고노는 사업 시스템의 변혁을 「조용한 혁명」이라고 부르고 있다.

　게다가 자사의 경영 자원에 주목한 핵심역량론을 사업 시스템론 속에 도입해 나간다는 발상이 생겨났다. 카고노·이노우에(2004)[31]는, 사업 시스템(비즈니스 시스템)을 '경영자원을 일정한 구조로 시스템화한 것으로, 어떤 활동을 자사에서 담당할 것인지, 사외의 다양한 거래 상대방과의 사이에 어떤 관계를 구축할 것인지를 선택해 분업의 구조, 인센티브 시스템, 정보, 물건, 돈의 흐름, 설계의 결과로서 창출되는 시스템'이라고 기술하고 있다. 이와 같이 비즈니스 시스템의 개념은 개별 기업의 담당 범위를 설계한다는 생각에서 시작하여 고객에게 보다 나은 가치를 제공하기 위해 경영 자원을 활용하여 사업의 구조를 설계해 나가는 것처럼 시대가 변화함에 따라 그 역할이 변화해 온 것이다.

(2) 비즈니스시스템과 비즈니스모델

　그런데 비즈니스 시스템과 비슷한 개념으로 비즈니스 모델이 있다. 카고노·이노우에(2004)[32]에 의하면, 비즈니스 시스템과 비즈니스 모델의 차이는 거의 없지만 굳이 양자를 비교한다면, 「시스템」은 독자성으로부터 출발하는 경향이 있는 반면, 「모델」은 범용성으로부터 출발하는 경향이 있다고 한다.

　본 연구에서는 지역 기업이 실제 사업에 응용해 한층 더 발전을 이룰 수 있는 모델을 해명하는 것에 초점을 두고 있으므로 보다 범용성이 높은 비즈니스 모델의 관점에서 연구를 실시해 나가기로 한다.

코쿠료우(1999)[33]는 "비즈니스 모델을 「누구에게 어떤 가치를 제공할 것인가, 이를 위해 경영 자원을 어떻게 조합하고, 그 경영 자원을 어떻게 조달하며, 파트너나 고객과의 커뮤니케이션을 어떻게 실시하고, 어떤 유통 경로와 가격 체계하에서 전달할 것인가"라고 하는 비즈니스 디자인에 대한 설계 사상」이라고 정의하고 있다.

이상을 감안하면 자사가 보유한 경영자원이나 가치를 전달하고자 하는 고객·타깃을 명확히 하고 외부자원을 효과적으로 활용해 자원을 강화하거나 고객과의 관계성을 구축하는 가운데 타사가 쉽게 모방할 수 없는 독자성 있는 비즈니스를 설계해 나가는 것이 비즈니스 모델의 구축임을 알 수 있다.

또, 비즈니스 모델을 구축하는 데 있어서는, 경제적으로 이익을 얻을 수 있을까 하는 시점도 매우 중요하다. 비즈니스 모델을 「돈을 버는 구조」로서 파악한 것이 Afuah(2003)[34]이다.

Afuah는 종래의 전략론은 기업이 필요로 하는 이하의 두 가지 점이 결여되어 있다고 지적하고 있다. 첫째, 전략의 개념이 산만하고 기업이 원하는 전략과 수익성의 연관성에 초점이 맞지 않는다는 점이다. 둘째, 기업의 수익성 중 중요한 역할을 담당하는 요인을 설명하지 못하고 있다는 점이다. 여기에서는 실제로 기업이 수익성을 올리기 위한 결정요인을 살펴보기로 한다(그림 1-3).

Afuah(2003)는, 기업의 수익성에 영향을 주는 것으로서 세 가지의 주요한 압력이 존재한다고 말하며, 경쟁 압력, 협조 압력, 매크로 환경을 들고 있다. 경쟁압력이란 기업이 공급업체, 고객, 경쟁업체, 잠재적 신규 진입업체, 보완업체, 대체업체로부터 받는 압력으로 어느 업계에나 공통적으로 존재한다. Porter(1982)[35]가 제창한 업계 수익성을 결정하는 파이브 포스 모델을 떠올리면 이해하기 쉬울 것이다.

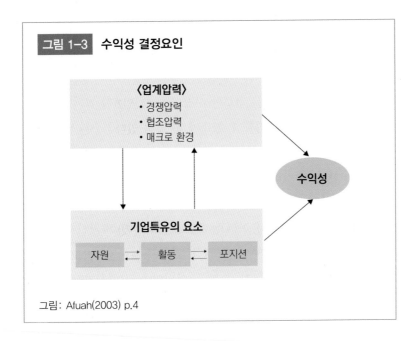

그림 1-3 수익성 결정요인

〈업계압력〉
• 경쟁압력
• 협조압력
• 매크로 환경

수익성

기업특유의 요소

자원 ← 활동 → 포지션

그림: Afuah(2003) p.4

　다만 경쟁 상대가 반드시 적이 되는 것은 아니다. 오히려 고객에게 더 나은 가치를 제공하려는 기업이나 더 수익성을 올리려는 기업의 편이 될 수도 있다. 즉, 경쟁이 아니라 협조함으로써 서로 이익을 얻으려는 압력도 존재하는 것이다. 이것이 협조 압력이다.

　매크로 환경은 어느 나라나 지역에 있어서 그 나라나 지역의 문화, 정부의 정책, 재정 정책이나 법률, 기술 진화에 의해서 경쟁 환경에 영향을 준다.

　그러나 기업의 수익성을 결정하는 것은 업계 압력에만 국한되지 않는다. 기업의 수익성을 보완하는 또 다른 요소로 Afuah는 기업 특유의 3가지 요소를 꼽고 있다. 그것은 포지션과 활동과 자원이다.

　업계 내 기업의 포지션을 결정하는 요소로는 1. 고객에게 제공하는 가치, 2. 가치를 누구에게 제공할 것인가를 결정하는 시장 세분화,

3. 이익의 원천, 4. 공급업체, 고객, 경쟁자, 잠재적 신규사업자, 대체품, 보완업체와 기업과의 관계성, 5. 고객에 대한 제공 가격의 5가지 요소가 있다고 밝혔다.

또한, 활동에 관해서는 적절한 시장에 대한 적절한 가치 제공, 가성비 향상, 이익의 원천 명확화, 공급자 및 고객들과의 좋은 관계 구축을 위해 활동을 실시해야 한다고 밝혔다. 그리고 언제 어떤 활동을 어떻게 일으키느냐에 따라서도 기업의 수익성은 결정될 것이라고 밝혔다.

게다가 자원에 관해서는 기업의 자산을 그 기업의 비즈니스 모델에 맞도록 효과적으로 사용하는 능력도 포함되어 있어 자산은 비품이나 설비와 같은 유형의 것부터 특허나 브랜드, 저작권이라고 하는 무형의 것까지 포함된다고 한다. 또한, 종업원의 능력이나 지식, 즉 사람도 자원이다. 자산을 다른 시장 세그먼트의 고객 가치로 바꾸어 가는 기업의 능력이나 포지션 안에서의 교섭권은 컴피턴스 또는 케이퍼빌리티라고 말하고 있다.

지금까지 비즈니스 모델을 구축할 때는 「돈을 버는 구조」라는 시점이 필요하며, 기업의 「수익성」을 적절히 관리하는 것이 중요함을 확인했다.

이제부터는 비즈니스 모델을 구성하는 요소에 대해 보다 자세히 살펴보기로 한다. 이 요소를 살펴봄으로써 지역 기업이 고객에게 더 나은 가치를 제공하고 이익을 얻는 방법을 찾을 수 있을 것이다.

(3) 비즈니스모델과 지역기업

여기까지, Afuah가 제시한 수익성을 결정짓는 2개의 요인에 대해 살펴보았다.

첫 번째는 업계의 압력과 기업 특유의 요인이었다. 비즈니스 모델은「돈을 버는 구조」이기 때문에 기업의 수익성을 정의하는 요소가 들어온다. 그리고 그것은 포지션, 활동, 자원, 업계 압력의 상호작용이다. 또, Afuah(2003)는 이와 함께「비용」이 더해질 것이라고 말하고 있다. 기업은 저비용 전략을 쓰든 차별화 전략을 쓰든 활동을 하면 비용이 생긴다. 기업은 저비용 전략을 펴고 있을 때조차 비용을 최소화할 수 없다. 즉, 수익성은「수입」과「비용」에 의해 좌우되기 때문에, 비용은 비즈니스 모델의 요소에 넣어야 한다는 것이다.

두 번째는 기업이 고객에게 가치를 제공할 때 언제, 어떤 사업을 어떻게 할 것인가의 연관성이었다.

이상을 근거로 Afuah(2003)는 비즈니스 모델이란「뛰어난 고객가치를 창조하기 위해서 자사의 자원을 이용함으로써 업계 안에서 어떤 활동을, 어떻게, 언제 실시하는가의 집합체이며, 적절한 가치를 제공하기 위해서 타사와의 관계성 속에서 자사의 적합한 포지션을 결정해 나가는 것이다」라고 정의하고 있다.

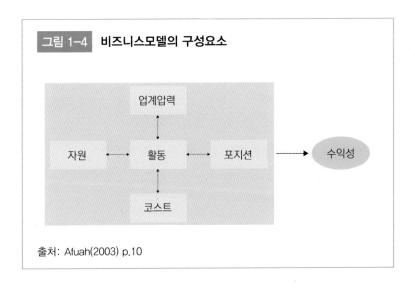

그림 1-4 비즈니스모델의 구성요소

출처: Afuah(2003) p.10

지금까지 리뷰해 온 선행연구를 되돌아보면, 비즈니스 모델은 고객에게 보다 나은 가치를 제공하기 위한 구조로, 기업 고유의 자원을 활용해 나가는 것이 중요했다. 게다가 비즈니스 모델은 이익을 얻기 위한 구조이기 때문에 기업이 언제(타이밍) 고객에게 경쟁 우위성이 있는 가치를 고객에게 제공할 수 있는지가 중요했다. 그리고 기업은 외부 관계자와의 커뮤니케이션을 통해 적절한 포지션을 획득해 나갈 필요가 있었다.

이상을 근거로 본 연구에서는 비즈니스 모델을 「자사의 핵심이 되는 경영 자원과 외부의 네트워크로부터 얻을 수 있는 자원을 어떻게 조합해, 언제·누구에게·어떤 가치를, 어떤 가격·유통 경로로 제공하는지를 나타낸 것」이라고 정의하기로 한다.

지역 기업의 비즈니스 모델 설계를 생각할 때 특히 중요한 포인트는 자사의 핵심이 되는 경영 자원과 모방 곤란성이 높고 수익성 있는 가치를 어떻게 제공해 나갈 것인가이다. 그 이유에 대해서는 이하에서 설명하도록 한다.

우선 첫째, 핵심 자원의 중요성에 관한 것이다. 우치다·김(2008)[36]는, 기업의 외부 환경이 극변하는 시대에 중소기업은 기업내부 요인에 초점을 맞추어 핵심기술의 개발이나 지역자원을 활용한 경영혁신과 같은 내실화를 다지는 것이 현명한 것이 아닌가 생각하게 되었으며, 특히 지역기업들은 최근 중소기업 정책의 영향으로 지역자원과 자사 경영자원과의 관계에 대해 다시 생각해 볼 필요성이 있다고 생각한다. 즉, 어떤 시대에도 핵심 자원 없이는 장기적으로 고객에게 유용한 가치를 계속 제공할 수 없다는 것이다.

둘째, 모방 곤란성이 높고 수익성 있는 가치의 제공이다. 지역 기업이 가치를 유지·향상시켜 나가려면 브랜드 구축이 효과적이다. 왜냐하면 브랜드는 그 기업의 경영자원, 기업과 고객과의 연결고리, 제공가치의 매력 등을 비롯한 다양한 요소를 반영한 것이기 때문이다. 브랜드를 구축할 수 있으면 타사에는 모방이 어려워지기 때문에 지역기업에 있어서 경쟁우위를 구축하고 유지하는 데 효과적이며 효율적이라고 생각할 수 있다.

이상과 같은 점에서 지역기업의 맥락에서 핵심역량과 브랜드 구축에 대해 고찰할 필요성이 있으므로 다음 내용에서 검토하도록 한다.

2 지역기업에서의 자원기반이론의 경쟁우위성

(1) RBV(자원 기반이론)

경쟁시장에서 경쟁기업이 모방할 수 없는 독자적인 경영자원은 핵심역량 또는 핵심자원으로 불리며 경쟁시장에서의 우위성이라고 알려져 있다. Prahalad & Hamel(1990)[37]은, 기업 경쟁 우위의 원천은 제품·서비스라는 최종적인 단계가 아니라, 그 근간에 해당하는 타사는 모방할 수 없는 자사 특유의 경영 자원이라며, 핵심역량을 기초로 한 조직적인 사업 전개를 실시하는 것이 경제적이고 효율적인 사업 전개라고 말하고 있다. 여기서 두 저자는 핵심역량을 기술이나 인재라고 하는 기업의 일부로서 파악하는 것이 아니라, 기업의 자원이 통합된 집합체로서 인식하고 있다. 즉, 핵심역량이란 기업 내 자원의 일부를 강화한다고 해서 경쟁력을 가지게 되는 것이 아니다. 기업 자원이 집합체로서 경쟁 우위를 발휘하는 것으로서, Barney(2003)[38]는 기업의 경영자원의 성격을 강점인지 약점인지로 분류해 분석하는 VRIO 프레임워크를 이용해 기업의 경쟁 우위성에 대해 말하고 있다. Barney는 기업의 경영자원이 어떻게 외부환경의 위협이나 기회에 대응하고 있는가? 를 경제가치(Value), 시장에서 경제자원을 컨트롤하는 경쟁기업의 희소성(Rarity), 타사가 그 경영자원을 획득할 때 비용상의 불이익에 직면하는가 하는 모방 곤란성(Inimitability), 기업이 경영자원을 활용하기 위해 조직적인 방침이나 절차를 취하고 있는가 하는 조직(Organization)의 4가지 요소가 종합적으로 조합됨으로써 시장에서 기업의 경쟁 우위성이 확립된다고 한다. 본 연구에서는 지역기업의 경영자원을 Prahalad & Hamel(1990)이 주장하는 핵심역량에 한정하지 않고 기업이 보유하는 경영자원 전체로까지 확장하여 검토해 나간다.

한편, Afuah(2003)[39]는 비즈니스 모델에서 기업에 이익을 가져오는 경영 자원을 탐구하기 위한 VRISA 모델을 제창한다. 이 모델에 대해서는 Value(가치), Rareness(희귀성), Imitability(모방성), Substitutability(대체가능성), Appropriability(전유가능성)가 기업 경영자원의 특징이 될 수 있는지에 따라 기업의 경쟁우위성이 안정적인지 일시적인지를 분석한다. 즉, 경쟁우위를 창출하는 경영 자원은 시장이나 경쟁 타사에 있어서 희소하고 모방 곤란할 뿐만 아니라, 자사에 이윤을 가져오고, 윤택한 현금 흐름에 의한 장기적인 경영 안정화에 직결되는 것이 요구되는 것이다.

지역 기업에서 희소한 경영 자원이 경쟁 우위성에 기여하고 있는 전형적인 예는 일본의 장인 기술일 것이다. 신칸센의 차량 부품 생산을 담당하는 일본의 한 기업은 지역 기업이면서도 숙련되고 정교한 판금 기술로 공장에서는 생산할 수 없는 신칸센 차량의 선두부를 계속 만들고 있으며 많은 차량 부품이 신칸센에 사용되고 있다. 이 판금 기술은 공장의 대량 생산으로는 모방할 수 있는 것이 아니며, 또 신규 참가자가 수년간 훈련한다고 해서 취득할 수 있는 기술이 아니다.

오랜 역사를 두고 사람에서 사람으로 이어져 내려온 숙련기술이라는 경영자원이 지역 기업 경쟁우위의 원천이 될 수 있는 것이다. 이 타미·카루베(2004)[40]는 이러한 자산을 보이지 않는 자산으로서 기술이나 노하우의 축적, 고객 정보의 축적, 브랜드나 기업에 대한 신뢰, 구조나 시스템, 조직 풍토와 같은 정보적 자원 등 표면적·물질적으로 보이거나 만지거나 측정할 수 있는 것이 아닌 기업의 무형적자산이라고 하고 있다. 보이지 않는 자산의 공통된 특징이란 '정보적 경영자원'이라고 하고, 정보는 외부에서 내부로의 '환경정보', 내부에서 외부로의 '기업정보', 그리고 기업 내부에서의 '내부정보처리특성'으로 나눌 수 있다고 한다. 이타미는 경영자원을 정보로서 파악함으로써 타사가 금전을 이용해 쉽게 획득할 수 있는 것이 아니라 다중이용 가능한 자원으로서 주목하고 있는 것이다. 또한, 이토·스도(2004)[41]는 핵심적인 경영자원의 정의로서 자사의 핵심 스킬과 아이덴티티 추구와 더불어 「미래에 계속적으로 이익을 가져다 줄 전략적 고객은 누구인가」라는 물음을 제시하고 있으며, 경영자원 구축에 있어서 고객과의 관계성에 대해서도 언급하고 있다. 이에 대해서 Prahalad&Hamel(1990)[42]도 선정 조건으로서, 핵심역량은 광범위하고 다양한 시장 진입 가능성을 가져오는 것, 최종 제품이 고객에게 가져다주는 가치에 기여하는 것, 경쟁력을 모색하기 어려운 것이라고 주장하고 있어 핵심역량이 업계 내부에서 구축될 뿐만 아니라 고객에게 가치가 전달되고 인식되어야 진정한 경쟁우위를 실현할 수 있다고 할 것이다.

대기업에 비해 자원(사람·물건·돈·정보)이 부족한 지역 기업에 있어서 시장에서 가치가 높은 핵심 역량을 구축하는 것은 현재 또는 미래로의 장기 존속으로 이어지는 문제라고 할 수 있다. 자원이 한정되어 있는 지역 기업은 타사와의 차별화를 고객에 대한 가치 제공을 목표로 기업가를 포함한 조직 전체가 실시해 나갈 필요가 있다.

이에 따라 본 연구에서는 지역기업에 경쟁우위를 가져오는 경영 자원을 '고객과 기업 내부에서 가치가 인식되고 있으며 자원의 형태 유무에 관계없이 모방이 어렵고 장기적인 발전 가능성을 내포하고 있으며, 기업인을 중심으로 조직적으로 기업의 전략에 편입되어 있다는 특징을 갖는 것'이라고 정의한다. 특히 장기적인 발전 가능성에 대해서는 기업이 핵심역량을 구축할 때 기업활동을 어떤 시장으로 돌릴 것인가 하는 경영방향에도 영향을 미친다.

Afuah(2003)[43]는, 기업이 신시장 확대를 위해 경영자원을 확보하기 위해서는 Porter(1982)가 제창하는 파이브 포스 분석과 같은 신시장에서의 산업매력도 기반, 상호보완적인 자산의 이용가능성, 참가비용, 그리고 확장가능성여부를 분석할 필요가 있다고 말하고 있다.

Afuah(2003)는 VRISA 모델을 내걸어 자사의 핵심 자원에 의해서 기업에 경쟁 우위성이 만들어지고 기업의 외부적 요인 및 내부적 요인에서 시장 분석이 가능해진다고 하고 있다. 즉, 기업이 신시장으로의 확대를 목표로 시장분석을 실시할 때에도 기업의 핵심역량이 분석의 토대가 된다는 것이다.

(2) 지역기업의 브랜드구축

기업이 시장에서 경쟁사보다 우위를 점하기 위해서는 경쟁우위를 창출하는 경영자원이 필요하다는 것은 분명하다. 앞에서 Barney(2003)[44]의 VRIO 모델에서 분명히 언급되듯이 핵심역량이 되는 경영자원은 경제가치(Value), 희소성(Rarity), 모방곤란성(Imitability), 조직(Organization)이 종합적으로 조합됨으로써 경쟁우위를 창출한다고 할 수 있다. 본 항에서는 강력하게 구축됨으로써 기업과 소비자를 밀접하게 연결하고 나아가 핵심역량이 될 수 있는 브랜드에 대한 이론연구를 실시한다.

브랜드란 「자사 상품을 다른 제조업자로부터 용이하게 구별하기 위한 심볼, 마크, 디자인, 이름 등」(오가와, 1994)[45]이며, 기업에 있어서 강력한 브랜드를 구축하는 것은 경제활동을 실시하는 데 매우 중요하다고 할 수 있다. 왜냐하면 기업이 강력한 브랜드를 구축함으로써 소비자와의 신뢰관계가 생기고 소비자의 구매행동에 긍정적인 영향을 미칠 수 있어 경쟁사에 대해 시장점유율이나 가격설정 면에서도 우위에 설 수 있기 때문이다.

특히, 본 연구의 대상인 지역 기업에 있어서 브랜드는 큰 역할을 담당한다. 이부(2009)[46]에 따르면 지역기업이란 ① 지역자원을 활용해 지역의 산업을 담당하고 있고 ② 지역경제에 공헌하고 있는 ③ 특정 지역의 요구를 충족시키는 3가지 역할 중 어느 하나 또는 이러한 역할을 조합한 기업으로 대기업과 비교해 지역에 밀접하게 관련되어 있는 기업이라고 할 수 있다. 이노구치(2008)[47]가 다루고 있는 히로시마현 후쿠야마시에 있는 「카이하라 주식회사」를 예로 들자면, 이 회사는 1893년 창업한 청바지 제조회사로 현재 청바지 원단 시장에서 일본 내 50% 이상의 점유율을 자랑하는 기업이다.

이노구치는 카이하라가 히로시마라는 지방에 위치하면서 이 정도의 브랜드를 구축할 수 있었던 이유로 청바지 원단 제조에 있어서 카이하라가 가지고 있던 무늬실 기술이나 염색 기술이 충분히 활용되고 있었다는 점, 공장이 있는 산비(三備)지구에서 얻을 수 있는 염색에 적합한 연수 및 품질 관리에 뛰어난 장인을 보유하고 있어 이들을 핵심역량으로 활용하는 데 성공한 점, 또 핵심역량을 활용해 Levi's나 Lee 등 유명 청바지 메이커와의 거래를 개시함으로써 소비자나 기타 기업에도 카이하라의 브랜드가 인지되게 되었다. 즉, 카이하라 브랜드는 희소성, 모방 곤란성, 대체의 곤란성을 가지고 있어 카이하라에 있어서 가치 있는 경영 자원, 즉 경쟁사에 대해서 경쟁 우위성을 가지는 핵심역량이 되고 있는 것이다.

이부(2009)[48]에 따르면 기업이 브랜드를 구축하는 것은 소비자에게 브랜드에 대한 안심, 신뢰기능, 상태 및 만족감, 자기표현기능, 선택시간 단축기능을 누릴 수 있다는 장점이 있을 뿐만 아니라 기업에게도 출처표시를 함으로써 책임소재 명확화기능, 품질보증기능, 제품차별화기능, 고객로열티 획득기능, 증표법에 의한 보호기능을 누릴 수 있다는 장점이 있다. 즉, 기업이 강력한 브랜드를 구축하는 것은 기업과 소비자 모두에게 메리트가 될 수 있다. 또, 브랜드가 가져오는 소비자와 기업 간의 신뢰관계 구축에 미치는 효과는 매우 크다고 생각된다.

이 점에 대해서는 우치다(2009)[49]도 「브랜드란 신뢰 관계 위에 성립하는 것으로, 기업이 생각하는 브랜드와 소비자가 인식하는 브랜드 사이에 갭이 없어야 한다」라고 말하고 있다. 기업이 브랜드를 구축하고 소비자와의 신뢰관계가 구축됨에 따라 Aaker(1994)[50]가 새로운 고객을 유인하는 것보다 고객을 잡아두는 것이 훨씬 저렴해진다고 지적했듯이 고객 획득에 드는 비용을 억제할 수 있다. 확립된 브랜드를 소유하고 있는 경우 기존 고객의 구매행동을 통해 상품에 대한 안정감이나 신뢰를 조성하고, 이를 통해 구매의욕을 고취시킬 수 있는 신규 고객을 기업으로부터의 접근 없이 획득할 수 있다. 이와 같이 기업에 있어서 브랜드를 확립해 나가는 것은 기존 고객의 상품·서비스에 대한 약속을 높이는 것과 동시에 신규 고객을 획득하는 것이 가능해지기 때문에, 특히 대기업에 비해 경영자원이 부족한 지역 기업에 있어서는 확립된 브랜드에 의한 고객 증가와 그에 따른 시장점유율 확대는 시장에서의 경쟁 우위성을 획득하기 위해서 매우 중요하다고 말할 수 있다.

본 연구의 대상인 지역기업의 브랜드 확립을 위해서는 그 역할에서도 분명한 지역과의 밀접한 관계를 중시한 핵심역량, 브랜드 구축을 실시할 필요가 있다. 대기업에 비해 자원(사람, 물건, 돈, 정보)이 부족한 지역 기업에서는 카이하라와 같이 대기업에는 없는 특정 지역이 보유한 지역 자원을 활용한 핵심 역량이나 브랜드를 구축할 필요가 있다. 구체적으로는 이부(2009)[51]가 지적하는 4개의 단계에 따른 브랜드 만들기가 효과적이라고 생각된다. 이부에 따르면 지역 기업의 브랜드 구축에는 제1단계로서 세그먼트(segmentation), 타기팅(targeting), 포지셔닝(포지셔닝)을 확실히 실시하고, 제2단계에서 차별화된 브랜드를 소비자(특히 지역 주민)에게 인지시키고, 제3단계에서 지역 소비자에 의한 해당 브랜드의 구매 기회를 증대시켜, 제4단계에서 브랜드 로열티를 확립함으로써 지역 브랜드가 확립되어 간다고 한다. Aaker(1994)[52]에 따르면 브랜드 로열티란 소비자가 브랜드에 대해 갖는 집착도를 뜻한다. 지역 기업은 지역 자원을 활용한 브랜드화를 도모함으로써 소비자의 브랜드 로열티를 얻을 수 있으며, 이것이 핵심 역량이 되고, 나아가 자사 제품에 소비자를 끌어들일 수 있게 된다.

이것에 의해 자원이 부족한 지역 기업이라도 경쟁 시장에 있어서의 경쟁 우위성을 얻는 것이 가능해지는 것이다.

3 지역기업의 비즈니스모델과 외부환경

(1) 지역 기업을 둘러싼 외부 환경과 비즈니스 모델

지금까지는 지역 기업이 고객이라는 외부 존재에 가치를 제공하기까지의 조직 내부 구조나 활동에 대해 언급해 왔다. 그러나, 지역 기업은 지역 안에서 외부 환경에 대한 다양한 대응도 실시해야 한다. 여기서부터는 지역 기업이 외부 환경을 적극적으로 파악하고 활용함으로써 변화가 심한 외부 환경을 약점으로 하는 것이 아니라 강점으로 바꾸어 나갈 필요성에 대해 설명하고자 한다.

(2) 업계를 넘는 지역기업의 네트워크

한정된 자원 안에서 효율적이고 효과적으로 자사의 내부 자원에 집중 특화할 필요성이 있는 지역 기업에 있어서 외부와의 네트워크를 효율적으로 활용하는 것은 매우 중요하다. 기업을 조직단위로 파악하고 그 관계성에 대해, 이마이·이타미·코이케(1982)[53]는 주식을 가진 자회사의 조직 전체를 「내부」라고 생각하고, 그러한 의미에서 내부조직으로서의 기업 확장의 방향으로 [그림1-5]와 같은 모델을 제시하고 있다.

여기서 주목해야 할 것은, 기업은 수평적, 수직적 및 다각적인 방향으로 강한 확장을 해 나가는데, 일본의 경우에는 이마이·이타미·코이케(1982)가 「순수한 「내부」는 아니지만, 하청회사나 계열사의 경우처럼 「준내부」라고 하는 존재가 있다」라고 말한 것처럼, 기업 조직의 구성이 자사의 지사나 공장이라고 하는 연결이 강한 내부 조직뿐만 아니라 하청업자나 생산자 등의 비교적 연결이 느슨한 조직도 「준내부」로서 기업 경영에 크게 관계되어 있다는 것이다.

즉, 지역 기업에 있어서도 비즈니스는 기업 단독으로 가능한 것이 아니라, 이마이·이타미·코이케(1982)가 주장하는 「준내부」에 해당하는 기업 간 네트워크의 관계성에 의해서 유지, 발전되고 있는 것이다. 그럼 여기서, 기업에 있어서의 납품업자나 도매업자와 같은 수직적 네트워크와 기업간의 수평적 네트워크를 구축할 때에 중요시되는 것은 무엇인가를 검토하고자 한다.

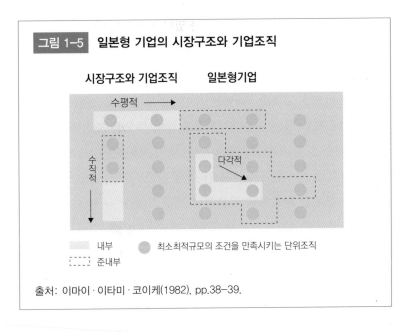

그림 1-5 일본형 기업의 시장구조와 기업조직

시장구조와 기업조직　　일본형기업

수평적 →

수직적

다각적

⬚ 내부
⬚ 준내부
⬤ 최소최적규모의 조건을 만족시키는 단위조직

출처: 이마이·이타미·코이케(1982), pp.38-39.

　　수직적인 네트워크에 관해서는 일본 중소기업의 자동차 산업을 들 수 있으며, 그 수직적인 공급시스템이 국제적인 경쟁력에 공헌해 왔다고 생각된다. 사카이(1998)[54]에 의하면, 이러한 수직적인 네트워크를 구축할 때에는, 3가지 신뢰가 중요하다고 한다. 그 3가지란 '약속 엄수의 신뢰', 달성되어야 할 일에 대한 기준이 되는 '능력에 대한 신뢰', 비한정적인 약속이며, 거래 파트너가 새로운 사업기회의 추구를 적극적으로 실시할 것이라는 기대인 '선의에 근거한 신뢰'의 3가지라고 하고 있다. 그리고, 3가지 타입의 신뢰성은 상호 보완적인 역할이다. 이러한 신뢰성이 핵심기업과 공급업체 중에서 양성됨으로써 장기적인 거래로 이어지는 것이다. 이와 관련해 아사누마(1998)[55]는 핵심기업과 공급업체가 장기적인 관계성을 유지하고 있는 경우에는 어느 시점에서인가부터 관련 공급업체는 핵심기업으로부터 높은 평가를 얻고 지속적으로 그 평가를 높일 필요가 있다고 보고 있다.

우수한 공급업자로 평가받는 기준에는 품질보증에 관한 높은 신뢰성과 납기 엄수에 관한 높은 신뢰성이 있다. 이러한 것으로부터, 기업이 네트워크를 구축할 수 있는 요인으로서 협동할 만한 기술이나 능력을 보유하고 있는 것은 말할 것도 없이 중요한 조건이지만, 「신뢰」라고 하는 도덕과 관련된 것이 장기적인 관계성을 구축하는 데 있어서 결정적 요인이 된다는 것을 알 수 있을 것이다.

또, 수평적인 네트워크 이론에서 가네코(1986)[56]는 중소기업의 여명기에 있어서의 네트워크의 중요성을 강조하고 있다. 그래서 그는 자원적으로는 대기업에 뒤떨어지는 중소기업이 수평적 네트워크를 구축함으로써 그 약점을 강점으로 바꿀 수 있다는 가능성을 시사한다. 그에 따르면 규모가 작은 기업체에는 자립성이라는 특징이 있고, 더욱이 뭔가 큰 에너지를 느낄 수 있는 것은 네트워크가 단순히 효율을 낳는 기계처럼 사용되고 있는 것이 아니라 관계자 개개인이 자주성, 자기표현의 의욕을 구현하는 장이 되고 있기 때문이라는 것이다. 게다가 네트워크라는 개념은 경쟁과 공유의 딜레마가 끊임없이 따라다니는데, 그런 딜레마야말로 네트워크의 최대의 재산이 된다고 한다. 즉, 멤버들이 항상 경쟁과 협조라는 모순에 노출되어 있기 때문에 긴장감이 지속되고, 모순을 극복하려는 궁리와 노력이 활력을 낳게 된다는 것이다. 지역 기업은 이 수평적 네트워크의 메리트를 최대한으로 활용함으로써 절차탁마 하면서 자사의 존재감을 어필해 나갈 필요가 있을 것이다. 지역 기업의 네트워크는 기업의 경영과 함께 착실하게 구축되어 가는 것이다. 게다가 네트워크는 지역 기업의 일상적인 운영에서 무의식적으로 발생하고 있을 가능성도 크기에 평소 지역적 「신뢰」를 조직 외의 동업 타사, 업계를 초월한 사람들과 구축해 나갈 필요성이 있을 것이다.

(3) 고객과의 네트워크

비즈니스 모델을 설계함에 있어 잊지 말아야 할 존재가 고객이다. 비즈니스 모델의 최종 목표가 고객에게 새로운 가치를 제공하는 것인 이상 기업을 둘러싼 고객의 행동과 목소리에 귀를 기울일 필요가 있다. 고쿠료우(1999)[57]는 네트워크화가 진행됨에 따라 오픈 아키텍처 전략의 가치창조의 연결고리에 참여하는 주체가 산업측에 있는 기업뿐만 아니라 소비자에게까지 확산되고 있다고 기술하고 있다. 게다가 기업과 고객과의 쌍방향적인 네트워크의 중요성은 지금까지도 논의되어 왔지만, 그는 정보화가 진행되는 환경 속에서 상대적으로 중요도를 높이고 있는 것이 고객 간 상호작용으로부터 생성되는 다양한 현상이라고 말하고 있다.

그리고, 기업에 있어서 고객간 상호작용이 무시될 수 없는 것은, 그것이 고객의 구매에 있어서의 정보 수집이나 구매 후의 만족도로 이어져 가기 때문이라고 하고 있다. 즉, 인터넷이나 정보기술이 발전함에 따라 고객측도 기업보다 나을 것도 없는 정보를 보유하고 있으며, 정보를 서로 공유하고 있기 때문에 고객까지도 가치창조에 참여하고 있다는 것이다.

확실히 최근, 고객 간 상호작용의 알기 쉬운 사례로서 「입소문」이 있지만, 기업에 있어서 「입소문」의 효과는 절대적인 것으로, 거기서 얻을 수 있는 정보나 가치관을 더 이상 기업은 무시할 수 없을 것이다. 그러나 지역 기업에서 고객 간 상호작용이 촉진된다는 것은 지금까지 이상으로 지역 밖으로 자사가 제공하는 가치가 확산되는 속도와 정보량이 증가한다는 장점으로 이어진다. 일단 비즈니스가 성공하면 순식간에 지역을 넘어 일본 나아가 세계에 자사가 제공하는 제품·서비스 또는 자사 브랜드가 퍼져 나가게 된다. 좋은 이미지가 고객 안에서 형성이 되면 지역 기업이라 할지라도 세계에서 활약할 가능성이 있다. 그러나 역으로 생각해 보면 안 좋은 이미지가 형성될 경우에는 지역 기업의 이미지를 되찾기 어려워진다는 단점을 안고 있다는 점을 잊어서는 안 된다. 지역 기업은 규모가 작기 때문에 작은 부정적 요인이 도산으로 이어질 위험성이 높기 때문이다. 따라서 지역 기업은 고객과의 관계를 효율적으로 활용해 나가야 한다.

또, 지역 기업은 고객과의 관계를 형성하기 쉽다. 그것은 지역에 정통한 기업가가 그 지역의 네트워크를 유용하게 활용함으로써 친밀한 고객과의 가치공유 공간을 형성해 나가는 것이 가능하다고 생각되기 때문이다. 그러나, 기존고객의 소리에 너무 귀를 기울이면 새로운 사업의 싹이 트지 못할 우려가 있다고 카고노·이노우에(2004)[58]는 지적한다. 즉, 기존 고객의 의견에만 지나치게 집중하면 신규 사업 창조라는 발상 전환이 이뤄지지 않을 위험성이 있다는 것이다. 이것은 브랜드의 형성에 있어서도 마찬가지로, 지역 기업에 있어서는 기존의 지역 고객을 소중히 관리할 뿐만 아니라, 때로는 신규 고객, 「외부」의 시점을 도입함으로써 새로운 비즈니스 모델로의 전환이 가능하기 때문이다.

(4) 지역 기업을 둘러싼 여러 제도에 대한 대응

지역 기업은 자사가 보유한 핵심 자원을 효과적으로 활용하는 동시에 기업을 둘러싼 여러 제도와의 관계 속에서 성장해야 한다. 제도의 성격은 다양하다. 우치다(2009)[59]는 Porter(1992)[60]가 제창한 산업 클러스터론에 있어서의 정부의 역할을 분석하고 있다. 여기서 산업클러스터가 성장하기 위해서는 숙련된 노동력과 인프라가 충실해야하며, 정부의 역할로는 교육정책, 과학기술정책 등 국제경쟁력을 위한 기초적인 정책지원이 필요하다고 말하고 있다. 여기서 우치다가 말하는 제도란, 기업이 핵심자원을 조성, 육성하는 성질을 갖는 것으로 파악할 수 있으며, 지역기업으로 대체해서 검토하자면 국가의 중소기업에 관한 지원정책이 해당된다. 중소기업청의 「중소기업 시책 총람」[61]에 의하면, 중소기업청은 주로 「경영 서포트」「금융 서포트」「재무 서포트」「상업·물류 서포트」 등의 지원책을 실시하고 있다. 예를 들면, 「경영 서포트」분야에 있어서의 「새로운 사업 활동 지원」으로서 각 지역의 「강점」인 산지의 기술, 지역의 농림수산품, 관광자원 등의 지역 자원을 활용해 신상품이나 신서비스의 개발·시장화를 실시하는 중소기업자에게 「중소기업 지역자원 활용 촉진법」에 근거한 지원 외에 다양한 지원을 전개하는 것을 목적으로 하는 「지역 자원을 활용한 대응」이 있다. 이러한 지원책은 시제품 개발 등에 관한 보조금, 설비투자 감세, 전문가의 조언 등을 포함한다.

그러나 모든 정책이 기업의 성장을 촉진하는 것은 아니다. 김 (2002)[62]은 한국 반도체 산업의 복잡한 변화를 언급하며, 핵심 자원이 축적되더라도 외부 제도나 제한에 따라 기업의 경쟁 우위를 발휘하지 못하게 할 수도 있다고 지적하며 RBV론과 제도론을 연관지어 분석하고 있다. 지역기업에서도 제도나 정책은 성격, 기업에 대한 영향의 강도에 따라 사업의 촉진으로 이어지는 경우도 있고 반대로 장벽으로 이어지는 경우도 생각할 수 있을 것이다. 김(2003)[63]은 반도체 산업을 분석하면서 '기업의 지속적 경쟁우위의 원천을 설명하기 위해서는 기존 제도론에서 논의되어 온 제도의 규칙성, 규범성, 인지성이 변천해 나감에 따라 기업의 매니지먼트도 그에 반응하고 변화해 가는 과정을 검토할 필요가 있다'라고 주장하고 있다. 그는 제도나 규제가 지역기업 매니지먼트에 큰 영향을 초래한다는 것을 강조했다.

1 조직학습에 대해서

테라모토(1993)[64]에 따르면 학습에는 '인지'의 측면과 '행동'의 측면이 있다. 이 중 '인지'는 '지식의 이용과 획득 과정'(카고노, 1988)[65]이며, '주체가 사물에 대해 어떤 정보를 획득하고 그에 대한 이해의 틀(지식체계)에서 그 의미를 해석하는 것'(테라모토, 1993)[66]으로 정의되어 있다. 즉, 인지란 정보를 처리하는 주체가 외부에서 들어온 정보를 해석하고 독자적인 인식 틀에 근거하여 자신의 것으로 만들어 가는 프로세스라고 할 수 있다. 이 「인지」라고 하는 프로세스에는, 학습의 또 하나의 측면인 「행동」이 빠뜨릴 수 없는 요소이다. 왜냐하면 학습에 의해서 얻어지는 창조성, 즉 새롭게 만들어지는 지식은 「개인과 개인의 「관계」」, 개인과 환경의 「관계」(이타미·니시구치·노나카, 2000)[67]로부터 나오는 것으로, 그러한 관계성은 실제로 행동에 옮기지 않고서는 형성할 수 없는 것이기 때문이다. 바꾸어 말하면, 지식이란 본질적으로 다른 사람과의 관계성 속에서 구축되는 것이라고 말할 수 있을 것이다.

노나카(2003)[68]는, 학습에는 「개인 레벨」, 「집단 레벨」, 「조직 레벨」, 「조직간」의 4가지 계층이 있다고 지적하고, 조직 내에서의 학습 메커니즘에 대해 다음과 같이 체계화하고 있다. 노나카에 따르면 조직이 학습하는 프로세스에는 개개인의 암묵지를 공유하는 '공동화', 공유한 정보를 프로젝트 팀 등의 '집단'이 구체적인 제도 등의 형태(형식지)에 집어넣는 '표출화', 그것을 다시 조직 전체에서 정당화해 나가기 위한 '연결화', 나아가 공동화, 표출화, 연결화 단계까지 형성된 것을 구체적인 형태로 실행에 옮겨 조직의 암묵적 이해로 연결시키는 (암묵지화), 내면화의 4가지 단계가 있다고 한다. 이 4가지 단계가 조직 내에서 반복됨으로써 개인이 얻은 암묵지가 조직적으로 공유·실천·축적되어 전략의 질이 향상되고, 지속적으로 '조직적 해석 모드'를 진화시킬 수 있는 것이다(타케다, 1993).[69]

이와 같이 생각하면, 조직학습이란 「조직」이 가지는 인식틀을 통해서 흡수된 조직 내외의 정보를 해석·축적하고, 이에 축적된 지식을 바탕으로 인식틀을 진화시켜, 다시 조직 내외에 분출시키는 일련의 프로세스라고 파악할 수 있을 것이다.

그러나 경영자원이 부족한 지역기업이 집단적으로 조직 내의 지식을 구축하는 대기업에 대해 어떻게 경쟁우위를 확보할 수 있느냐는 점에 대해서는 이 모델에서 설명할 수 없다. 다음 내용에서는 우선 지역기업에서 어떻게 조직변혁을 실시해 나갈 것인가에 대해 논하고, 그후 지역의 현황을 감안한 후에 지역기업이 장기적으로 우위성을 확립하기 위해 취해야 할 전략에 대해 검토하고자 한다.

2 지역기업의 조직학습

조직이 존재하는 환경으로서 가장 큰 단위가 사회이다. 카나이(2006)[70]는, 시장이라고 하는 환경 영역 이외에 기업을 둘러싼 사회환경이 강조되고 있기 때문에, 기존의 시장과 관련된 전략뿐만 아니라, 「사회와 관련된 전략」도 포함해 검토할 필요가 있다고 지적하고 있다. 즉, 전략을 조직으로부터의 아웃풋의 하나의 수단이라고 생각한다면, 조직학습이란 「전략」이라는 틀을 통해서 사회와의 관계를 재구축하는 것이라고 말할 수 있다. 이 시점은 지역 독자적인 니즈를 발견하고 이에 대응하는 사업을 창조·전개하고, 지역의 자원을 활용함으로써 경쟁상의 우위성으로 연결하고, 지역 네트워크를 활용하는 연계 전략을 취하는 전략적 특징을 가지고 있는 지역 기업에 있어서는 매우 중요하다(카나이, 2006).[71] 만일 지역 기업이 지역과의 관계성을 적절히 구축하지 못하면 지역에 사업기반을 두는 매력이 상실될 우려가 있기 때문이다.

현재, 많은 지역 기업이 경영적으로 어려움을 겪고 있는 것을 고려하면, 지역 기업은 이러한 지역 특유의 강점을 활용하지 못하고 있는 것이 아닌가 생각된다. Argyris(1976)[72]는 학습에는 '싱글루프 학습'과 '더블루프 학습'의 두 가지가 있으며, 조직이 존속기반을 뒤흔들 위기에 처했을 때 더블루프 학습이 일어날 수 있다고 말하고 있는데, 지역기업에 지금 바야흐로 요구되고 있는 것은 이러한 더블루프 학습을 얼마나 조직적으로 일으킬 것인가 하는 것이다.

카나이(1987)[73]는, 대기업에서는 조직변혁의 주된 담당자는 미들매니저인 데 반해, 중소기업에서는 기업가 자신이 조직변혁의 담당자라고 말하고, 이를 키워 나가기 위해서는 기업가 스스로 기업가적 리더십을 발휘해 이노베이션을 일으켜 나가기 위한 더블루프 학습을 유발할 필요가 있다고 지적한다. 카나이(1987)에 의하면, 경영자가 현상에 대해 소박한 의문을 느끼고, 그것을 바탕으로 새로운 비전을 창조할 필요가 있다고 한다. 그리고, 그 비전을 기초로 대화·조사·실험을 실시하는. 가운데, 반대나 저항을 정리해, 그 비전의 의미가 공유되고, 공헌도가 높아져 새로운 사업 아이디어가 창출되어 이노베이션으로 연결된다고 한다.

카나이가 말하는 더블 루프 학습은 환경이 변화하니까 그에 따라 변화하지 않을 수 없다고 하는 수동적인 환경 결정론적인 이론에 반한다. 오히려 적극적으로 조직과 환경 사이에 불균형을 창조하고 조직을 새로운 패러다임으로 인도함으로써 새로운 성장의 원동력으로 삼는 접근이다. 이러한 안정기에도 의도적으로 불균형을 창조하는 의사결정 모델을 스파이럴형 의사결정 모델이라고 한다(타케다, 1988).[74] 테라모토 등(1988)[75]에 의하면, 조직은 항상 변화하는 환경과의 사이에 정합성을 구축하려고 하는 한편, 「변화하고 있는 환경이 안정되는 것을 기다리지 않고, 그 시점의 정보에 근거해 수시로 기업행동을 일으켜, 필요에 따라 수정을 매니지먼트」해 나갈 필요도 있다고 말하고 있다. 즉, 조직의 「안정기」와 「변혁기」는 명확하게 구별할 수 있는 것이 아니라, 기업가의 인식에 따라 달라질 수 있는 것이라는 것이다. 조직에서 기존의 경영관습이 제대로 작동하지 않는 '전략적 분기점'이 언제인지를 인식하고 행동에 옮기는 것이 기업인들에게 요구된다(판카주 게마와트, 2002).[76] 기업가가 변혁기를 인식한 다음에 해야 할 일은 비전의 명확화다. 비전이란 조직이 나아갈 방향이다. 카나이(1987)[77]에 의하면, 비전과 꿈을 나누는 것은 실현 가능성이라고 한다. 그러나 비전 자체는 훌륭해도, 그것이 실현 가능하지 않으면, 조직의 구성원을 동기 부여해 새로운 사업 전개로 이어갈 수 없다. 카나이(1987)[78] 에 의하면, 조직의 구성원의 달성 의욕을 높이고, 싱글 루프 학습인지 더블 루프 학습이 될지를 좌우하는 것은, 이 비전에 혁신성이 있는지의 여부라고 한다. 비전이 혁신적인지 여부를 검토할 때 중요한 시점이 조직학습을 어디서 하느냐는 점이다. 아오시마(2003)[79]는 '학습하는 장(場)에 대해서 중요한 것은 그곳에서 무엇을 배울 수 있느냐이다'라고 이야기하고 있다. 즉, 기업이 학습의 장(場)을 선택한다는 것은 기업 도메인으로 어디를 선택할 것인가 하는 문제와 밀접하게 관련된 것이라고 할 수 있을 것이다. 야마다(2006)[80]는, 기업 도메인이란 「기업의 생존 영역을 나타내는 것이다」라고 말해 도메인의 설정을 통해서 경영 자원의 배분을 생각해, 어디서 경쟁우위를 획득할 것인가 하는 점에 대해 정할 필요성에 대해 지적하고 있다. 다시 말해 조직학습의 장(場)을 선택한다는 것은 조직이 달성하고자 하는 컨셉 달성을 위해 조직의 기존 자원에 의미를 부여하고, 그것이 유기적으로 기능하도록 조합을 생각하고, 고객에게 제공하고자 하는 가치 중 부족한 경영자원은 무엇인지 인식하고, 그 획득 방법에 대해 검토하는 것이 여기서 말하는 학습장 선택을 하는 것이라고 해석할 수 있을 것이다.

그러나 전술한 바와 같이, 「학습」이라고 하는 행위로부터 지식을 창출해 나가기 위해서는, 「행동」이 필요 불가결하다. 기업가는 스스로가 세운 명확한 컨셉하에 사전에 고객이 어떠한 가치를 요구하고 있는지 조사·분석하고, 제공하고 싶은 고객가치를 창출하기 위해 조직 내 경영자원과 조직 밖에서 얻을 수 있는 자원의 조합을 고려한 「가설」을 가지고 「실험」을 실시할 필요가 있다(이타미·니시구치·노나카, 2000 및 아오시마, 2003).[81] 이 「가설」은 컨셉하에 실행되는 「전략」에 해당하는 것이라고 생각된다. 왜냐하면, 전략은, 스스로가 생각하는 컨셉을 달성하기 위해서는 무엇을 어떻게 하면 어떠한 결과가 될지 예측하면서 작성해, 실제로 행동에 옮기는 것이라고 생각되기 때문이다. 이와 같이 「기업측의 의도를 외부의 행위주체에게 전달하여 어떠한 반응이 일어나는지 관찰하는 수단」(아오야마, 2003)[82]으로서 「실험」을 실시하여 의욕적으로 실패하고 컨셉 달성을 위해 필요한 자원을 획득하거나 기존의 자원 조합을 강화·발전시키는 것이 조직학습에 있어서는 매우 중요하다.

3 지역기업의 지속가능한 경쟁우위 구축

그렇다면 지역 기업은 지역에서 어떤 전략을 취함으로써 대기업이나 다른 기업에 대한 경쟁우위를 획득하고 있는 것일까. 지역 기업의 전략을 고려할 때 가장 고려해야 할 것은 경영자원의 부족이다. 이것이 의미하는 것은, 지역 기업은 단독으로 비지니스컨셉을 달성해 나가는 것이 어렵고, 전술한 네트워크를 이용해 부족한 경영 자원을 보완할 필요가 있다는 것이다(카나이, 2006).[83]

그렇다면 지역 기업은 어떻게 네트워크를 구축해야 할까. 그 핵심적인 역할을 하는 것이 기업인이라고 생각된다. 지금까지 지역 기업은 역사적으로 엔고나 글로벌화 속에서 사회적인 분업을 실시함으로써 상품의 고부가가치화와 코스트 다운에 힘써 왔다(키요나리, 2010).[84] 그러나 지역 내 혹은 일본 내에서 사회적 분업이 진행되는 가운데 지역 기업이 해외나 도시권으로 유출되고 말았다. 그 결과, 지역에는 뛰어난 기술을 가지고 있지만, 그 활용법을 모르는 기업이 증가하여, 그것이 지역 내에서 동질화된 상품 간의 가격 경쟁을 초래하고 있는 것이다(세키, 1995).[85] 바꾸어 말하면, 지역 기업을 활성화하기 위해서는 지역, 일본 전국, 그리고 아시아에 산재하는 기술에서 그 가치를 찾고, 그것에 의미를 부여해, 새로운 고객 가치를 창조할 수 있는 지식 창조력을 가진 기업가 활동이 필수 불가결하다는 것이다.

그러나, 지역 외부의 네트워크에 주목하는 것만으로는 지역 기업의 경쟁우위를 장기간에 걸쳐 유지할 수 없다는 것은, RBV의 논의에서 기술한 바와 같다. 장기 존속을 위해서는 조직 내부에 그것을 활용할 만한 경쟁사에 대한 모방이 곤란한 지식의 축적이 필수 불가결하다. 일본의 고용시스템에 관해 연구하고 있는 고이케(1994)[86]는 일본형 고용시스템의 강점은 전문적으로 장기고용 속에서 다양한 경험을 쌓음으로써 개인 및 조직에 축적되는 '불확실성 처리능력'에 있다고 말했다. 즉, 일본 기업의 강점은 불확실성에 대한 대응 능력이라는 무형의 「지식기반」이 구축되어 있다는 것이라고 말할 수 있을 것이다. 이 점은 불확실성 속에서 이노베이션을 실시할 필요가 있는 지역 기업에 있어서 매우 중요한 것이라고 생각된다. 종래까지의 이노베이션론에서는 연구개발비에 고액의 자금을 투자해 신기술을 개발함으로써 이노베이션이 일어난다고 생각해 왔다. 그러나, 「지식」에 근거한 이노베이션은 기술이 가지는 「의미, 가치」의 깊이를 파고드는 이노베이션이다. 이 이노베이션에서는 근본적인 신기술 개발의 필요성이 없고, 지역 기업이 이미 소유하고 있는 코어 기술을 부분적으로 재조합하는 형태로 신규 분야로의 진출이 가능해지기 때문에 비용 측면에서도 리스크가 비교적 낮고, 또한 기술이 갖는 의미에 있어서는 깊이 파고들어 응용하는 작업을 거침으로써 조직내의 컨센서스형성에 용이하다.

이상, 지역 기업은 기술적인 우위성 보다 지역과 고객에게 어며 가치를 제공할 수 있을까를 생각하지 않으면 안 된다. 또한, 이러한 이노베이션으로의 접근법은 「지역 특유의 요구에 대응한다」라는 지역 기업의 전략적인 특징에도 합치하는 것으로, 합리적인 수법이다. 지역에서 집중적으로 활동할 수 있는 장점을 살려 대기업보다 지역과 고객과 많은 접점을 가짐으로써 지역이나 고객의 요구에 보다 빨리 다각적인 시점에서 분석할 수 있게 되고, 이에 근거한 제품 개발을 실시할 수 있게 되는 것이다.

그러나, 근래는 지역 기업의 강점인 지역과 고객과의 유대관계가 지역의 인구 감소나 전국진출, 해외 진출시 상실되고 있다. 그동안 지역기업은 고객이나 지역과의 강한 유대관계로부터 풍부한 정보를 얻음으로써 대기업에 대한 우위성을 확보했음에도 불구하고 대기업과 동일한 접점을 가짐으로써 그 우위성이 상실되고 있다는 것이다. 기요나리(2010)[87]가 지역산업에 관해 유통을 통해 객관화된 데이터를 바탕으로 한 대량생산을 실시하는 '제조업자'에서 수주생산, 생산자와 소비자의 직접적인 연결고리인 '지역상품', 소비자와 생산자 사이에 유통이 들어간 '산지상품'에 대한 재검토가 필요하다고 말하고 있듯이 지역 기업은 자신의 강점인 고객이나 지역 사이에서 많은 접점과 유대관계를 가짐으로써 지역 기업의 강점을 발휘해야 한다.

또한, 직접적인 접점을 가지고 있다는 강점을 살려 가기 위해서는, 중소기업의 사회적 분업 체제에 대해서도 재검토를 실시할 필요가 있다. 전술한 바와 같이, 지금까지 지역 기업은 역사적으로 엔고나 경제의 글로벌화 속에서 사회적인 분업을 실시함으로써, 상품의 고부가 가치화와 원가절감에 힘써왔다(키요나리, 2010).[88]

그러나 이러한 현상을 조직학습이나 고객과의 접점이라는 관점에서 생각하면 고객과의 대화의 공간·기회가 상실될 우려가 존재함을 알 수 있다. 또 기업에 있어서, 자사의 입장에서 보면 제조라고 하는 비즈니스 모델의 일부밖에 담당하고 있지 않다고 생각해도, 고객은 비즈니스 모델 전체로부터 기업이 제공하는 제품 가치 전체를 종합해 엄격한 판단을 한다. 물론 지역 기업에서 모든 업무를 자사에서 조달할 필요는 없다. 오히려 할 수 있는 것이 한정되어 있기 때문에 자사가 전달하는 가치의 핵심이 되는 부분을 판별해 집중적으로 자원을 투입함으로써 우위성을 확립할 수 있다. 그 밖에 자사에서 감당할 수 없는 업무에 대해서는 시너지 효과를 발휘할 수 있는 파트너와의 협력 관계를 구축함으로써 적극적으로 아웃소싱을 해야 한다. 따라서 지역기업이 고객에게 보다 우수한 가치를 제공하기 위해서는 지금까지 지역기업이 제공해 온 가치의 부분 최적화와 동시에 병행적으로 고객에게 도달하기까지의 과정을 포함한 전체 최적화 개념이 필요하다. 또한, 그것을 실현시키기 위해서는 다른 기업과의 네트워크를 강화해, 지금까지의 기업간 관계를 한층 더 발전시켜 갈 수 있는 형태로 관리해야 한다.

이상에서 기술한 바와 같이 지역기업이 지역에서 우위성을 확보할 수 있는 요인은 경영자원이 부족하기 때문에 발생하는 고객·기술·환경과의 직접적이고 많은 교류 기회가 지역기업에 대해 풍부한 정보를 제공하기 때문이며, 그것이 지식 이노베이션을 실시할 때의 양질의 조건이 된다는 데 있다고 할 수 있을 것이다.

6   선행연구의 총괄

본 절에서는 선행연구를 총괄하기로 하고 다음 장에서 프레임워크, 즉 연구의 틀을 제시하고자 한다.

본 연구에서는 중·소규모 지역 기업을 연구 대상으로 하고 있는데, 그 중에는 창업자 가족이 대대로 이어받아 기업을 경영하거나 여러 가족 구성원이 경영에 적극 참여하는 패밀리 기업이 많다. 패밀리 기업은 비교적 규모가 작은 경우가 많아 의사결정의 속도나 조직 내부에 있어서 자사 아이덴티티의 침투성 면에서 우위에 있으며, 사업 활동에 있어서는 민첩성이 있고 조직력도 강한 경향이 있다. 반면 존속과 성장을 위해 풀어야 할 여러 과제도 잠재돼 있다. 예를 들면, 기업을 계승하는 시기에 있어서의 경영자와 후계자와의 갈등이나, 기업 내부 및 외부와의 네트워크 구축에 있어서의 문제이다. 우리는 이러한 과제를 해결함으로써 이노베이션을 주도하고 비즈니스 모델을 구축하는 주역으로서 기업가를 꼽고 있다. 지역 기업의 기업가 이노베이션을 창출하기 위해서는 어떻게 하면 좋을까. 선행연구의 검토에서도 이미 이야기한 바와 같이 기업인에게는 혁신적 의식을 가지고 현상에 만족하지 않고 지역의 독자적인 요구를 발견하고 지역자원을 조합하여 활용할 수 있는 능력이 요구된다. 또, 그러기 위해서는 기업 내부 및 외부의 이해 관계자와 적극적으로 네트워크를 구축하는 것, 전략적 제휴를 맺어 갈 필요가 있다. 이러한 과정에서 중요한 것은 실패를 두려워하지 않고 오히려 그 실패로부터 얻은 지식을 다음 사업의 성공에 활용하려는 학습 정신을 기업 내에 뿌리내리게 하는 것이다.

기업인들은 이러한 일련의 활동을 통해 비즈니스 모델을 디자인해 나간다. Afuah(2003)는 비즈니스 모델을 「돈을 버는 구조」로 파악해 고객에게 가치를 제공하는 구조뿐만 아니라 경제적으로 이익을 얻을 수 있는 측면을 뒷받침해 논의하고 있다. 즉, 전략과 수익성의 연관성에 초점을 맞추고 있다. 그리고 기업의 수익성에 영향을 주는 업계 압력으로는 경쟁 압력, 협조 압력, 매크로 환경을 꼽았으며, 기업 특유

그림 1-6　선행연구 총괄

그림: Illustration by Joon Moon M.D.

의 요소로는 포지션, 활동, 자원을 꼽았다. 여기서 업계 압력의 요소는 기업 외부로부터의 영향이며, 이러한 요소는 기업가 외부와 어떤 네트워크를 구축하느냐에 따라 위협에도 기회에도 영향을 줄 수 있다. 한편, 기업 특유의 요소에는 기업 내부에서 결정되는 요소가 많으며, 이를 경쟁 우위성이 있는 것으로 만들기 위해서는 기업가의 매니지먼트 능력이 요구된다.

지역기업의 기업가 비즈니스 모델을 생각할 때 중점을 두어야 할 것으로 핵심자원을 꼽고 있지만 대기업에 비해 양적으로 경영자원이 부족한 지역기업이 보다 효율적이고 효과적으로 비즈니스 모델을 구축해 나가기 위해서는 지역에 산재해 있는 자원이나 기업 내부의 경영자원을 활용하거나 개발하여 이들을 조합해 나갈 필요가 있다. 또 이런 핵심 자원을 누구에게 언제 어떤 가치로 제공할지 고려해야 한다. 지역 기업이 지역에 숨어 있는 독특한 요구를 인식하고 그 지역의 요구를 만족시켜 나가기 위해서는 업계를 초월한 네트워크를 구축함으로써 모방하기 어렵고 차별화된 가치를 제공하기 위해 연구해 나갈 필요가 있다.

이와 같이 지역 기업은 지역 자원을 활용하여 특정 지역의 요구를 충족시킴으로써 수익성을 창출하는 동시에 지역의 산업 및 경제에 공헌해 나간다.

그리고 이는 지역 고객들에게 신뢰와 안심, 만족감을 주게 된다. 바꾸어 말하면, 지역의 자원이나 요구를 중시한 비즈니스 모델의 구축은 브랜드의 구축으로 연결되는 것이다. 선행연구에서도 지적했듯이 지역기업이 브랜드를 구축하기 위해서는 시장세분화와 포지셔닝을 제대로 실시하고 차별화된 브랜드를 지역고객에게 널리 전달하거나 브랜드 구매기회를 늘리는 것, 브랜드 로열티를 확립하는 것이 요청된다.

지금까지 기술한 바와 같이, 경영 자원이 열등한 지역 기업에 있어서, 합리적인 비즈니스 모델을 구축하기 위해서는, 폭넓은 네트워크를 구축·활용해 나가지 않으면 안 된다. 또한 네트워크를 구축하고 이노베이션을 창출하기 위해서는 기업가의 혁신적인 자세와 리더십이 필수불가결하다. 특히 기업 내의 실패를 두려워하지 않는 분위기 조성, 경영팀이 의사교환을 하는 장을 마련해 학습의 장으로 활용함으로써 지역 기업에 잠재하는 과제를 해결해 나갈 필요가 있다.

　　다음 장 이후에서는 지금까지 다루어 온 선행연구를 바탕으로 지역기업의 비즈니스 모델 및 이노베이션 창출 과정을 분석하기 위한 프레임워크를 제시한다.

Endnotes

1 大東和·金·内田(2008) p.20。

2 J. Child(1972)。

3 Drucker P. F. (1985) 小林宏治監訳、p.47。

4 金井(2006) pp.265-293。

5 下野(2009) pp.43-60。

6 Christensen C. M. (1997) 玉田俊平太監修、伊豆原弓訳。

7 Christensen C. M. (1997) pp.1-20。

8 Christensen C. M. (1997) p.199。

9 Tony Davila, Marc J. Epstein and Robert Shelton(2006) 矢野陽一郎訳、p.288-289。

10 日本経営合理化協会経営コラム「欧米の資産家に学ぶ二世教育」。

11 11 後藤(2005) p.205。

12 大橋·小田·G.シャンツ(1995) pp.17-19。

13 ダニー·ミラー、イザベル·ル·ブレトン＝ミラー著、斉藤訳(2005) pp.56-57。

14 朱炎(1995) pp.54-63。

15 末廣(2006) pp.28-29。

16 安部(2006) pp.25-64。

17 いわゆる専門経営者を指す。

18 Useem M.著、岩城·松井監訳(1986) pp.106-108。

19 米倉(2003) p.189。

20 J. A. シュンペーター(1998) p.156。

21 角田(2002)。

22 ドラッガー著、小林監訳(1985) p.351。

23 金井(2008) p.93。

24 若林(2009) p.275。

25 若林(2009) pp.256, 275-292。

26 ジョン・P・コッター(1999) pp.179-180。

27 ジョン・P・コッター(1999) pp.181-182。

28 鄭昇和(1999) p.661。

29 加護野・石井(1991) pp.161-162。

30 加護野(1999) p.47。

31 加護野・井上(2004) p.37。

32 加護野・井上(2004) pp.47-49。

33 國領(1999) p.26。

34 Allan Ahuah(2003) p.2。

35 Porter, M.E. (1980) 土岐坤・中辻萬治・服部照夫訳、p.17-54。

36 大東和・金・内田(2008) pp.22-23。

37 C. K. Prahalad and Gary Hamel (1990) pp.136-155。

38 Jay. B. Barney著、岡田訳(2003) pp.250-290。

39 Allan Ahuah (2003) pp.110-128。

40 伊丹・軽部(2004) pp.20-38。

41 伊藤・須藤(2004) p.14。

42 C. K. Prahalad and Gary Hamel(1990) p.143。

43 Allan Ahuah (2003) pp.110-128。

44 Jay. B. Barney (2003) pp.205-290。

45 小川(1994) p.15。

46 伊部(2009) p.73。

47 猪口(2008) pp.81-113。

48 伊部(2009) pp.78-79。

49 内田(2009) p.183。

50 David. A. Aaker著、陶山・中田・尾崎・小林訳(1994) p.63。

51 伊部(2009) p.80。

52 David. A. Aaker (1994) p.53。

53 今井・伊丹・小池(1982) pp.38-39。

54 酒向(1998) pp.93-96。

55 浅沼(1998) pp.22-23。

56 金子(1986)。

57 國領(1999) p.22。

58 加護野・井上(2004) pp.267-270。

59 内田(2009) pp.53-56, 59。

60 Porter M.E. (1990) 土岐・中辻・小野寺・戸成訳。

61 中小企業庁(2011) pp.33-43。

62 金泰旭(2002) p.140。

63 金泰旭(2003) p.41。

64 寺本・中西・土屋・竹田・秋澤(1993) p.18。

65 加護野(1988) p.60。

66 寺本・中西・土屋・竹田・秋澤(1993) p.19。

67 伊丹・西口・野中(2000) pp.45-46。

68 野中・竹内著、梅本訳(1996) pp.105-109。

69 竹田(1993) pp.71-136。

70 金井(2006) pp.265-293。

71 金井(2006) pp.265-293。

72 Chris Argyris (1976) pp.363-375。

73 金井(1987) pp.32-42。

74 竹田(1993) pp.137-204。

75 寺本・中西・土屋・竹田・秋澤(1993) p.191。

76 パンカジュ・ゲマワット著、大柳訳(2002) pp.168-201。

77 金井(1987) pp.32-42。

78 金井(1987) pp.32-42。

79 青島・加藤(2003) pp.147-179。

80 山田(2006) p.62。

81 伊丹·西口·野中(2000) pp.45-46、及び、青島·加藤(2003) pp.147-179。

82 青島·加藤(2003) p.163。83

83 金井(2006) pp.265-293。

84 清成(2010) pp.145-164。

85 関(1995) pp.25-26。

86 小池(1994) pp.1-20。

87 清成(2010) pp.145-164 。

88 清成(2010) pp.145-164 。

Chapter

02

연구 분석에 대해서

Chapter

02 연구 분석에 대해서

1 연구 분석을 위한 프레임 워크의 제시

앞 장에서는 지역기업의 특징과 지역기업에 요구되는 기업가의 역할을 알아보기 위한 선행연구를 실시하였다. 그 결과, 기업가가 혁신성을 가지고 이노베이션 창출을 위해 필요한 자원을 내부 및 외부와의 네트워크를 구축함으로써 획득해 나갈 필요가 있음을 알 수 있었다. 또한, 이를 위해 기업인들은 리더십을 발휘하고 학습의 장(場)을 마련할 필요성이 있는 것으로 나타났다. 이러한 기업가의 역할은 비즈니스 모델 구축으로 이어지고 이를 통해 수익성이 창출되게 된다. 심지어 구축된 비즈니스 모델을 고객이 어떻게 받아들이느냐에 따라 브랜드에도 영향을 준다.

본 장에서는 위의 논리를 바탕으로 패밀리 기업이 복잡한 경영환경 변화에 있어서 어떻게 비즈니스 모델을 구축·변혁해 나갈 것인지, 또 기업가의 역할은 기업의 장기 존속과 어떤 관계에 있는지를 분석하기 위한 연구의 틀을 제시한다(그림 2-1).

연구의 틀은 기업가 활동의 4요소와 기업의 비즈니스 모델 구축에 영향을 미치는 4요소로 구성되어 있다. 기업가 활동의 각 요소는 카나이(2002)[1]가 제창하는 「기업가 활동의 요건과 프로세스」의 요소인 「기업가」, 「사업 기회의 인식」, 「사업 컨셉과 계획」, 「자원」과 통하는

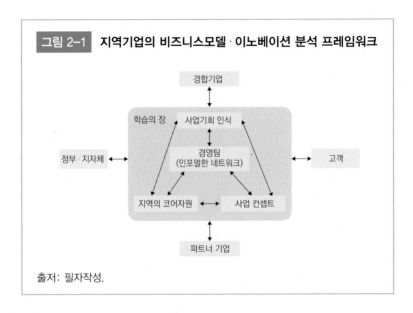

그림 2-1 지역기업의 비즈니스모델·이노베이션 분석 프레임워크

경합기업

학습의 장 　사업기회 인식

정부·지자체　　　경영팀
　　　　　　　(인포멀한 네트워크)　　　고객

지역의 코어자원 　사업 컨셉트

파트너 기업

출저: 필자작성.

점이 많다. 각 요소에 대해 설명하면, 「기업가」는 창업할 기회를 인식하고, 거기에 필요한 자원을 고려하면서 사업 컨셉을 계획해 나가는 주체이다. 본 연구에서는 지역 기업, 특히 패밀리 기업을 연구 대상으로 하고 있는데, 이러한 기업은 오랜 세월 사업을 계승하면서 환경의 변화에 따라 새롭게 사업 기회를 인식해 나가는 것, 기업가의 독단이 아니라 복수의 씨족 경영진이 의사결정에 참여하고 있는 것에 주목해 비즈니스 모델을 구축하는 주체는 「경영팀」으로 한다. 즉, 패밀리 기업에서는 여러 가족이 직접적 또는 간접적으로 의사결정에 관여하는 경우가 많으며, 가족이기 때문에 보통 기업에 비해 서로 유대관계가 강하다는 특징이 있다.

　그렇다면, 「경영팀」은 조직 내외에서 어떠한 역할을 완수해, 비즈니스 모델을 구축해 가는 것일까. 첫 번째는 현상에 대한 불만이나 의문을 기점으로 하는 「사업 기회의 인식」이다. 앞에서 이야기한 바와 같이, 본 장에서는 오랜 세월에 걸쳐 환경의 변화에 대응하면서 비즈니스 모델을 이노베이션 해 나가는 패밀리 기업에 초점을 맞추고 있기 때문에, 「창업 기회의 인식」을 「사업 기회의 인식」으로 대체한다. 카나이(1987)[2]에 의하면, 이러한 불만이나 의문은, 「전문가나 업계의 상식에는 구애받지 않는 아마추어의 소박한 의문」으로부터 생겨나지만, 지역 기업에 있어서 그 트리거가 될 수 있는 것은, 지역 내외에서 길러 온 업계 내·외의 신뢰에 근거하는 지연적·가족적 네트워크이다. 특히, 업계의 벽이 붕괴되고 있는 작금에 있어서, 이러한 업계를 초월한 네트워크의 중요성은 점점 높아지고 있다. 왜냐하면, 그러한 업계를 초월한 네트워크는 기존산업의 경계에 사로잡혀 있는 자사의 벽을 깨고, 오랫동안 유지해 온 「당연함」을 의심하고 의문이나 과제를 인지하는 계기가 되기 때문이다.

다만 사업기회 인식은 막연한 아이디어일 뿐이다. 이 아이디어를 사업으로 성립시키기 위해서는 「어떠한 고객 가치를(What)」「누구에게(Who)」「어떻게(How)」 전달할 것인가 하는 사업 컨셉을 설정해야 한다. 사업 컨셉을 생각하는 데 중요한 것은 혁신성이다. 사업컨셉이 명확하고 혁신성이 있으면 이를 달성하기 위해 필요한 경영자원과 공유하고 있는 경영자원의 격차를 메우는 힘, 즉 경영팀이 인식한 사업기회를 사업으로 성립시키기 위한 학습에너지가 보다 적극적으로 일어나고 그와 관련된 지식이 축적됨으로써 모방하기 어려운 핵심자원이 개발될 가능성이 높아진다. 즉, 사업 컨셉에 혁신성이 있는지 어떻게 조직에 혁신을 일으키는 더블 루프 학습이 될지, 기존 환경과의 사이에 정합성을 구축하는 싱글 루프 학습이 될지가 결정된다. 특히 지역 기업들은 부족한 경영자원을 지역 네트워크를 활용해 보완·획득해 핵심자원 형성에 활용한다는 특징이 있기 때문에 '자원'을 '지역 핵심자원'으로 대체하고 있다.

또한 사업기회를 인식하고 지역 핵심자원을 어떻게 조합하느냐에 따라 사업컨셉도 달라지는데, 지역기업 경영팀은 무엇을 누구에게 어떻게 팔 것인가를 생각하는 사업컨셉을 처음부터 새롭게 계획하기보다는 오래된 사업컨셉을 필요에 따라 보완 및 변경해 나가기 때문에 이해하기 쉽게 하기 위해 '사업컨셉'으로 설정하고 있다.

이와 같이 경영팀은 사업기회를 인식하거나 지역 핵심자원을 활용함으로써 사업컨셉을 설정하고 비즈니스 모델을 구축해 나간다. 그리고 다음 단계로서 경영팀은 사업 컨셉을 가지고 조직 내외의 이해관계자를 설득해 사업 컨셉 달성을 위한 플랜에 관여해 나갈 필요가 있다. 지금부터는 경영팀의 커뮤니케이션 능력에 대해 알아보자.

우선은 내부에 있어서의 커뮤니케이션 능력이다. 앞서 언급한 것처럼 경영팀은 여러 명으로 구성되기 때문에 기업인의 독단이 아닌 씨족 경영진이 팀을 이뤄 대화하면서 의사결정을 하는 경우가 많다. 예를 들면, 정(1999)[3]은, 패밀리 기업이 비즈니스 아이디어를 공유하고 성장 전략을 논의하고 서로 배우려면 가족협의회를 활성화할 필요가 있다고 주장한다. 기업 경영에 참여하는 씨족 경영진은 가치관이 다양해 갈등과 판단의 차이가 생긴다. 그러나 일반 기업과 달리 인연을 끊을 수 없는 가족관계이기 때문에 좋은 관계를 유지하지 않으면 갈등은 장기간 기업 내에서 계속되고 만다. 이러한 위험을 미연에 방지하기 위해서도 가족협의회는 중요한 구조가 된다. 또한 경영팀은 팀 내는 물론 간부급부터 생산현장까지 폭넓은 종업원에게 사업을 원활하게 진행시키기 위해 자사의 사업 컨셉이나 비즈니스 모델을 주지시킬 필요가 있다. 경영팀이 종업원에게 어떻게 커뮤니케이션을 하는지도 중요한 지표다. 따라서 본 연구에서는 후계자 육성이나 경영방침 책정에 관한 경영팀 내에서의 대화나 경영팀 밖의 종업원과의 의사소통, 나아가 외부 네트워크를 구축하고 있는 파트너 기업과의 접점 등을 마련할 기회를 학습의 장(場)으로서 설정한다.

그렇다면, 기업 내부의 커뮤니케이션 성과가 기업 외부의 주체에게 어떻게 전달되어 가는지, 또 반대로 비즈니스 모델을 구축함에 있어서 기업 외부의 주체로부터는 어떠한 영향을 받는지에 대해 고찰해 나간다.

본 프레임워크에서는 조직 외부의 이해관계자로서「파트너 기업」,「경쟁 기업」,「정부·지방 자치체」,「고객」을 들고 있다. 우선「파트너 기업」이란, 기업이 고객까지 가치를 전달하는 과정, 즉 제품·서비스가 고객에게 제공되기까지의 일련의 흐름에 대해 직접적인 관계성을 가지는 기업이라고 정의한다. 여기서 말하는 관계성이란 자사와 파트너 기업의 핵심 자원을 어떻게 조합해 나갈 것인가 하는 것이다. 다만 파트너사와의 사이에는 일정한 긴장관계가 존재한다는 점에 주의해야 한다. 즉 파트너사와는 상호 경영자원을 보완해 나가는데 환경 변화로 인해 자사 핵심자원이 경쟁우위를 잃으면 파트너사가 주도권을 잡게 될 수 있다는 것이다. 이런 위기를 막기 위해서는 경영팀이 항상 핵심자원을 혁신하는 투자를 게을리해서는 안 된다. 그리고, 새로운 사업 기회를 인식했을 때에, 파트너 기업에 대해서 서로의 코어 자원을 조합한 신사업을 제안할 수 있는「프로토타입 창출 기능」을 가지는 기업이 될 필요가 있다.

다음으로 '경쟁기업'은 기업의 수익에 대해 직접적 또는 간접적인 영향력을 가진 기업이라고 정의한다. 구체적으로는 업계 내부의 다른 기업, 대체 상품을 제공하는 기업, 나아가 미래에 위협이 될 수 있는 신규 참가 기업이 포함되는 것으로 한다. 경쟁사들은 정의에서도 언급했듯이 기업의 수익성에 큰 영향을 미친다. 바꾸어 말하면 수익성을 창출하는 비즈니스 모델에 부정적인 영향을 미치는 기업으로, 기업의 존속에 위협이 되는 기업을 가리킨다. 하지만 경쟁은 나쁜 측면만 있는 것은 아니다. 확실히 경쟁은 수익성을 생각했을 때 반드시 득이 되는 것은 아니지만, 반대로 그 경쟁 압력이 있기 때문에 조직 학습이 촉진된다는 효과도 기대할 수 있다. 경쟁이 치열할수록 새로운 경영자원 획득의 필요성이 높아지고 조직 구성원들은 위기감을 느끼게 됨으로써 더블루프 학습을 창출할 가능성이 생긴다. 그런 면에서 경영팀은 자사 핵심자원의 경쟁 우위성을 높이기 위해 업계 어디에 자사를 포지셔닝하느냐가 매우 중요해진다.

「정부·지방 자치체」는 기업에 있어서 핵심 자원을 조성·육성할 기회가 되기도 하고, 반대로 핵심 자원의 경쟁 우위성을 위협하는 경우도 있다. 따라서 지역기업 경영팀은 지역의 제도를 제대로 파악하고 활용함으로써 비즈니스 모델을 강화하고 핵심자원의 우위성이 근간부터 흔들리지 않도록 제도 변화에 대응할 수 있는 비즈니스 모델을 구축할 필요가 있다.

마지막으로 지역 기업과 고객과의 관계성에 대해 설명한다. 본 연구에서는, 고객은 「기업과 서로 학습하는 존재이다」라고 정의한다. 고객은 기업의 제품·서비스 활용을 통해 이러한 지식을 축적해 나가지만, 고객이 제품·서비스를 사용하면서 얻을 수 있는 지식은 기업에 있어서 기존 제품·서비스의 개선점을 인지시키는 동시에 새로운 사업 기회를 인식하는 계기가 될 수도 있다. 또한 기업과 고객의 인터랙티브 속에서 축적되는 지식을 피드백해 고객의 기대를 저버리지 않는다면 기업에 대한 신뢰가 구축되고 결과적으로 브랜드 확립으로 이어지는 효과도 기대할 수 있다. 이렇듯 브랜드는 새로운 고객을 확보할 때

무기가 된다. 기업은 고객에게 자사 브랜드를 접할 기회를 늘리거나 신브랜드 창출에 대한 아이디어를 획득하기 위해 비즈니스 모델을 구축하는 프로세스에 고객을 끌어들이게 되었다. 바꾸어 말하면, 고객과의 상호 관계도 비즈니스 모델의 일부가 된 것이다.

이상의 설명에서 알 수 있듯이 비즈니스 모델은 강의 흐름과 같은 일방적인 흐름으로 구축되는 것이 아니라 기업 내외에 존재하는 요소들이 서로 영향을 미치고 상호작용하는 가운데 생성되는 것이다. 비즈니스 모델에 이노베이션을 일으키기 위해서는 경영팀이 혁신성과 리더십을 가지고 환경 변화에 따라 혹은 환경 변화에 앞서 자사의 핵심 자원을 축으로 조직 내외의 다양한 이해관계자에게 압력을 가해 새로운 가치를 창출해 나가려는 자세가 요구된다. 이러한 경영팀의 기업가 활동이 지역 기업의 오랜 존속에 기여하는 것이다.

다음 장부터는 본 연구의 분석 프레임워크에 의거하여 기업의 사례분석을 실시한다.

Endnotes

1   角田(2002) p.62。
2   金井(1987) p.35。
3   鄭昇和(1999) pp.661-662。

Chapter

03

일본과 한국의
기업승계에 대해서

Chapter

03 일본과 한국의 기업승계에 대해서

본론에 들어가기 전에 한국의 기업승계에 있어 유명한 사례를 소개한다. 한국에는 손톱깎이 세계 시장점유율 1위인 쓰리세븐(777)이라는 기업이 있다. 1975년 창립된 쓰리세븐은 1993년 한국 정부가 선정한 세계 일류기업으로, 2002년에도 산업자원부로부터 세계 일류제품 인증을 받았다. 2000년대에는 '777 THE SEVEN' 브랜드 제품이 미국, 중국, 유럽 등 92개국으로 수출돼 세계 시장의 40%를 차지하기에 이르렀다. 매출의 90% 이상이 해외에서 발생했으며 2003년 매출은 300억원(약 29억엔)까지 성장했다.

이후 2008년 창업자가 급사하자 창업자 가문은 경영권을 승계하려 했으나 상속세가 걸림돌이 됐다. 300억원의 매출이 있는 회사를 승계하려면 상속세로 약 150억원(약 14억엔)을 내야 했다. 결국 쓰리세븐은 상속세를 내기 위해 지분을 다른 회사에 팔아 적자기업으로 전락했다. 현재는 매각한 주식을 모두 환매했지만 매출은 전성기에 이르지 못한다.

이외에도 밀폐용기로 세계적으로 유명한 기업인 락앤락 창업자도 상속세 문제로 2017년 홍콩계 사모펀드에 회사를 매각하는 등 국내에는 과도한 상속세 때문에 경쟁력을 갖춘 중소기업이나 지방기업이 승계 과정 중 기업경영을 포기하는 경우가 많다.

92 | 한국과 일본의 지역 패밀리기업의 매니지먼트 비교

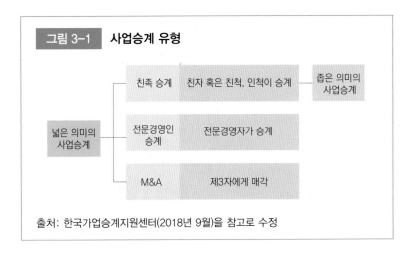

그림 3-1　사업승계 유형

친족 승계 — 친자 혹은 친척, 인척이 승계 — 좁은 의미의 사업승계

넓은 의미의 사업승계

전문경영인 승계 — 전문경영자가 승계

M&A — 제3자에게 매각

출처: 한국가업승계지원센터(2018년 9월)을 참고로 수정

　이렇듯, 사업승계 시 다양한 문제가 발생하고, 이를 극복하기 위해서는 상당한 노력이 필요하다는 점, 사업승계에 관한 제도에 문제가 있다는 점, 행정지원·대책의 부재 등이 사업승계에 걸림돌이 되고 있음을 알 수 있다. 기업의 경쟁력을 유지하고 지속적인 성장과 생존을 추구하기 위해서라도 사업승계 문제는 해결해야 할 문제인 것이다.

　이번 장에서는 일본과 한국의 사업승계에 관한 문제와 제도에 대해 간단히 설명한다. 사업승계/가업승계란 기업의 소유권 및 경영권을 지속가능한 상태에서 차기 경영자에게 양도하는 것을 의미한다. 한국에서는 상속세 및 증여세법상 가업상속공제, 가업승계로 불리며 일본에서는 주로 사업승계로 불린다. 본 연구에서는 용어 통일을 위해 '사업승계'로 설명한다. 한일 모두 가족기업 형태의 중소기업이나 지역기업이 많기 때문에 경영권이나 소유권 이양뿐만 아니라 창업자의 기업가정신, 경영 노하우 등 무형자산까지를 후계자가 승계하는 것을 의미한다.

그림 3-2 사업 승계 문제로 고민하고 있는 경영자

출처: Illustration by Joon Moon M.D.

사업승계는 후계자의 분류에 따라 친족승계, 전문경영인승계, M&A로 구분된다. 친족 승계는 좁은 의미에서의 사업 승계를, 전문경영인 승계는 전문경영인에게 경영권을 이양하지만 소유권은 창업자의 가족이나 주주가 유지하는 전문경영인 체제로의 전환을 의미한다.

일본과 한국에서는 친족승계·전문경영인 승계라는 사업승계 형태가 급속히 진행되는 저출산·고령화의 영향으로 사회문제가 되고 있다. 일본 경제산업성 자료(2017년 10월)에 따르면 일본 중소기업 경영자의 연령 분포에서 가장 비중이 높은 연령은 2005년 58세에서 2017년 68세로 고령화가 진행되고 있으며 2025년에는 70세를 넘는 경영자가 전체의 약 60%인 245만명에 달할 것으로 전망되고 있다.

반면 사업승계는 잘 진행되지 않고 있다. 저출산에 따른 자녀 감소, 청년들의 전통산업 기피, 후계자 역부족 등의 이유로 2025년 70

세가 넘는 중소기업 경영자 245만명 중 절반가량인 127만명이 현재도 후계자 미정 상태다.

일본 중소기업청 설문조사 결과(2017년 4월)에 따르면 사업승계가 어려운 이유로는 적절한 후계자 선정의 어려움(21.7%), 사업승계 준비기간 부족(14.8%), 직원 반대(9.8%), 상속증여세 등 과세 부담(9.7%) 등이 꼽히고 있다.

이러한 이유로 최근에는 후계자를 준비하지 못해 흑자 상태에서도 폐업하는 기업도 많이 볼 수 있다.

이 문제의 해결책으로 일본 내에서는 M&A가 주목받고 있다. 일본 중소기업청 조사(2018)에 따르면 M&A 사유 중 무려 48%를 차지한 것이 사업승계였다.

일본에서는 이러한 수요하에 일본 M&A 센터(1991년), Strike(1997년), M&A 캐피털 파트너스(2005년) 등 중소기업 M&A를 전문으로 하는 중개회사가 설립되었다. 이들 3사의 M&A 계약 건수는 2012년/232건에서 2017년/682건까지 증가했으며, 일본 정부도 M&A를 사업승계 수단으로 인정해 2018년부터 세제혜택(사업양도의 경우 등록면허세, 부동산취득세 인하) 등을 지원하고 있다.

또한, 원활한 사업승계를 지원하기 위해 중소기업 기반정비기구(SMRJ)[1]를 통해 지역 금융기관 등과 공동으로 사업계속펀드를 조성(2005년 1월)했다. 그리고 2008년에는 「중소기업의 경영승계 원활화에 관한 법률」을 제정했다. 이 법의 주요 내용은 ① 민법상 특례 ② 상속세 유예 ③ 금융지원 등 3개 항목으로 구성돼 있다. 특히 유류분(遺留分)[2]에 관한 민법상 특례조항 신설을 통해 후계자의 경영권 및 재산권을 보호함으로써 생전에 증여한 주식을 유류분 산정의 기초재산에서 제외시킴으로써 상속으로 인한 주식의 분산을 미연에 방지하고 자산을 후계자에게 집중시켜 후계자의 경영의욕 저하를 방지하였다. 이어 2009년 「산업활력 재생 및 산업활동 혁신에 관한 특별조치법」(1999년)을 개정하여 중소기업 승계사업 지원계획을 신설함으로써 사업승계 기업에 대해 금융지원, 세부담 완화조치를 시행하였다.

2011년에는 사업승계·인수지원센터를 전국 지자체에 설립하여 현재 48개소, 2018년까지 누적 상담건수는 36,741건, 누적 성공건수 2,401건을 달성하였다. 2018년에 들어서는 향후 10년을 사업승계 실시 집중기간으로 정하고 법 개정을 통한 세제지원 등 정책적 지원을 강화하고 있다. 예를 들어 상속세 납부유예 비율을 기존 80%에서 100%로 확대하고 납부유예 대상이 되는 주식수 상한을 철폐하는 등 상속세 납부유예제도 적용 요건을 완화했다. 이외에도 금융기관과의 협업을 통해 금융기관에는 사업승계 문제를 새로운 비즈니스 기회로 인식시키고 투자, 컨설팅 등 관련 사업 확대를 통해 중소기업과의 거래기반 강화를 추진하고 있다.

한국의 경우, 중소기업 경영자의 연령 분포 중 비중이 높은 연령은 1993년 40대(40.3%)에서 2017년 50대(47.0%)로 고령화가 진행되고 있으나 일본에 비해 약 10세 정도 낮을 것으로 추정된다. 또한 많은 중소기업이 가족기업 형태인 한국에서 사업승계 문제는 중요한 경영과제가 되고 있다. 2018년 중소기업 가업승계 실태조사에 따르면 사업승계 방법으로 자녀에게 승계하겠다고 답한 사람이 57.2%였고, 이어 아직 결정되지 않았다고 답한 사람이 40.4%로 나타났다.

하지만 사업승계가 어려운 이유에 대해서는 일본과 다른 설문 결과가 나오고 있다. 일본에서는 후계자 선정이 1위였던 반면 한국에서는 상속세 등 세금 부담을 이유로 든 사람의 비율이 69.8%를 차지했다. 또 사업승계를 위한 M&A에 대한 인식도 부족하고, 특히 중소기업 창업자들은 자신이 창업한 회사를 매각하는 것에 거부감이 있으며 자산과 인력을 한꺼번에 양도·양수한 경험도 없어 M&A에 소극적이다. 또 한국 사회에서는 일부 기업의 도덕적 해이와 불법 상속, 부의 세대 간 이전에 따른 사회적 경제 격차 등의 문제로 인해 사업 승계에 대해 부정적인 인식을 받고 있다.

제도적으로는 1987년 '가업상속공제' 제도가 제정(1997년 개정)돼 사업종사력 10년 이상, 직전 3개년 사업연도 평균 매출액 천억원(약 298억엔) 미만 기업을 승계할 때 가업상속재산을 업계력에 따라 최대 500억원(약 49억엔)까지 공제했다. 이후 한국 경제가 성장하면서 2010년경부터 경제 규모에 맞지 않게 됨에 따라 2014년 국회에서 개정안이 논의되었으나 위와 같은 사업 승계에 대한 부정적 인식이 원인이 되어 개정안은 부결되었다.

표 3-1 일본과 한국의 기업상속 공제제도 비교

항목	일본	한국
기업 요건	· 비상장 중소기업	· 10년 이상의 사업 활동 · 중소기업 또는 매출 3,000억원 미만 중견기업
피상속인의 요건	· 상속하는 회사의 대표 · 특수관계인과 합하여 의결권이 있는 주식의 50% 이상 보유 · 피상속인이 (상속인을 제외하고) 최대주주	· 최대주주로서 지분의 50%(상장 법인은 30%) 이상을 10년 이상 계속 보유 · 다음 항목 중 하나는 해당 기간을 대표이사로 재직 – 기업 경영기간의 50% 이상 – 10년 이상의 기간(상속개시 전 상속인이 대표이사직을 승계한 경우) – 상속개시 전 10년 중 5년 이상의 기간

항목	일본	한국
상속인의 요건	· 피상속인의 친족으로서 상속개시일로부터 5년 이내에 회사 대표로 취임 · 특수관계인과 합하여 의결권이 있는 주식의 50% 이상 보유	· 18세 이상 · 상속 개시일 전 2년 이상 직접 기업에 종사 · 상속세 과세표준 신청기간까지 이사취임, 취임일로부터 2년 이내에 대표이사 취임 · 중견기업의 가업상속인이 가업 상속재산 이외에 상속받은 순자산금액이 가업상속인이 부담하는 상속세의 2배를 초과하는 경우 기업상속공제 적용 배제
대상 자산	· 비상장 주식	· 비상장 주식 및 상장 주식
공제 금액 상한	· 없음	· 가업 영위 기간에 따라 차등 – 10년 이상 20년 미만: 200억원 – 20년 이상 30년 미만: 300억원 – 30년 이상: 500억원
사후 요건	· 상속인이 회사의 대표를 계속 역임 · 상용 종업원의 고용을 5년간 평균 80% 이상 유지 · 상속된 주식을 계속 보유	– 가업상속 이후 10년간 다음 요건 충족–가업용자산 20% 이상 처분 금지(5년 이내 10%) – 상속인이 대표이사로 종사 – 주요 업종 유지(일정 요건 충족, 소분류 내 업종 변경 가능) – 1년 이상 휴업·폐업 금지 – 상속인 및 특수관계인 지분 처분 및 증자 시 실권에 의한 지분율 감소 금지 – 각 사업연도 정규직 수 평균이 상속개시 직전 2개년 평균의 80% 이상 유지 – 상속개시연도 말부터 10년간 정규직 수의 평균이 상속개시 직전 2개년 평균의 100% 유지(중견 기업의 경우 120% 유지)

출처: 한국국세청(2018.4.), 김(2018.3.), KDB미래전략연구소(2019.6) 자료에서 수정

또한, 1997년 가업상속재산에 대한 상속세 연부연납 제도를 도입했다. 연부연납제도란 거액의 세금을 한꺼번에 납부하기 어려울 경우 세금을 여러 차례 분할 납부하는 제도로 일반 상속재산의 연부연납기간(5년)보다 긴 10~20년에 걸쳐 납부할 수 있게 됐다.

이어 상속·증여재산을 평가할 때 최대주주가 보유한 주식은 상속대상기업의 자산가치와 수익가치 이외에도 경영권 프리미엄이 있는 것이 일반적이어서 일반주주의 주식평가액에 일정률을 할증해 평가하되 중소기업의 원활한 가업승계를 지원하기 위해 중소기업 주식에 한해 최대주주라도 주식가격을 평가할 때 할증평가하지 않는 제도를 2005년부터 운영하고 있다.

2008년에는 중소기업 경영자가 생전에 자녀에게 사업을 승계하고 그 경쟁력을 유지할 수 있도록 하는 것을 목적으로 '가업승계에 대한 증여세 과세특례' 제도가 도입됐다. 이에 따라 일반적인 누진세율(10~50%)이 아닌 10% 또는 20%라는 낮은 세율로 사업을 증여할 수 있게 됐다.

하지만 2017년 탄생한 문재인 정부에서는 이전 정부와는 반대로, 기업 관련 정책이 엄격해졌다.

[도표 3-1]에 나와 있듯이 상속인의 가업상속재산 이외의 상속재산이 가업상속재산에 부과하는 상속세액보다 2배 이상 클 경우 가업상속공제 적용에서 제외됐다. 또 500억원을 공제받을 수 있는 자산의 기간에 관한 조건도 기존 20년 이상 보유에서 30년 이상 보유로 변경돼 공제 대상 자산의 범위가 축소됐다.

사업승계 문제에 대해 일본에서는 후계자 부족이 논란이 되고 있는 반면 한국에서는 높은 상속세 부담 등이 논의되고 있다. 그러나 한국에서도 전후 베이비부머 세대의 은퇴가 본격화되면 일본처럼 후계자 문제가 논란의 중심이 될 수 있다.

따라서 한국에서도 일본의 전례를 연구하여 세제지원뿐만 아니라 사업승계에 관한 정보의 제공 및 컨설팅, 사회적 인식의 변화, 금융지원 등의 종합적인 지원을 한국사회에 맞추어 실시하는 것이 향후 필요할 것이다.

또한, 중소기업 경영자나 창업자도 단순히 재산을 증여할 것이 아니라 기업가정신과 비전, 사업목표 등 무형자산도 연계해 나갈 필요가 있다고 인식을 업그레이드할 필요도 있을 것이다.

이 책이 이러한 사업승계의 문제뿐만 아니라 중소기업이나 지역기업·가족기업 등이 안고 있는 다양한 문제를 한일간 비교함으로써 양국 기업이 장기간 존속·번영하는 데 일조할 수 있기를 기대한다.

Endnotes

1 Small & Medium enterprises and Regional innovation, Japan의 약자.

2 상속인 중 일정 범위의 사람들에게 일정한 상속재산의 몫을 보장하는 제도.

Chapter

04

일본의 사례분석

01 야마다야

야마다야-미야지마 명과[모미지 만쥬]의 노포

단풍의 명소이자 일본 삼경으로도 손꼽히고 있는 미야지마는 전 국적으로 유명한 관광지 중 하나이다. 섬 안에는 세계문화유산인 이쓰 쿠시마 신사가 있어 미야지마 관광의 핵이 되고 있다. 2012년에는 미 야지마와 인연이 있는 타이라노 키요모리가 NHK 대하드라마로 방영 되면서 관광명소로 재조명받았다. 이러한 아름다운 경관과 깊은 역사 를 가진 미야지마에 방문한 사람들이 반드시 기념품으로 구입하는 명 과가 있다. 바로 단풍잎 모양의 모미지 만쥬다. '모미지 만쥬'는 100년 역사를 간직한 명과로, 지금은 약 15개의 회사가 각축을 벌이는 미야 지마에서뿐만 아니라 히로시마현을 대표하는 기념품이다. 본절에서 다루는 주식회사 야마다야는, 창업 90년의 역사를 가지는 미야지마 명과 「모미지 만쥬」의 전통있는 패밀리 기업이다. 현재는 3세경영인 이 경영하고 있으며, 모미지 만쥬의 기업으로서는 업계 3위, 미야지마 내에서는 2위를 차지하고 있다. 본절에서는 야마다야를 분석하면서 3 대까지 이어져 온 원동력을 찾아간다.

1 미야지마의 역사

야마다야를 거론하기 전에 '미야지마'와 '모미지 만쥬'의 역사에 대해 알아보도록 하자. 미야지마는 히로시마 현 남서부에 위치해 섬 전체를 신으로 숭상하는 섬이다. 세계문화유산인 이쓰쿠시마 신사는 1,400여 년 전에 창건되어 키요모리가 생존한 800여 년 전에 지금의 형태가 되었다. 타이라노 키요모리와 이쓰쿠시마 신사의 인연은 깊었고, 키요모리는 "이쓰쿠시마 신사를 지으면, 반드시 지위가 오를 것이다"라고 꿈속에 나타난 노승의 조언을 받아들여 국보로 유명한 헤이케 납경(平家納経)을 봉납하는 등 이쓰쿠시마 신사를 깊이 믿었다. 그 당시에는 주민이 거의 없었는데, 이는 섬 자체가 자연숭배의 대상이라는 신성한 것으로 농업이나 어업, 주거 건설 등을 할 수 없었기 때문이다. 그러나 어업 및 송나라와의 무역과 관련하여 해상안전 기원을 목적으로 참배를 오는 사람들이 늘어나면서 참배객들을 돌보기 위해 사람들이 살기 시작하게 되었다.

에도 시대의 미야지마에는 근검 절약을 취지로 하는 게이슈 아사노 번(芸州浅野藩)의 봉행소가 놓여 있었지만, 미야지마는 이쓰쿠시마 신사 덕분에 치외법권적 통치가 행해지고 있었다. 섬이라 교통편이 매우 좋지 않아 노 젓는 배나 돛단배로 건너갈 수밖에 없었기 때문에 참배객들은 체류가 길어지는 경향이 있었고 참배객들이 묵고 노는 등 성황을 이루었으며 주민들의 삶도 풍요로웠다.

그러나 메이지 시대에 들어서면서 행정 제도가 개혁되고 현정이 시행되었다. 에도 시대에 주민이 받던 녹봉*이 없어지자, 주민의 생활

---

* 주군이 가신에게 급여하던 봉록. 에도시대에는, 1인 1일 현미 5홉(1홉=180ml)을 기준으로 해서, 1년분을 쌀 또는 돈으로 급여를 주었다(출처: 디지털 대사천).

은 어려워져 1882년경에는 불황의 구렁텅이였다고 한다. 미야지마에 다시 활기가 돌아온 것은 1885년 후반 이후 교통망이 정비되면서 부터이다. 특히 청일전쟁, 러일전쟁 때에는 많은 병사들이 전승·무운을 기원하러 이쓰쿠시마 신사에 참배하러 왔다. 이 같은 참배객의 증가에 따라 여관과 기념품 가게도 증가해 갔다.

1923년에는 미야지마 섬 전체가 국가 사적 명승으로, 1950년에는 세토 내해 국립공원으로 지정되었다.1996년 12월에는 이쓰쿠시마 신사가 유네스코 세계문화유산으로 등재되어,[1] 이를 계기로 해외에서도 관광객들이 많이 찾게 되었다.

이쓰쿠시마 신사에 참배하는 풍습은 400년 이상 지속되어 온 것으로 신사앞 마을도 그와 시기를 거의 같이 하여 형성되어 왔다. 마을에서 제과점을 운영하던 가게 중 가장 오래된 것은 100년 이상 지속되고 있다고 한다.[2]

2 모미지 만쥬의 역사

(1) 모미지 만쥬의 기원

모미지 만쥬의 기원은, 미야지마의 전통있는 여관인 이와소(岩惣)와 거기에 과자를 납품하던 과자 장인 타카츠 죠스케(高津常助)라는 사람과의 상품 기획이 시작이다. 이와소는 에도시대 말(嘉永年間, 1850-1853)에 찻집을 연 것이 시초로 여겨지며, 이후 풍수지리와 뛰어난 경영으로 고급 여관으로 발전한 전통있는 가게이다. 미야지마 내에서도 한층 아름다운 모미지다니(紅葉谷) 공원에 위치해 있어 메이지 시대의 고위 관리들도 즐겨 숙박했다고 한다. 과자 장인인 타카츠 죠스케(高津

그림 4-1-1 **야마다야의 모미지 만쥬**

출처: 야마다야 홈페이지

常助)씨와는 다과 납품을 통해서 관계를 맺고 있었다. 타카츠 씨는 야나이(柳井)출신으로, 미야지마로 거처를 옮겨 이와소를 비롯해 금수관 등 미야지마의 여관에 과자를 납품하고 있었다. 1907년경에 이와소데가 다카쓰 씨에게 미야지마의 아름다운 단풍에서 연유한 「단풍잎」 모양의 과자 제작을 의뢰하여 다과용으로 제조하게 하였다. 이것이 모미지 만쥬의 시작이다. 이후 1910년에 의장 등록이 되면서 판매가 확대되었다. 또한, 당시부터 영업하고 있는 제과점에서는 1907년경부터 다케우치 단풍당(竹内紅葉堂)의 선대와 그의 딸이 얇은 껍질(薄皮) 만쥬를, 쓰다 청풍당(津田清風堂)의 선대가 밤 만쥬를 각각 미야지마 만쥬라고 이름 붙여 판매하고 있었다.

다이쇼 시대(1912년)가 되면서, 관광객의 증가와 함께 기념품의 판매도 활발해져, 모미지 만쥬의 상품 가치나 제조량도 증가해 갔다. 1921년경부터는 모미지 만두를 제조하는 점포도 증가해 마츠모토 요시자부로(松本 吉三郎) 씨의 마츠야(松屋)는 다이쇼 12년에 전국 과자 품평

회에서 표창을 받았다. 그 후에도 모미지 만쥬를 취급하는 가게는 계속 증가했지만, 일부에서 「모미지 만쥬」의 명칭을 사용하지 않고 미야지마 만쥬로 판매하는 점포도 볼 수 있었다. 이때, 다카쓰 씨와 다른 여러 제과점 사이에 의장 등록이 문제가 되어 재판이 일어났지만, 1년 후 화해가 성립되면서 「모미지 만쥬」의 명칭이 자유롭게 사용되었다. 그리고 1932년에 현재의 야마다야(やまだ屋), 이듬해에도 기무라야(木村屋) 등 여러 회사가 창업하였다.

모미지 만쥬의 특징은 각 제조사가 자사 팥소(앙꼬)를 만드는 것이다. 히로시마 시내에서 팥을 구입하기에는 교통편이 좋지 않았기 때문에 독자적으로 제앙(製餡)하고 있었다. 그러나 기계가 없을 때의 팥소는 엄청난 노력을 필요로 했다. 가마에 한말크기의 밥솥을 놓고 물을 붓고 팥을 넣어 소나무로 불을 지펴 삶은 뒤, 팥을 통에 옮겨 담고 전용 고무장화를 신은 뒤, 제자리걸음으로 껍질을 벗기고 마지막으로 생팥에 설탕을 첨가하는 단계에서 반죽을 사용해 불을 지피는 중노동이었다.

이러한 힘든 공정이 있음에도 불구하고 각 제조업체가 경쟁하면서 제조기술을 연구함으로써 미야지마의 명과로 많은 소비자들에게 알려진 오늘날의 '모미지 만쥬'가 만들어졌다.

(2) 제2차 세계대전의 영향

전승기원을 비롯한 많은 사람들이 참배를 하러 왔고 모미지 만쥬의 판매도 순조롭게 증가하고 있었으나, 제2차 세계대전이 시작되고 전세가 그늘이 보이기 시작하자 물자들이 정부 통제하에 놓였고, 재료인 설탕도 통제령하에 배급제도가 취해졌다. 과자 제조도 어려워져 자연스럽게 모미지 만쥬도 단종되었다. 이러한 곤경 속에서 미야지마 마을의 후지이, 기무라, 다카쓰, 야마다, 요코야마의 5사는 기업 합동을 통해 전쟁중의 어려운 시대를 극복해, 종전 후에도 조금씩 제조를 계속했다.

전후 한동안은 혼미한 사회 정세가 계속되어 물자도 계속 부족했지만, 서서히 식량이나 과자 원재료가 나돌기 시작했다. 1949년에는 히로시마현 서부과자협동조합이 설립되어 업무용 설탕이 배급되게 되었다. 1951년부터는 후지이야, 가쓰야 명과, 다케우치 단풍당, 쓰다 청풍당이, 1953년부터는 야마다야, 기무라야, 고토제과, 마쓰다이 등이 물자 통제 해제와 함께 모미지 만쥬 제조를 재개해 갔다.

(3) 부흥기부터 고도성장으로

1955년경이 되자 이케다 수상의 소득배증론 등의 영향으로 인플레이션 경향이 강해져 경제활동도 활발해졌다. 섬 내의 제과점도 전쟁 전부터 사용하고 있던 무연탄을 전기로 전환해 1958년에는 연료를 장작에서 가스로 전환했다.

1957년 전쟁 전의 모미지 만주의 맛이 다시 관광객들에게 알려지면서 판매 수량도 많아지자 기념품으로서의 격식을 차릴 필요가 생겼다. 야마다야 초대 당주인 야마다 시게이치(山田繁一) 씨는 당시 미야지마쵸 관광과장인 나카모토 씨와 대화를 나누며 여관 이와소에 자주 투숙했던 이토 히로부미의 명성을 활용해 구성한 '모미지 만쥬 책갈피'를 처음 작성했다. 내용으로는 이토 히로부미가 모미지다니를 산책하던 중 이와소의 찻집에 들러 차를 찻집 딸에게서 받았을 때 그 딸의 아기자기한 손 같은 과자가 있으면 좋겠다고 한 것을 하녀가 듣고, 그것을 힌트로 모미지 만쥬를 만들게 했다는 시나리오이다.

이때부터 팥소 기술이 다르지만 히로시마 시내에 몇 개, 미야지마에도 새롭게 몇 개의 모미지 만쥬 제조사가 창업했다.

또한, 당시의 사회정세는 전후 혼란기에서 완전히 벗어나 있었다.

관광객도 전쟁 전 못지않은 규모로 회복됐고, 모미지 만쥬의 생산량도 급증해 성수기에는 품절을 일으키는 일도 부지기수였다. 이에 따라 1961년부터 1963년에 걸쳐 제조의 기계화가 시작되었다. 동시에 팥소의 자동화도 진행돼 과자조합 가맹 10개사가 공동으로 개발·구매했다.

1960년대 전후는 조합 활동의 의의도 높아진 시기로 부자재 공동 구입이나 종업원 복리후생 사업 등의 활동이 활발히 이루어졌다. 1965년경에는 일본이 고도 경제 성장기에 접어들면서 단체 여행이 활발해졌고, 미야지마의 관광 산업도 한층 고조되었다.

판로도 미야지마 섬 밖으로까지 넓혀 새로운 고객 획득을 목표로 하고 있었다. 그러나 관광객의 증대는 다시 생산량의 부족을 불러 일으켜 새로운 대량 생산화를 도모할 필요가 있었다. 각 제조사는 기계 제조업체와 개발을 진행시켜 대량 생산화에 힘썼다.

1970년대 위생관리의 향상과 제품의 고급화를 도모하여 개별 포장을 시작하였다. 종래에는 상자에 모미지 만쥬를 나란히 포장하였으나 1977년부터 개별적으로 필름포장을 하는 자동포장기를 과자조합 전원이 구입하여 위생적이고 고급스러운 상품을 제공할 수 있게 되었다. 12개의 제조사로 구성된 과자 조합도 1955년 6월에 새롭게 6개의 제조사를 더한 미야지마쵸내 18개의 제조사로 재조직했다.

더불어 1980년에는 B&B라는 만담콤비가 인기를 끌었고 히로시마 출신의 멤버 시마다 요시치가 모미지 만쥬를 도입한 소재를 선보이면서 전국적으로 그 이름이 알려지게 되었다. 이후 3년간 모미지 만쥬의 판매량은 비약적으로 증가해 제과점뿐만 아니라 미야지마의 숙박업소나 기념품판매점까지도 제조기계를 구입해 모미지 만쥬를 판매하게 되었다. 미야지마 섬 내에서는 전쟁 전의 12사에서 23사로, 미야지마구치에도 7사가 개업했다.

이 시기에는 신상품 개발도 진행되어 1983년 가을부터 젊은 층의 요구에 부응하기 위해 치즈, 초코, 크림, 팥고물, 녹차, 아몬드, 건포도, 대모미지 등이 개발되어 1986년 가을까지 11종이 출시되었다.

반면 B&B 효과에 따른 판매량 증가는 제조업체 증가를 초래했지만 난립의 부작용으로 품질 저하가 우려되는 사태를 낳았다.

(4) 버블 붕괴후의 불경기

시대가 헤이세이(平成, 1990년대)로 바뀌자 버블 붕괴로 경기는 하강 일로를 걸었다. 재난의 영향도 있었다. 1991년 9월 7일 태풍 19호가 직격하여 신사가 큰 피해를 입었고, 11월 초순까지 참배가 금지되어 관광객이 감소하였다. 이듬해에는 소비세 3%가 도입돼 경기 위축을 부추겼다.

외부 환경이 악화되는 가운데 1993년에는 신히로시마 공항의 개항과 산요 자동차도(고속도로) 개통 등으로 회복 조짐을 보이기 시작했다. 이듬해에는 미야지마 관광객이 300만 명을 넘어 미야지마 관광 시작 이래 최고치를 기록했다. 모미지 만쥬의 매출도 높은 수준을 유지했고 판매량도 사상 최고치를 기록했다. 그러나 이 호조도 1995년 1월 17일 발생한 한신 아와지 대지진으로 끊기고 만다. 전철, 고속도로 모두 불통이 되어 교통망은 코베를 경계로 동서로 양분되어 버렸다. 신칸센은 동년 4월에 복구 개통했지만, 그때까지는 고베 서쪽의 관광객 밖에 미야지마에 방문할 수 없는 상태가 계속되어 동년의 관광객수, 모미지 만쥬의 판매량은 모두 감소했다.

이러한 역풍 속에서 1996년 12월 6일 이쓰쿠시마 신사가 유네스코 세계문화유산으로 등재되고 이듬해 9월 1일부터는 NHK 대하드라마 모리 겐슈쿠가 방영되는 등 미야지마에 큰 홍보가 되는 사건이 두 가지나 있었다. 그해 관광객 수는 312만 명을 헤아려 1995년 일단 침체된 관광경기도 되살릴 수 있었다. 하지만 소비세가 3%에서 5%로 오르면서 제품 유통 자체는 정체 기미를 보이고 있다.

1998년 초봄에는 아시아 외환위기로 시작돼 해외에서는 러시아 외환위기와 미국 주가 폭락, 국내에서는 1999년 타쿠긴, 야마이치증권의 도산, 부실채권 처리를 위한 장기신용은행과 스미토모은행의 합병 등으로 글로벌 불황, 일본에서 말하는 거품 붕괴 이후의 잃어버린 10년을 겪게 됐다.

관광객도 1997년보다 15% 감소한 266만 명까지 떨어졌다. 그리고 1999년 9월에 직격한 태풍 18호로 인해 이쓰쿠시마 신사에 피해가 발생하는 등 관광객이 247만 명으로 성수기 대비 79%까지 감소했다. 또 아카시 해협 대교와 시마나미 해도 개통, 타 지역에서의 대형 이벤트 개최 등의 영향으로 미야지마 관광객은 감소하기만 했다.

(5) 최근 현황

2000년 이후 반복되는 태풍·자연재해 등의 영향도 있어, 관광객 수도 250만명 전후의 침체기가 계속되었다. 그래서 2005년에 하쓰카이치시와의 합병을 계기로 「마을 만들기 간담회」(3개년)를 시작해 관광시책에 지원을 하는 것이 검토되었다.

이후 세계유산 등재 10주년 행사(2006년), 미쉐린 가이드북 3성 인증(2007년), 관광청 출범을 통한 외국인 손님 유치 촉진과 프랑스-일 교류 150주년을 기념한 이쓰쿠시마 신사와 몽상미셸의 협동 포스터 작성(2008년), 프랑스 몽상=미셸과의 관광우호도시 제휴(2009년), 수족관

'미야지마린' 오픈(2011년) 등의 노력이 주효해 관광객이 다시 증가해 2007년 이후에는 5년 연속 관광객 수 300만 명을 달성했다.

그러나 2011년 동일본 대지진과 원전 사고의 영향으로 해외 관광객이 급감했다. 하지만, 2012년에 NHK 대하드라마 「타이라노키요모리」가 방영되기도 하고, 7월에 미야지마의 일부가 람사르 조약에 등록되기도 하는 등 미야지마에 있어서 호재가 계속되는 사건이 이어졌다. 2019년에는 관광객수 465만 명을 기록해 기념품으로 모미지 만쥬의 판매 증가도 전망할 수 있게 됐다.

3 사례분석

주식회사 야마다야는, 1874년에 히로시마현의 미야지마에서 창업한 제과점이다. 미야지마에는 '모미지 만쥬'라는 지역의 명과가 있는데, 그 제조사로 초대 야마다 시게이치(山田繁一) 씨와 아내 라쿠 씨가 제과업을 시작했다. 현재는 3대째인 나카무라 야스후미(中村 靖富満) 씨가 경영을 맡고 있으며, 미야지마, 나아가 히로시마의 명과인 「모미지 만쥬」를 비롯한 과자를 계속 만드는 전통있는 노포 기업이다.

현재 모미지 만쥬 제조업체는 20개로, 야마다야는 3번째로 자리 잡고 있다. 미야지마 섬 내로 치면 두 번째다. 아래 그림은 모미지 만쥬 업계 매상 1위인 N사와 야마다야와의 비교[3]이다. 세 번째 야마다야와 업계 1위 N사 사이에는 배 이상 차이가 나 야마다야가 챌린저 기임을 알 수 있다.

표 4-1-1 회사개요

회사명	주식회사 야마다야(やまだ屋)
대표자	대표이사 나카무라 야스후미(中村 靖富満)
본사소재지	〒739-0588 広島県廿日市市宮島町835-1
창업일자	1932년 10월 20일
유한회사 설립일자	1966년 3월 1일
주식회사 설립일자	2009년 4월 7일
자본금	1,400만엔
매출액	26억6,100만엔(2018년 1월기)
종업원 수	183명
영업소	직영점포 14, 공장 2

출처: 야마다야 제공자료 및 야마다야 홈페이지[4]

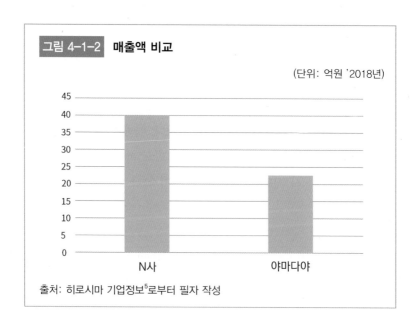

그림 4-1-2 매출액 비교

(단위: 억원 '2018년)

출처: 히로시마 기업정보[5]로부터 필자 작성

야마다야의 특징은 15종의 모미지 만쥬를 비롯한 다양한 상품이다. 조금 전의 N사라면 기본 모미지만쥬가 6종류, 2번째의 F사에서는 5종류인 것으로 보아도, 그 다양함을 엿볼 수 있다. 이들 중에는 회사 내 뿐만 아니라 외부와의 네트워크를 활용해 창출된 상품도 많다. 또 다른 가게보다 일찍 낱개 판매도 시작하고 음식점(카페)을 여는 등 여러 가지 일에 도전하는 사풍도 큰 특징이다.

이하에서는 이러한 특징은 물론 야마다야의 역사를 되돌아보면서 사례 분석을 실시한다.

표 4-1-2 **매출액 추이**

	2008년	2012년	2016년	2018년
매출액	12억 4,600만엔	16억 3,700만엔	19억엔	22억 6,100만엔

출처: 야마다야 제공자료

표 4-1-3 **주요 상품 및 제조, 판매설비**

주요상품	모미지 만쥬 15종류(코시안, 쯔부안, 녹차, 밤, 붉은 고구마, 크림, 초코, 초코(코팅), 치즈크림, 귤, 레몬, 쿠로, 아카, 시로, 베니), 대모미지, 국자센베이, 토우요우카, 히라이야 이찌몬, 노마츠, 미야지마 오가사, 토미쿠자 아리치, 코이노 쿠레만자쿠, 세이노시 쿠레, 미야지마 앤트치즈
공장	미야지마 본점 공장(모미지 만쥬(쯔부안) 만), 오오노 팩토리
직영점	히로시마 본점, 미야지마 아리노우라점, 오오노팩토리 「하야세안」
거래처	역·공항 등 매점, 고속도로 SA·PA, 백화점, 슈퍼(현내외), 호텔, 기념품점 외

출처: 야마다야 제공자료로부터 필자작성

표 4-1-4 연혁

쇼와기昭和期	
7년 10월 20일	초대·야마다 시게이치(山田繁一)가 창업
16년 12월 8일	제2차 세계대전 발발
전시중	물자들이 정부 통제하에 놓여 물자 부족에 빠짐
전시중	미야지마쵸의 5개 기업(야마다야 포함)이 기업 합동
20년 8월 15일	종전
24년	시게이치, 미야지마(宮島) 제빵 공장에 입사
−28년 3월	본격적으로 과자 제조 재개
30년 9월	무연탄에서 전기(대형 전열기)로 연료 전환
33년	LP가스 보급에 수반해 LP가스 도입
41년 3월	유한회사 야마다야 설립. 야마다 이사오(山田勲)가 대표로 취임
41년 4월	미야지마구치 「히로덴미야지마 가든」에 모미지 만쥬 제조 판매 점포로서 입점
46년 7월	「국자 전병 자동소기」를 아리노우라 지점에 설치. 첫 자동화
47년 6월	모미지 만쥬에서도 자동화를 달성
51년	'전국 유명 도시락과 맛있는 음식 대회'에서 첫 시연 판매
55년	연간 500만개 제조 달성
58년 11월	대모미지 신발매
59년 2월	무인 자동화 달성
61년 4월	신제품 개발. 「크림 모미지」「코팅 초코 모미지」
61년 4월	JR히로시마역 키요스크 매점에 납품 개시

62년 1월	말차 모미지 신발매
62년 2월	고속도로 휴게소에 첫 출점
63년 1월	치즈 크림 모미지 신발매
헤이세이기(平成期)	
元년 6월	오오노 공장 준공
2년 1월	「츠부안 모미지」 신발매
6년 7월	기이네보케도와 타이업, '카키만쥬' 신발매.
7년 1월	한신 아와지 대지진 발생. 관광객 감소
8년 1월	「밤 모미지만쥬」 신발매
9년 4월	「토우요우카」 신발매
12년 3월	주식회사로 이행
12년 4월	나카무라 야스후미(中村靖富滿)가 대표사장으로 취임
14년 11월	제24회 전국과자박람회에서 토우요우카가 명예총재상 수상
17년 10월	히로시마 과실련과의 공동 개발에 의해 「귤 모미지」「레몬 모미지」을 신발매
17년 11월	아사미나미구 니시하라에서 일본의 디저트 전문점 「라쿠야마다야」 오픈
18년 11월	모미지 만쥬 제작체험 개시
19년 2월 15일	미쓰코시 히로시마점에서 RAKU 야마다야 상품 취급 개시.
19년 12월 21일	미쓰코시 히로시마점 6층에 RAKU 야마다야 '유우노안자' 오픈
20년 1월 1일	「쿠로 모미지」 판매 개시 (유한회사 SOHO소우켄과의 콜라보)
20년 7월 26일	나가사키야 안에 RAKU 야마다야 『혼도리차야』를 오픈

21년 3월 25일	다이세이인으로부터 의뢰를 받아 「세이노시 쿠레」 판매 개시
22년 1월 23일	「아카모미지」 판매 개시 (주식회사 소아라 서비스(구 SOHO 소우켄)와의 콜라보).
22년 4월 26일	다이세이인으로부터의 의뢰를 받아, 「미센노코이비토」 판매 개시
22년 7월 7일	오오노 팩토리(신오오노 공장), 오픈
23년 1월 1일	「캔 모미지」 판매 개시
23년 9월 18일	미야지마농원의 포도를 사용한 「포도 모미지」를 직영점에서 판매 개시
23년 9월 20일	야마토푸드 주식회사 의뢰의 「모시오 모미지」를 직영점에서 판매 개시
23년 10월 22일	소니 뮤직 의뢰의 「타미오 모미지」를 직영점에서 판매 개시
24년 1월 1일	연유 우유를 사용한 「시로 모미지」 판매 개시 (소아라 서비스와의 콜라보)
24년 1월	히라키요모리 관련 신상품으로 「영웅(사무라이) 키요모리」 「히라이케 센베이마루니아게오하쵸」를 판매 개시
24년 2월 10일	히로시마 팔경 어레인지 상품으로 '히라이케이찌몬'을 직영점에서 판매 개시
25년 3월	히로시마 과자 히로시 2013 개최, 야마다야의 「세이노시 쿠레」 「영웅 키요모리」, RAKU 야마다야의 「코부타이」가 수상
25년 4월	제26회 전국과자대박람회에서 관광청장관상, 다도정원상, 귤꽃영광상을 수상
26년 4월	제27회 전국과자대박람회에서 우수금과상, 금과상, 공로상을 수상

출처: 야마다야 제공자료로부터 필자 작성

(1) 생성기의 프레임워크 분석

야마다야는, 1874년에 초대·야마다 시게이치 씨가 미야지마의 신사앞의 상가에 「야마다야」라는 이름으로 창업했다. 다만 시게이치 씨는 여관에 근무했기 때문에 아내 라쿠 씨가 일꾼을 고용해 꾸려나가게 됐다. 당시 창업지인 미야지마는 이쓰쿠시마 신사 참배객 등이 많이 드나들었고, 라쿠 씨는 그 참배객을 타깃으로 뭔가 제공할 수 없을까 생각해 식당과 제과점, 기념품점 등을 사업후보로 꼽았지만 주변에는 모미지 만쥬를 비롯한 과자류를 취급하는 점포가 많아 이를 본떠 모미지 만쥬를 중심으로 한 제과점을 시작하기로 했다.

기계 구입 등 회계·재무와 관련된 문제에 관해서는 시게이치 씨와 아내 라쿠 씨는 서로 상의해 의사결정을 했다고 생각된다. 현재에도 소규모 패밀리 기업의 회계는 대부분 배우자인 아내가 담당하는 경우가 많다. 따라서 초창기의 경영팀은 부부인 시게이치 씨와 라쿠 씨였으며, 이 두 사람이 경영권을 쥐고 있었을 것으로 생각된다.

그림 4-1-3 당시의 야마다야와 라쿠씨와 수작업으로 제앙하는 모습

출처: 야마다야 제공자료

그림 4-1-4 라쿠 씨의 창업 고민

그림: Illustration by Joon Moon M.D.

창업 당시에는, 야마다야의 독자적인 자원이라고 할 수 있는 것은 없었다고 해도 좋을 것이다. 그러나 그 무엇보다 큰 자원인 미야지마라는 지역에 기업이 있었다. 지역자원은 크게 「이쓰쿠시마 신사」와 「모미지 만쥬」의 두 가지이며, 전자는 많은 참배객을 모으는 관광 자원이었고, 후자는 미야지마가 자랑하는 명과로서의 역사가 있었다. 야마다야는 이들 2개의 지역 자원을 자사의 강점으로서 사업에 편입시켜 성공으로 연결했다. 이에 더해 창업의 계기가 미야지마 참배객을 향해서 뭔가를 판매하자는 것으로 모미지 만쥬를 거론한 것으로부터, 사업 컨셉도 「미야지마 참배객을 향한 모미지 만쥬를 중심으로 한 과자 판매」라고 명확하게 설정하고 있다. 그 중에서도 지역의 자원인 「모미지 만쥬」를 주력 상품으로 설정해 중점적으로 팔기 시작함으로

그림 4-1-5 창업의 계기

그림: Illustration by Joon Moon M.D.

써, 모미지 만쥬는 미야지마의 명과로서 동쪽으로는 간사이, 서쪽으
로는 규슈까지 알려지게 되어 사업을 궤도에 올릴 수 있었다. 이것
은 다른 모미지 만쥬점의 영향에 의한 부분도 충분히 있지만, 많은
모미지 만쥬 제조업자가 있는 가운데 살아남아 성장해 온 것은, 종
업원이 이해하기 쉬운 명확한 컨셉을 내세운 것이 중요했다고 말할
수 있다.

야마다야는 자사의 자원 부족을 지역 자원을 이용하여 메웠다.

지역에 있어서 지역 기업끼리 네트워크를 구축하는 것(「4개의 C」의
커넥션)이 중요하다고 선행 연구에서 기술했듯이, 야마다야도 지역 내
동업자와 네트워크를 구축함으로써 어려움을 극복했다. 야마다야에
있어서의 경쟁 기업은 미야지마 내의 모미지 만쥬점이나 제과점이었

지만, 모미지 만쥬점에 관해서는 경쟁 상대인 동시에 서로 협력하는 파트너 기업이기도 했다고 생각된다. 원자재구입을 동업자가 공동으로 하거나 전시중에 물자 통제등으로 경영난에 빠졌을 때는 기업끼리 서로 존속을 목표로 공동 공장을 차리기도 했다. 당시의 모미지 만쥬 제조사는 자사의 이익을 추구할 뿐만 아니라 모미지 만쥬라는 브랜드를 지키고 성장시켜 나가기 위해 경쟁 상대와도 어느 정도의 협력 관계를 맺는 경우가 있어 서로를 지지하는 파트너 기업으로서도 기능하는 일면이 있었다. 시게이치 씨도 그 일원으로, 적극적으로 외부 네트워크를 활용해 곤경을 극복했다.

제조면에서는 창업 당시부터 수작업으로 제조했으나 성수기에는 생산이 따라가지 못하는 상태가 지속되자 생산 기계화에 나섰다. 이를

그림 4-1-6 츠부안을 만드는 방법

그림: Illustration by Joon Moon M.D.

통해 기존의 3배 이상 생산능력을 실현해 효율화와 인력 감축에 기여했다. 이 기계화는 야마다야에 있어서의 최초의 큰 기술 혁신 (이노베이션)이었다고 할 수 있다.

제조 기술은 동업자와 상품을 차별화하는 데 중요한 요소이다. 이당시 동업자와 공급업체가 거의 동일했기 때문에 기술 차이에 따라특징을 만들어낼 수밖에 없었다. 야마다야는 특히 팥을 가공하는 공정이 특별했다. 야마다야는 다른 가게에 비해 팥 원료의 세정 횟수가 비교적 많아 팥을 4~5회 씻어서 불순물을 거의 제거했기 때문에 앙금자체의 색깔은 회색이나 옅은 보라색에 가깝다. 게다가, 씻기 전의 조려진 상태에 따라 팥을 가루 형태로 가공했을 때의 상태가 달라지거나 짤 때 사용하는 그물망 크기에 따라 남는 가루의 크기가 달라지기때문에, 그 선정을 신중히 하고 있다.

반죽의 성분에 대해서는 다른 기업들이 계란 설탕 밀가루 같은 주원료의 연결고리로 투명한 물엿을 사용하고 있는 반면 야마다야는 여우색 쌀엿을 사용하고 있다. 물엿에 비하면 다소 비용이 많이 들지만쌀엿을 사용하면 풍미가 살아 몸에도 좋다고 하여 현재에도 계속 사용하고 있다. 팥소 개량 아이디어는, 창업 이래 쌓아 온 기술이나 경험으로부터 나온 것으로, 타사가 모방하기 어렵다. 이 보이지 않는 자산은 초대부터 이어지는 야마다야의 핵심 자원으로 꼽을 수 있을 것이다. 즉, 시게이치 씨가 제원 기술에 집착을 가지고 계속 연마하는 것은장래를 내다본 코어 자원에 대한 계속적인 투자가 되었던 것이다 (「4개의 C」의 계속성).

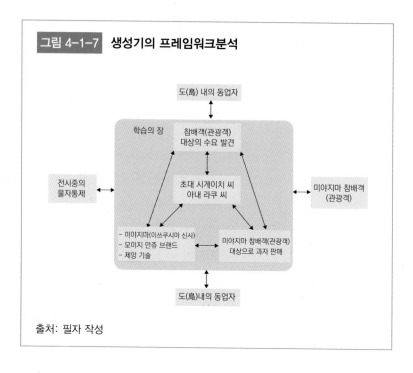

그림 4-1-7 생성기의 프레임워크분석

도(島) 내의 동업자

학습의 장
참배객(관광객)
대상의 수요 발견

전시중의
물자통제

초대 시게이치 씨
아내 라쿠 씨

미야지마 참배객
(관광객)

- 미야지마(이쓰쿠시마 신사)
- 모미지 만쥬 브랜드
- 제양 기술

미야지마 참배객(관광객)
대상으로 과자 판매

도(島)내의 동업자

출처: 필자 작성

    사업 계승의 면을 본다면, 시게이치 씨는 창업 전에 여관에서 일하거나 전쟁중·전후의 어려운 사회 정세속에서는 제과업의 계속이 어려웠지만, 제빵업을 영위하고 있었다. 이러한 회사 밖에서의 취업 경험은 시게이치 씨가 자사나 자사를 둘러싼 환경을 객관적인 시점에서 파악하는 데 도움이 되었다고 생각된다.

    나중에 자세히 말하겠지만 야마다야에서는 시게이치 씨가 경험한 것과 같은 사외 취업 경험을 중요시하고 있다. 생성기 이후의 국면에서도 야마다야의 차세대 육성에 있어서 중요한 키워드가 되므로, 계속 주목해 나가기로 한다.

(2) 형성기의 프레임워크 분석

1966년, 법인 설립에서 시작된 2대 이사오(勳) 씨의 조직 체제는 당초 이사오 씨가 경영부터 상품기획, 제조, 영업까지 폭넓게 다루는 등 조직 내에 뚜렷한 역할 분담은 없었다. 종업원은 20~30명 정도였다.

그 때문에 경영자(기업가)인 이사오 씨가 현장의 직원과 직접 대화할 기회가 많았다고 생각되며 경영자의 비전을 종업원이 직접 공유할 수 있었다고 생각된다. 이는 패밀리 기업의 특징인 '네 개의 C'에서 커뮤니티에 해당한다. 또한 2대 체제에서도 이사오 씨와 그의 아내가 경영을 맡고 있어 두 사람이 경영팀일 것으로 생각되는데, 이 시기부터 현재의 야마다야를 지탱하는 인물이 영업 및 생산의 중심적인 역할을 맡게 된다. 이들은 현재 부사장과 생산본부장 등 중요한 직책을 맡아 경영에 참여하고 있다.

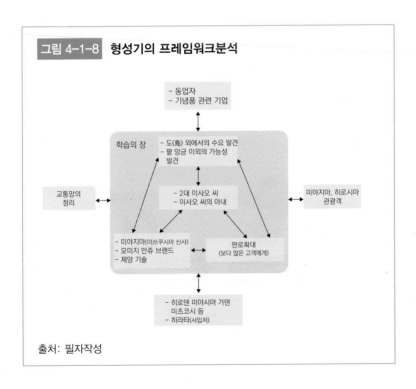

그림 4-1-8 **형성기의 프레임워크분석**

출처: 필자작성

2대 이사오 씨의 시대는, 초대가 쌓아 올린 「야마다야의 모미지 만쥬」를 보다 많은 사람에게 전달하는 것을 컨셉으로 사업을 전개했다. 구체적으로는 판로 확대와 생산의 자동화·기계화에 힘을 썼다. 기존에는 미야지마 관광객만을 타깃으로 했지만 판로를 확대해 히로시마를 찾는 관광객도 타깃에 더해 새로운 고객층으로 끌어들였다. 판로 확대 시에는, 히로덴미야지마 가든이나 미츠코시 등의 백화점에 점포를 빌려, 그곳을 영업·판매의 거점으로 삼았다. 히로덴미야시마 가든은 도외진출의 조력자였으며, 미쓰코시와는 현재도 야마다야의 판매점이나 RAKU 야마다야의 카페가 들어서는 등의 형태로 협업이 계속되고 있다. 이 두 회사가 파트너사로서 이룬 실적은 크다고 할 수 있을 것이다. 야마다야는 현재도 파트너 기업이나 구입처와 양호한 관계를 유지해, 오랫동안 거래를 계속하고 있다. 패밀리 기업의 원동력 중 하나인 커넥션이 잘 구축되고 있음을 보여주는 표현이라고 할 수 있다. 기업가인 이사오씨의 네트워크 구축과 승계 노력이 엿보인다.

그림 4-1-9 **생산공정의 기계화**

그림: Illustration by Joon Moon M.D.

또한 시대가 바뀜에 따라 교통망도 점차 정비되어 보다 광범위하게 판로 확대가 가능해졌다. 히로시마 시내나 고속도로의 휴게소에의 출점이 가능하게 되어, 보다 많은 소비자(관광객)가 접근할 수 있게 되었다.

생성기에는 경쟁사이자 파트너사였던 동업자는 교통망 발달 등으로 공동구매의 필요성이 희박해지며, 순수 경쟁상대가 됐다. 또 판로 확대와 함께, 지금까지는 지리적인 관점에서 어느 정도 구분되어 있던 히로시마 시내의 모미지 만쥬 제조업자도 본격적인 경쟁 기업이 되었다.

덧붙여 지금까지 "미야지마"의 명과로서 판매되고 있던 모미지 만쥬가 "히로시마"의 명과로서 인지되게 됨으로써 히로시마에의 관광객을 신규 고객으로서 포섭할 수 있게 된 것과 동시에, 다른 히로시마 명물이 새로운 경쟁 상대로서 등장하게 되었다.

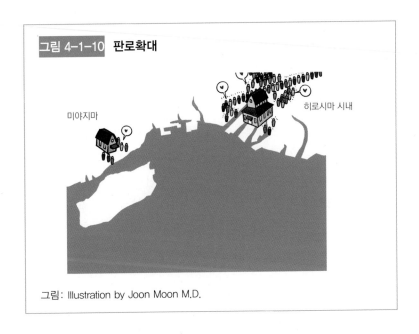

그림 4-1-10 **판로확대**

미야지마

히로시마 시내

그림: Illustration by Joon Moon M.D.

판로 확대 이외에 2대째의 공헌으로서 빠뜨릴 수 없는 것이 있다. 그것은 「모미지 만쥬의 다품종화」이다. 이사오 씨는 탐구심이 왕성하고 상상력이 풍부한 인물로, 여러 가지 일에 도전하는 성격이었다.[6] 이사오 씨는 1983년 모미지만주점 최초로 팥소 이외의 필링[7]을 사용한 모미지 만쥬 '대모미지'를 개발, 판매해 모미지 만쥬 업계에 다품종화의 길을 열었다. 그러나 그 2년 후 타사가 프로세스 치즈를 필링에 이용한 신상품을 개발하면서 '대모미지' 이상의 인기를 누렸다. 경쟁 환경에 새로운 자극이 생기면서 제조업체들이 필링의 다품종화에 본격적으로 나서게 되었고, 야마다야도 수많은 새로운 모미지 만쥬를 개발하여 다품종화에 힘쓰게 되었다. 신상품 개발은 기존 고객에게 새로운 맛을 제공하는 것이므로 기업의 존속에 필수적인 지속적 이노베이션이라 할 수 있을 것이다.

모미지 만쥬의 다품종화는 2대경영자의 탐구심과 도전심이 풍부한 성격 덕분이다. 이러한 기업가정신은 현재의 여러 가지 일에 도전하는 야마다야의 사풍에도 반영되고 있으며, 장기적인 전망에 입각한 핵심자원 구축에 적극적인 투자를 할 수 있는 환경 조성에도 기여하고 있다. 이러한 점은 '4개의 C' 중 연속성에 해당한다고 할 수 있을 것이다.

기업이 파괴적 이노베이션을 일으켜 불연속인 성장을 이루기 위해서는 「실패의 허용」이 필요했지만, 이사오 씨가 솔선수범해 실패를 두려워하지 않고 도전해 나감으로써 그러한 사풍이 생겨난 것이다. 이러한 토양은 후술하는 3대경영인에 의한 파괴적 이노베이션을 뒷받침하고 있다.

또한, 상품의 다품종화와 그 개발을 뒷받침하는 경영자의 구상이나 사풍은, 다변하는 소비자의 요구를 헤아려 대응할 수 있다는 야마다야의 강점으로 이어지고 있다.

그림 4-1-11 다양한 만쥬의 종류

그림: Illustration by Joon Moon M.D.

예로부터 맛있는 과자나 좋은 서비스를 제공하는 것의 중요성은
변하지 않지만, 맛의 느낌이나 소비자가 좋다고 느끼는 서비스의 본연
의 자세는 날마다 변화해 간다. 양갱을 예로 들면 옛날에는 설탕이 듬
뿍 든 달콤한 양갱이 불티나게 팔렸으나 지금은 건강 붐으로 설탕을
적게 넣은 양갱이 인기가 있다. 야마다야는 외부와의 네트워크를 활용
해 의견이나 정보를 도입함으로써 이러한 시대의 변화를 감지하고 소
비자가 요구하는 상품의 개발을 하고 있다.

우선, 구입처와의 관계를 살펴보면 미야지마 섬 내의 동업자와는
공동 매입을 하고 있었다. 현재도 그 잔재로 이들 기업과의 거래는 계
속되고 있어 타사도 계속해서 거래하고 있는 곳이 많다. 그러나, 히라
타라고 하는 기업과의 거래에 관해서는 예외라고 한다.

히라타는 앙금 이외의 필링을 제공하는 기업이다. 2대 때부터 모

미지 만쥬의 다품종화를 추진했기 때문에 앙금 이외의 필링을 구입할 필요가 생겼다. 이 무렵 타사들도 각기 다른 종류의 모미지 만쥬를 개발하게 되면서 필링의 공급처에도 차이가 생겼다. 즉, 사업 컨셉의 변화가 비즈니스 모델에 변화를 가져온 것이다.

또한, 구입처와의 네트워크는 사업을 계승할 때 선대에서 차세대로 계승되는데, 3대 야스후미 씨의 이야기에 따르면, 다음 세대가 야마다야의 일을 하기 시작한 시점에서 선대부터 조금씩 구입처나 단골집 등에 소개해 갔다고 한다. 즉, 외부와의 네트워크는 반복되는 업무 속에서 서서히 선대에서 차세대로 계승되어 간 것이다.

승계 문제에 대해서는 2대의 젊은 날의 경험이 차세대 육성에 도움이 되고 있다. 2대 이사오 씨는 정미기 제조 업체에 근무한 경험이 있다. 1928년생인 이사오씨는 17세에 종전을 맞았다. 당시는 물자 부족으로 곧바로 과자 제조를 재개할 수 없었기 때문에 정미기 업체에서 일하며 겨우 생계를 유지했다고 한다. 1953년 과자 제조 재개에 이르렀을 때도 계속해서 다른 기업에서 일해 가계에 보탬이 되었다. 이때의 경험이 야마다야 경영에 도움이 되자 이사오 씨는 3대 야스후미 씨에게도 외부에서 경험을 쌓은 뒤 입사하라고 조언하였다.

3대 야스후미 씨는 대학을 졸업하고 외식업체에 1년간 근무한 뒤 1986년 야마다야에 입사했다. 야스후미 씨가 대학 졸업 후 취업한 로얄 주식회사는 전국 200여 개의 패밀리 레스토랑을 운영하는 회사다. 야스후미씨는 1년간 규슈, 도쿄, 히로시마의 5개 점포를 돌며 홀 담당자로 근무했다.

업무 내용으로는 처음에는 설거지와 화장실 청소, 홀 청소, 주차장 풀 뽑기 등을 경험했고 몇 달 뒤에는 웨이터를 하게 됐다. 반년 정도 지나서는 아르바이트 시프트를 짜거나 재고 조사를 하는 등 점장의 서포트역으로서 점포 전체의 관리를 맡게 되었다. 최종적으로는 점장이 주간, 야스후미 씨가 야간 책임자로서 점포를 운영하게 되어 소규모이지만 점포 경영을 맡게 되는 입장이 되었다. 그때에, 접객 서비스의 본연의 자세나 위생면의 지식, 코스트 관리등, 야마다야의 경영에 실제로 활용할 수 있는 지식을 몸에 익힐 수 있었다고 한다. 야스후미 씨가 야마다야에 입사했을 때는 마침 만담 열풍이 인기 있던 시기였다. 그중 B&B라는 만담꾼의 인기가 높아져 히로시마 출신의 시마다 요시치 씨가 모미지 만쥬를 소재로 사용해 평판이 높았다. 흥겨운 만담과 함께 모미지 만쥬의 이름이 전국에 알려지면서 야마다야는 매우 바쁘게 됐고 매출이 평소의 약 1.5배까지 불어났다. 이런 상황에서 야스후미 씨의 어머니가 병석에 누우면서 이사오 씨의 일에 대한 부담이 커지자 야스후미 씨는 당초 3~5년을 계획했던 타기업에서의 수행기간을 단축하고 1년 만에 야마다야로 돌아오게 됐다. 불과 1년이라고는 하지만 의미 있는 경험을 했다고 야스후미 씨는 회고하고 있다.

장기적인 전망을 보고 차세대 육성에 많은 시간을 들이고 있는 것도 패밀리 기업의 특징이다. 졸업 후 바로 부모 밑에서 일을 하면 아무래도 응석받이가 되는 경향이 강하기 때문에 이처럼 사회경험을 쌓는 것은 매우 중요하다. 덧붙여 일단 사회에 진출함으로써 자사를 객관적으로 볼 수 있다는 장점도 있다. 야마다야에서는 패밀리 기업 특유의 경영자 육성의 본연의 자세가 효과적으로 기능하고 있다고 말할 수 있을 것이다.

(3) 성장기의 프레임워크 분석

패밀리 기업은 기업가, 즉 경영자의 강한 리더십하에 경영이나 사업전략을 세워 나가는 경향이 있어 독재주의로 이어지기 쉽고, 또 동족 안에서 경영진이 선출됨으로써 정보의 고정화가 일어나기 쉽다는 단점을 가지고 있다. 이러한 문제점을 해결하기 위해서는 조직 외부와의 네트워크를 적극적으로 구축·활용하여 조직의 폐쇄성을 타파해야 한다.

현재 야마다야는 지역과의 네트워크를 복수로 구축하고 있다.

첫 번째는 미야지마의 과자 제조업 조합이다. 조합에서는 규제나 법률 등에 관한 강습회가 열리거나, 미야지마 내에서 이벤트가 있을 때에는 그에 맞추어 판촉 활동을 공동으로 실시하고 있다. 이러한 활동을 통해서 정보의 교환이나 공유가 도모되고 있다.

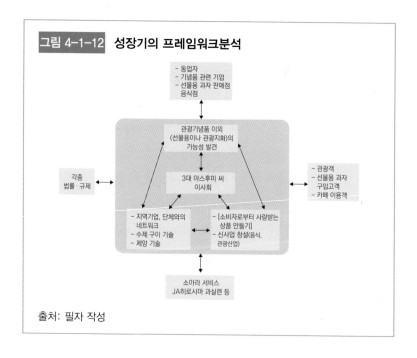

그림 4-1-12 성장기의 프레임워크분석

출처: 필자 작성

두 번째는 미야지마 관광협회이다. 야스후미 씨는 미야지마관광
협회 회장을 맡고 있어 동업자는 물론 타업종과의 정보교환의 장으로
활용할 수 있다. 또한 야마다야의 지역 핵심 자원인 '미야지마'의 PR과
경관 보호 활동을 다양한 이해관계자와 협력하여 수행할 수도 있다.

세 번째는 공동 상품 개발이다. 야마다야는 지역의 기업이나 단체
와 콜라보레이션을 실시해 몇 가지 상품 개발을 실시하고 있다. 외부
기업이나 단체, 컨설팅 회사와의 협동으로 얻을 수 있는 정보는 기업
내부에서는 얻기 힘든 경우도 많다. 기업 외부와의 상품 공동 개발은
패밀리 기업이 빠지기 쉬운 정보의 고정화를 해소하는 효과적인 대응
책 중 하나이며, 새로운 사업 전개를 할 때에도 중요한 판단 재료를 제
공할 것이다.

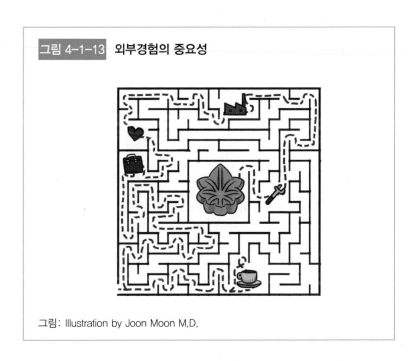

그림 4-1-13 **외부경험의 중요성**

그림: Illustration by Joon Moon M.D.

다음으로 경영팀에 대해 알아보자. 2대까지는 본인과 그 아내가 중심이 되어 경영하다가 그 이후부터 가족 외의 인물이 사내에서 중요한 역할을 맡게 되면서 그 인물이 현 체제에서 본격적으로 경영에 참여하게 되었다.

현 체제의 경영진은 이사회의 다섯 명이라고 할 수 있다.[8] 그 이사회의 5명의 멤버 중 사장, 부사장, 생산본부장, 영업부장은 창업자 일족이지만 나머지 1명은 가족 외의 멤버이다. 패밀리 비즈니스의 색채는 대를 거듭할수록 옅어지고 있어 가족 외의 멤버가 들어감으로써 정보의 고정화나 경영의 독재화가 일어나기가 어렵다.

야스후미 씨는 경영을 친인척으로 한정하면 일반 직원들이 이 회사에서 출세할 수 없다고 믿고 동기부여가 내려갈까봐 가족경영을 크게 강조하지 않는다고 한다. 또 혈연관계가 아니더라도 우수한 인재가 많기 때문에 그런 인재를 기용하는 면도 있다고 한다. 한편, 경영의 핵심은 친족에게 맡기며, 이는 장남에게 후계자로서의 경험을 쌓게 하는 것을 보면 확실하다.

3대경영자도 선대와 자신의 경험을 따라 장남과 차남을 사외에서 일하게 해 경험을 쌓게 하고 있다. 야스후미 씨는 2013년 히로시마에서 열린 전국과자대박람회 실행위원회 사무국에 장남을 파견해 외부 취업 경험을 쌓게 하고 있다. 대박람회가 끝난 뒤에는 야마다야에 입사해 영업담당과 생산직을 경험한 뒤 현재는 영업본부장으로 경영에 참여하고 있다. 또 차남은 수년간 은행에 근무한 뒤 야마다야에 입사해 현재는 영업본부 내 판매과장으로 주로 직영점을 담당하고 있다. 차세대를 담당하는 사람이 외부경험을 바탕으로 자사를 객관시하여 장단점을 간파하고 다양한 가치관이나 척도를 가지면서 야마다야의 정책에 따라 늘릴 것은 늘리고 개선할 것은 개선해 나가는 것이 야마

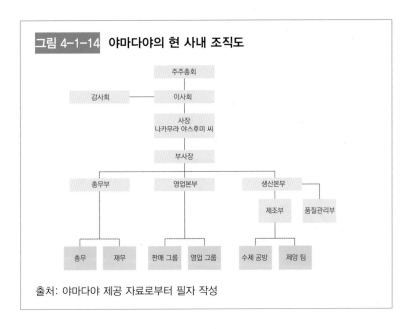

그림 4-1-14 야마다야의 현 사내 조직도

```
                              주주총회
                                │
          감사회 ──────────── 이사회
                                │
                               사장
                         나카무라 야스후미 씨
                                │
                               부사장
                                │
        ┌───────────────┼───────────────┐
       총무부          영업본부          생산본부
                                          │
                                    ┌─────┴─────┐
                                   제조부    품질관리부
        │               │           │
    ┌───┴───┐      ┌────┴────┐  ┌───┴───┐
   총무   재무   판매 그룹  영업 그룹  수제 공방  제앙 팀
```

출처: 야마다야 제공 자료로부터 필자 작성

다야의 성장에는 필수불가결하다고 야스후미씨는 말했다.[9] 이와 같이 역대 경영자들에게는 사업승계 시 공통된 육성방침이 있어 다른 일반 종업원의 모티베이션도 배려하며 조직 매니지먼트를 실시하고 있는 것이다.

3대의 체제하에서는 모미지 만쥬 외의 또 다른 기둥이 되는 사업의 확립을 목표로 하고 있으며, 이것을 새로운 사업 컨셉으로서 설정하고 있다. 지금까지의 기념품의 제조·판매 이외의 사업을 시작해 사업의 다각화를 진행시키는 것과 동시에 신규 시장 개척에 의한 새로운 성장을 목표로 하고 있다.

그것이 「RAKU 야마다야」 브랜드이며, 제작 체험, 오오노 팩토리이다. RAKU 야마다야에서는 선물용 과자나 카페 오픈에 의해서, 제작 체험이나 오오노 팩토리에서는 전통 체험이나 공장 견학 등의 관

그림 4-1-15 **사업의 다각화 I**

관광?

오미지

새로운 사업 컨셉트

그림: Illustration by Joon Moon M.D.

광 관련 사업에 의해서 신시장을 개척하는 시도를 하고 있다. 이노베이션에는 지속적 이노베이션과 파괴적 이노베이션의 2종류가 있으며, 지역기업은 파괴적 이노베이션을 자발적으로 일으켜 성장을 도모해 나갈 필요가 있음을 선행연구에서 기술하고 있는데, 『RAKU 야마다야』 브랜드의 출범은 이 파괴적 이노베이션이라고 생각된다.

RAKU 야마다야 브랜드는 기존의 관광객용 상품과는 다른, 선물용이나 관혼상제용 과자를 제공하고 있는 것으로부터, 야마다야의 과자를 단순한 선물품이 아니라 조금 고급감이 있는 선물용 과자로서 요구하는 잠재적인 고객을 향한 사업 전개이며, 파괴적 이노베이션이라고 말할 수 있을 것이다. 「제조 체험」이나 「공장 견학」 등도 종래의 관광객용 과자 판매와는 달리, 미야시마 관광에 와서 모미지 만쥬의 제작 체험을 해 보고 싶다고 생각하는 잠재적인 고객을 대상으로 한 시장에의 진출을 시도하고 있는 것으로부터 파괴적 이노베이션의 하나라고 말할 수 있을 것이다. 선대, 선선대로부터 이어온 전통기술이나 실패를 허용하는 사풍이 이러한 파괴적 이노베이션 창출로 이어졌다고 생각된다.

「RAKU 야마다야」의 카페 전개에 관해서는, 3대 자신의 사외 경험(요식업 경험)도 큰 도움이 되었다고 생각된다. 또한 제조 체험을 위한 설비나 공장 견학에 대응한 대규모 공장에 대한 설비 투자는 막대했다. 이는 장기적인 전망에 입각해 과감한 투자를 하겠다는 패밀리 기업만의 의사결정이었다고 할 수 있다.

또한, 타사에서는 생산의 기계화에 의해서 상실되고 있는 수제 기술을 계승해 온 것도, 이러한 「제조 체험」사업으로 이어질지도 모른다는 장기적인 시야에선 투자의 결과라고 말할 수 있을 것이다.

다만, 신규 시장에의 참가는 새로운 경쟁 기업과의 경쟁의 시작을 의미하는 것은 말할 필요도 없다. 새로 선물용 과자, 카페(음식점)라는 시장에서 기존 업체와 경쟁하게 된다.

야마다야는 창업 이래 관광 기념품이라는 영역에서 장사를 계속해 왔으며, 이처럼 신규 시장에 진출하는 것은 첫 경험이었다. 과자 제조에 관한 노하우나, 야마다야로서의 브랜드력은 가지고 있었지만, 선물용 과자의 개발·제조·판매, 카페 경영에 관한 노하우는 거의 없었다고 해도 과언이 아니다. 이런 상황에서 사업을 궤도에 올려놓는 것은 힘든 작업이었고, 매우 모험이었다고 생각된다.

실제 RAKU 야마다야 카페 전개를 시작한 당초에는 한치앞을 볼 수없는 상태의 경영이 이어졌다. 계절에 맞는 메뉴를 판매해도 고객 요구에 부합하지 않아 1년 내내 고전했다고 한다. 현재는 고객 데이터도 많이 수집하고 있으며 단골 손님과의 대화를 통해 정보 수집을 하고 신메뉴를 고안·제공하고 있다. RAKU 야마다야의 카페로서의 컨셉은 「일본과 서양의 융합」, 「수제 지향」, 「재료에의 고집」으로 명확하며, 수년간의 노하우의 축적도 있어 기반은 어느 정도 굳어지고 있다. 이로써 야마다야의 신규 사업은 궤도에 올랐다고 할 수 있을 것이다.

그러나 고객의 의견을 피드백하는 것만으로는 기존 고객의 요구에만 대응할 수 있어 사업을 확대하기에는 부족하다. 명확한 컨셉이 설정되어 있는 이상, 이에 맞춘 타깃층에 대해 시장조사를 실시하고, 그 결과를 사업에 반영시키는 것이 신규 고객을 획득해 사업을 확대하는 첫걸음이라 생각된다.

한편, 종래의 기념품으로서의 모미지 만쥬의 판매에 대해서는, 2대째의 다품종화 노선을 계승하고 있다. 다만 3대째의 상품 개발이 2대째와 다른 점은 적극적으로 외부 네트워크를 활용해 상품 개발을 하고 있다는 점이다. 3대째는 지역 내 기업 등과 적극적으로 상품을 공동개발하거나 거래처 관계자의 의견을 수렴하고 있다. 소아라 서비스와 협업했을 때는 시식 판매 시 진행한 설문조사를 통해 일반 소비자의 의견을 수렴해 개발에 활용하고 있다.

사내로부터의 의견이나 아이디어만으로는, 지금까지 만들어 온 "과자"의 틀에서 벗어나는 것은 어렵다. 소아라 서비스와의 협업을 통해 탄생한 대나무숯이나 고추를 사용하는 것과 같은 참신한 아이디어는 외부 의견을 수렴하지 않았다면 나오지 않았을 것이라고 야스후미 씨는 말했다. 지역 기업인 만큼 야마다야의 강점은 지역 소비자들로부터 직접 의견을 들을 수 있다는 점이기도 하다. 당대의 야마다야의 신상품 개발에는 이러한 파트너 기업, 외부 네트워크의 존재가 매우 크고, 그러한 기업과의 네트워크를 가지고 있는 것 자체가 야마다야의 핵심 역량이 되고 있다고 할 수 있을 것이다.

상품의 판매 형태에 대해서는 유통 기한을 길게 하기 위해 이전까지의 간이 포장에서 밀봉 포장으로 변경하고, 그 위에 포장 내에 탈산소제를 봉입하고 있다. 경쟁사 중에 질소 충전만 하고 탈산소제를 사용하는 곳은 야마다야뿐이다. 탈산소제를 사용하고 있는 만큼 비용이 많이 들지만, 장기 보유하는 것이 도매상에게는 호평이라고 한다.

도매는 매입제로 메이커로부터 매입을 실시하므로 유통기한이 긴 쪽이 거래가 유리하기 때문이다. 실제로 히로시마 시내 슈퍼마켓 등에서는 야마다야의 모미지 만쥬가 많이 팔리고 있다고 한다.

오래 지속되는 상품으로는 종이상자가 아닌 캔에 모미지 만쥬를 채워 유통기한을 연장한 캔모미지라는 것도 있다. 캔이라고 하는 튼튼한 외장이므로, 오래가는 것 이외에도 수송시에 내용물이 잘 찌그러지지 않고, 온도의 변화에도 강하다는 이점도 있다.

그림 4-1-16 **사업의 다각화 II**

그림: Illustration by Joon Moon M.D.

그러나 이러한 차별화가 실제로 야마다의 매출이나 이익 증가에 기여하고 있다고 보기는 어렵다. 모미지 만쥬는 제조사들이 판매가격을 일률적으로 고정하고 있어 가격에 따른 차별화가 불가능하다. 탈산소제를 봉입한 코스트를 도매상으로의 납품분만으로 커버할 수 있다면 문제 없지만, 그렇지 않으면 타사보다 오래 지속된다는 것을 어필해, 매상의 증가로 연결해 갈 필요가 있을 것이다. 특히 먼 지방이나 해외 관광객들에게 유통기한은 중요하다. 자신이나 가족 등에 대한 선물이라면 큰 문제는 없겠지만, 그 이외의 사람에게 줄 선물의 경우, 바로 전달할 수 없는 경우도 적지 않을 것이다. 오래 간다는 것은 그 자체로 타사 제품에 대한 우위성을 가지고 있기 때문에, 이 점은 소비자가 인지할 수 있도록 고안이 되어 있으면 좋을 것이다.

기존 판로의 확대로서 도매로의 판매 강화를 도모하는 것도 하나의 수단이다. 야마다야는 팥소에 집착하고 있지만, 가격이라는 알기 쉬운 지표로 그 고품질을 소비자에게 전할 수 없다. 기본적으로 비슷한 카테고리의 제품이면 가격이 높을수록 고품질로 인식되기 쉽지만 야마다야의 경우는 이 전략을 취할 수 없다. 코스트 자체도 타사에 비해 비싸고 이익을 내기 어려운 구조로 되어 있기 때문에, 야마다야의 앙금의 고품질을 비롯한 타사에 대한 우위성을 가격 이외로 소비자에게 전가할 궁리가 필요하게 될 것이다.

최근에는 건강 지향이 높아지면서 건강에 좋다고 일컬어지는 상품이 인기를 얻거나 생산지나 원재료를 고집하는 소비자가 증가하고 있는데, 이에 따라 상품 프로모션이나 패키지에 관한 규제도 증가했다. 또한, 포장지에의 표시물에 관한 규칙이 엄격해져 실물 이상의 일러스트를 패키지에 적용해서는 안 된다. 과학적 근거나 인가 없이 「건강에 좋다」라고 하는 캐치프레이즈를 사용해서는 안 된다. PL법에 대한 대처 또한 마찬가지다. 이 같은 규제 증가로 프로모션 폭이 좁혀지거나 패키지 디자인 변경, 보험 가입 등 추가 비용이 발생하고 있다.

4 정리

야마다야는 창업부터 현재에 이르기까지, 「관광」과 「과자 만들기」와 함께 걸어온 기업이다. 창업의 계기도 미야지마에의 관광객 전용의 과자 판매를 하자는 것이었고, 2대째도 「야마다야의 모미지 만쥬」라고 하는 기념품을 보다 많은 소비자에게 전달할 수 있도록 생산의 기계화·판로 확대를 도모했다. 물론, 3대째도 신상품 개발 등을 통해서 관광객에게 보다 매력적인 과자를 제공할 수 있도록 노력을 계속하는 것과 동시에, 제조 체험이나 공장 견학과 같은 관광 산업에의 참가도 도모하고 있다. 한편, 「과자 만들기」 같은 노하우를 신규 시장에서 활용할 수 있도록, 「RAKU 야마다야」 브랜드의 전개도 진행시키고 있다. 시대를 거듭할수록 사업 컨셉은 변화를 보이고는 있지만, 야마다야의 「관광」과 「과자 만들기」라고 하는 기둥은 동요하지 않고, 역대의 경영자에 의해서 종업원 전체에 주지·공유되어 전사적으로 양대 사업을 축으로 한 사업 컨셉의 달성, 자사의 성장을 목표로 활동하고 있다.

또한 경영자들은 외부 네트워크를 적극적으로 활용하고 있다.

초대경영자는 경합 상대인 지역의 동업자간의 네트워크를 구사해 전시중·전후의 어려운 환경을 극복해, 구입에 대해서도 지역의 동업자끼리 공동 조달해, 동업자 전체가 모미지 만쥬 브랜드의 성장을 목표로 했다.

2대째는 초대로부터 물려받은 네트워크를 소중히 활용하면서도,

모미지 만쥬의 다품종화를 실시할 때에는 독자적인 네트워크를 구축해 신상품 개발에 활용했다. 기존의 매입 네트워크는 지역 내의 많은 동업자와 거의 같았지만, 신상품에 사용하는 필링에 대해서는 독자적인 네트워크를 구축해 타사와의 차별화를 도모하고 비즈니스 모델을 강화했다고 할 수 있을 것이다.

3대째는 지역내 제과업 조합을 비롯해 미야지마 관광협회나 지역 기업·단체와의 신상품 공동개발을 통해 더욱 광범위한 네트워크를 구축하고 있다. 외부와의 네트워크 구축은 정보의 고정화라고 하는 패밀리 기업의 단점을 해소하고, 사외로부터의 의견, 특히 지역 사람들의 의견을 수렴할 기회가 있다는 지역 기업의 강점을 마음껏 활용하는 커넥션이 되기도 한다. 지역의 패밀리 기업이나 아직 가게에게는 매우 중요한 자원이다.

경영자들은 이 네트워크의 구축과 유지에 많은 노력을 하고 있다. 2015년, 야마다야는 히로시마 시립 대학으로부터 상품 기획안을 받아 신상품을 출시했다. 경쟁사인 히로시마 시내 모미지 만두 기업들도 히로시마 대학과 공동 개발한 상품을 내놓고 있었다.[10] 이러한 지역 대학과의 네트워크도 향후 성장에 큰 도움이 될 것이다.

패밀리 기업의 기업가(경영자)는 대대로 내려오는 장기적인 미션을 달성하기 위해 장기간에 걸쳐 대담한 투자를 한다고 선행 연구에서 말했지만, 야마다야에서도 그 경향은 보인다. 대표적으로는 야마다야에 전해 내려오는 전통기술인 독자적인 제앙기술과 제조 기술이다. 미야지마의 모미지 만쥬 업자에게는 앙금을 구입할 방법이 없었던 시절이 있어, 앙금을 직접 제조했다. 이러한 배경하에서 야마다야는 우녀 재료선택이 까다로워서, 타사보다 고비용이면서도 고품질의 앙금을 제조하는 기술을 축적하고 있었다. 그리고 손으로 굽는 기술에 대해서도, 생산의 기계화가 진행되어 손으로 굽는 기술이 잊혀지는 가운데, 야마다야는 전통 기술로서 계승하고 있다.

이러한 장기간에 걸친 핵심 자원에의 투자는, 현재의 제조 체험 사업에 활용되고 있다. 팥소 기술에 대해서는 그 고품질이 소비자에게 전달되지 않은 점이 아쉽지만, 그 부분을 개선할 수 있다면 장기적인 투자도 결실을 맺을 것이다.

야마다야의 이노베이션 역사를 되돌아 보면 기계화에 의한 증산, 판로 확대, 모미지 만쥬의 다품종화, 모미지 만쥬 이외의 신상품 개발, 기념품 이외의 신상품 브랜드 개발, 제조 체험이나 공장 견학 등의 관광 관련 사업의 시작 등 다양한 이노베이션을 간헐적으로 실시하고 있다. 이러한 대처는 2대 이사오 씨가 조성한 여러 가지 일에 도전하는 사풍이 바탕이 되어 실현된 것이다. 특히 3대째의 시대에는, 이「실패를 허용하는 사풍」이「RAKU 야마다야」브랜드의 창설, 제조 체험이나 공장 견학 등의 관광 사업이 창출한 파괴적 이노베이션을 만들어 내고 있어, 야마다야의 성장을 지탱하는 큰 하나의 요인이 되고 있다.

다음 세대로의 계승에 대해서는, 대대로 이어진 기업가에게서 공통점을 엿볼 수 있다. 그것은 한 번은 사외경험을 하고, 거기서 쌓은 경험을 야마다야에서 활용한다는 것이며, 야마다야를 바깥으로부터의 객관적인 시점에서 바라보고, 장·단점을 깨닫고, 성장과 개선에 임하는 것이다. 초대 시게이치 씨는 여관과 제빵업, 2대 이사오 씨는 제빵업과 정미기 제조업체, 3대 야스후미 씨는 외식산업 등, 각각 사외경험을 쌓았고, 그때의 경험이 야마다야의 경영에 활용되고 있다. 4대 경영자후보 야스후미 씨의 장남도 과자박람회 사무국에 나가 기업 외부에서의 사회경험을 쌓고 있어 선대와 같은 길을 걷게 될 것으로 보인다.

여기에 다음 세대 육성에 많은 시간을 들이는 패밀리 기업 경영자 육성의 특징이 나타나고 있다.

많은 패밀리 기업에서는 「정보의 고정화」와 「사업 계승」이 큰 과제가 되고 있다. 이들에 대한 효과적인 해결책을 야마다야의 사례에서 볼 수 있을 것이다. 그 최대 키워드가 「지역과의 네트워크」와 「사외 취업 경험」이다.

정보의 고정화는 경영팀이 가족으로 굳어지고 외부 환경의 변화에 멀어지면서 일어나는데, 이는 조직 외부와의 네트워크를 활용함으로써 개선될 수 있다. 실제로 야마다야는 지역의 다양한 네트워크를 구사해 정보의 폐쇄성을 타파하고 있었다.

정보의 고정화를 막는 또 다른 방법은 정(1999)이 말한 사외 취업 경험이다. 정보의 고정화는 기업가 자신이 자사를 객관적으로 파악할 수 있는 시점을 갖추고 있으면 발생하기 어렵다. 그 「자사를 객관적으로 파악하는 시점」을 배양하는 장소가 「사외에서의 취업 경험」이다.

3대 야스후미 씨는 불과 1년이지만 사외에서 일하면서 사내에 있을 때 보이지 않던 자사의 장단점을 볼 수 있게 됐다고 한다. 이때의 경험으로 동업·타업종을 불문하고 타사에서의 취업 경험을 통해 얻을 수 있는 지식은 경영에 활용할 수 있다고 생각한다.

승계 문제에 대해서는 선대와 다음 세대에 의견 대립이 일어나 승계가 잘 안 된다는 얘기를 자주 듣는다. 이에 대해서도 양측이 자사를 객관적으로 파악하는 시점을 갖췄다면 대립은 하더라도 대화를 통해 해결에 이르기는 어렵지 않을 것으로 보인다.

이와 같이 패밀리 기업의 기업가에게는 외부와의 네트워크를 활용해 정보의 고정화를 미연에 방지하는 동시에 사업을 계승하기 전에 사외에서 취업 경험을 쌓아 자사의 가치관에 얽매이지 않는 시점을 몸에 익혀 승계 문제를 극복해 나갈 수 있을 만큼의 능력이 요구되는 것이다.

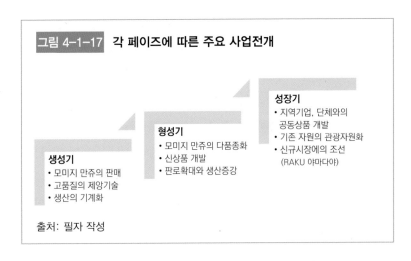

그림 4-1-17 각 페이즈에 따른 주요 사업전개

성장기
• 지역기업, 단체와의 공동상품 개발
• 기존 자원의 관광자원화
• 신규시장에의 조선 (RAKU 야마다야)

형성기
• 모미지 만쥬의 다품종화
• 신상품 개발
• 판로확대와 생산증강

생성기
• 모미지 만쥬의 판매
• 고품질의 제앙기술
• 생산의 기계화

출처: 필자 작성

    야마다야는 모미지 만쥬 업계에서 3위, 미야지마 내에서는 2위의 위치 있는 전통있는 노포 기업이다. 향후도, 모미지 만쥬를 비롯한 관광객 전용의 기념품의 판매가 주력이 되겠지만, 이 시장은 20개나 되는 제조사가 붐비는 경쟁이 치열한 시장이며, 판로나 수요도 거의 포화 상태로 현저한 성장은 바랄 수 없다.

    이러한 환경 속에서 야마다야가 상위 2사에 육박해 추월하기 위해서는, 신사업의 「RAKU 야마다야」 브랜드나 제조 체험·공장 견학이라고 하는 관광 사업을 성장시켜, 새로운 시장에서 고객을 획득하는 것이 요구된다. 기업의 성장에는 이노베이션이 불가결하며, 기업을 존속시키기 위한 지속적 이노베이션으로서 모미지 만쥬 등의 기념품의 개량·개발을, 기업을 새로운 필드로 스텝업시키기 위한 파괴적 이노베이션으로서 『RAKU 야마다야』나 제조 체험 등을 추진해 잠재적인 시장에 진출해 나가는 것이 지금 현재의 야마다야에 필요한 액션이라고 필자는 생각한다.

    「과자 만들기」를 「관광」에 활용한 사례로서 홋카이도의 제과 회사인 이시야 제과의 「시로이 코이비토 파크」가 있다. 「시로이코이비토 파크」에서는 홋카이도의 명과 「시로이코이비토」의 제조 공정을 견학할 수 있고, 과자 만들기 체험 공방과 앤틱풍의 찻집도 함께 있다. 계절에 맞는 행사도 개최되어 일종의 테마파크 같은 분위기로 많은 관광객을 끌어들이고 있다.[11] 야마다야에도 히로시마 명과 「모미지 만쥬」, 제조 체험, 공장 견학, 「RAKU 야마다야」의 경영 자원이 있어, 그것들을 집약하는 장소로서 오오노 팩토리도 소유하고 있다. 야마다야가 「과자 만들기」를 테마로 한 관광 자원을 구축한다면, 이 이시야제과의 사례는 롤 모델로서 충분히 참고할 수 있을 것이다.

또한 관광 산업은 외부 환경의 영향을 받기 쉽고 불황이나 천재지변 등으로 관광객이 급감할 위험이 있다. 실제로 동일본 대지진이 발생했을 때는 그 여파로 관광객이 격변해 큰 타격을 받고 있다. 이러한 리스크를 분산하기 위해서도, 상기의 신사업, 특히 「RAKU 야마다야」 브랜드의 전개를 진행시켜 관광 산업 이외의 시장에서 입지를 굳히는 것은 더욱 중요해질 것이다. 요즘 코로나19 여파로 많은 기업이 어려움을 겪고 있지만 야마다야도 예외는 아니다. 이 곤경을 어떻게 극복하고 다시 성장해 나갈 것인가. 항상 도전을 게을리 않는 사풍을 유지할 때 야마다야의 미래는 밝을 것이다.

Endnotes

1 　宮島観光協会ホームページ(http://www.miyajima.or.jp/history/ miyajimahistory.html; 2019年8月11日アクセス)。

2 　やまだ屋代表取締役社長、中村靖富満氏へのインタビューより (2012年3月7日、2020年11月13日実施)。

3 　売上の数値はもみじ饅頭だけに限定したものではなく、会社全体の ものである。しかし、両社ともももみじ饅頭を中心とした土産品が商 品ラインナップのほとんどを占めており、これら商品の販売が主力 事業であるため、比較の指標としては十分に適当であると考える。

4 　やまだ屋ホームページ(http://momiji-yamadaya.co.jp; 2012年8月 3日アクセス)。

5 　ひろしまの企業情報(http://www.hitec.city.hiroshima.jp; 2021年2 月4日アクセス)。

6 　中村靖富満氏へのインタビューより(2012年3月7日、2020年11月13 日実施)。

7 　もみじ饅頭の中に入れる餡やクリーム、チーズなどのペースト状の もの。

8 　中村靖富満氏へのインタビューより(2012年3月7日、2020年11月13 日実施)。

9 　中村靖富満氏へのインタビューより(2012年3月7日、2020年11月13 日実施)。

10 　にしき堂ホームページ(http:// www. nisikido . net/ SHOP/621382/list.html; 2020年9月22日アクセス)。白い恋人パー クホームページ(http://www.shiroikoibitopark. jp; 2020年9月22 日アクセス)。

02 아사히 주조 주식회사

1 일본술이란

일본술은 전국 각지에서 그 지방의 풍토와 기후, 원재료를 활용한 것이 제조·판매되고 있다. 주세법 3조 7호에 따르면 일본술이란 원료로 쌀을 반드시 사용하고 있으며 [코스(こす)]라는 공정이 반드시 포함된 것을 말한다.

일본술 중에서도 특정 명칭주는 사용원료, 정미보합(쌀 현미 표층 부분을 깎아내고 남은 백미 비율), 누룩쌀 사용 비율로 분류된다. 대표적인 특정 명주로는 정미보합 60% 이하의 백미, 쌀누룩, 물 또는 이들에 양조알코올을 원료로 하는 긴죠슈(吟醸酒), 정미보합 70% 이하의 백미, 쌀누룩, 양조알코올 및 물을 원료로 하는 혼조죠슈(本醸造酒), 백미와 쌀누룩 및 물만을 사용한 준마이슈(純米酒)가 있다.[1] 이것들은 사용 원료나 정미 비율 등에 의해 더욱 세세하게 분류되어 있으며, 각각 독자적인 풍미를 가지고 있다.

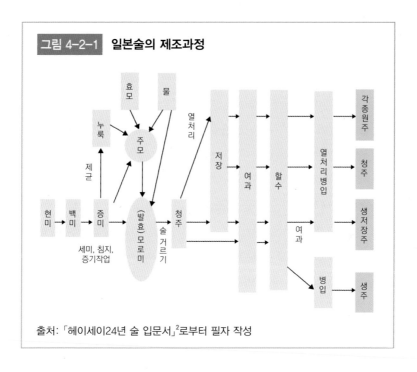

그림 4-2-1 일본술의 제조과정

효모   물

누룩

주모

제균

열처리

저장

여과

할수

열처리병입

각종원주

청주

현미 → 백미 → 증미 → (발효)모로미 → 청주 술거르기

세미, 침지,
증기작업

여과

생저장주

병입

생주

출처:「헤이세이24년 술 입문서」[2]로부터 필자 작성

일본술의 제조과정은 다음과 같다. 일본술의 풍미를 거스르는 지방이나 단백질을 제거하기 위해 처음에는 정미를 한다. 정미를 하는 방법은 쌀을 둥글게 깎는 구상정미 「球狀精米」와 쌀을 두께에 맞추어 깎는 편평정미 「扁平精米」의 두 가지 방법이 있으며 현미로부터 제거한 당분의 할당량, 정미의 보합이 술의 질을 크게 좌우한다고 볼 수 있다. 보합이 60% 이하인 백미를 주원료로 하고 제조한 술은 긴죠우슈라고 하고 보합 70% 이하의 백미를 주원료로 하여 제조한 술을 혼죠우죠우슈라고 한다.

다음으로 정미 후의 백미를 약 1개월 정도 방치한다. 이것은 정미 직후의 쌀은 열을 지니고 있어서 갑자기 찌게 되면 쌀이 깨져 버리기 때문이다. 정미한 쌀은 잘 씻어서 수분을 함유시키기 위해 물에 넣은

후 나중에 큰 틀에 넣어 찐다. 찐 쌀에 누룩균을 번식시키고 미세한 온도 조절을 하여 누룩을 만든다. 이 누룩이 일본술의 질을 결정한다고 해도 과언이 아니다. 오랜 경험과 기술이 필요한 작업 공정이다. 다음으로 누룩, 증미, 물, 주모(酒母)를 첨가하여 누룩을 만든다. 마지막으로 일본술에 있어서 알맞은 알코올을 함유한 상태에서 모로미(もろみ)를 짜서 술과 술지게미로 나누어 간다. 일본술의 종류에 따라서는 공정이 달라지지만 저장, 여과, 할수(割水) 작업을 한다.

여기서 대부분은 일본술 제조의 마지막 공정인 열처리를 하는데, 짜낸 술을 그대로 저온에서 보존하는 것도 있다. 그것을 '생주(生酒)'라고 한다. 짠 술은 효모가 살아 있기 때문에 약 60℃의 열로 저온살균을 한다. 저온살균을 하는 이유는 보존성을 향상시키고 일본술의 변질을 막기 위해서다. 열처리를 한 일본술은 병에 담겨 출하된다. 이것이 일반적인 일본술의 제조방법이다.

(1) 일본술 업계의 발전 및 규정과 과세

일본술 제조가 널리 보급된 것은 메이지(明治) 시대 이후에 이르러서이다. 주조주(酒造株)제도가 폐지되고 기존보다 저렴한 면허료를 내는 것만으로 자유롭게 양조할 수 있게 되면서 많은 주조업체가 탄생했다.

이후 전쟁에 따른 재원 확보 정책으로서 주세 강화가 도모되었다. 주세 확보를 위해 자가 양조를 금지했기 때문에 1882년에는 주조장이 1만 6,000개, 생산량은 55만 킬로리터를 기록한 시기도 있었다. 일본술은 나무통이나 작은 항아리에 담아서 팔리다가 1886년부터 일본술 병제조가 시작됐다. 이후 1909년 한되 단위의 병(一升瓶)이 개발되어 다이쇼(大正)시대에 들어서면서 보급되었다. 1877년경까지는 견형(堅型) 정미기, 온도관리나 미생물관리가 용이한 법랑 탱크가 발명·개발되어 6호 효모의 채취, 분리, 순수 배양과 같은 기술도 등장하였다. 1881년 전쟁에 의한 곡물 통제가 시작되어 정미가 제한되게 되자 주조장이 통합되기 시작하여 생산량이 평소의 절반으로 제한되었다. 그러다 보니 금붕어주로 불리는 물에 부풀린 술이 시장에 나돌았다. 일본정부는 1882년 일본주급별제도(日本酒級別制度)를 도입하여 시중에 유통되는 술을 정부가 감사하고 함유된 알코올 도수와 술의 질 등을 고려하여 '특급' '1급' '2급' '3급' '4급' '5급'으로 분류하였다. 이 제도는 일본술의 품질 등을 잘 모르는 소비자들이 일본술을 선택할 때 하나의 기준이 되었다. 그러나 업계측에서 급별제도에 따른 과세에 의문이 제기돼 1990년 폐지되었다.

기술의 다양화에 따라 다양한 종류의 일본술이 생산되게 되었지만, 매장에서 판매되는 라벨 표시에는 법적인 규제가 존재하지 않았기 때문에 1990년에 「일본술의 제조법 품질 표시 기준」(국세청 고시 제8호)이 시행되었다. 이 표시기준에 따라 ① 긴죠슈, 준마이슈, 혼죠조슈와 같은 특정 명칭을 표시하는 경우의 기준을 정하고, ② 모든 일본술에 대해 용기 등에 표시해야 하는 사항의 기준, ③ 일본술 용기 등에 임의로 표시할 수 있는 사항의 기준, ④ 일본술 용기 등에 표시해서는 안 되는 사항의 기준이 정해졌다.[3]

그러나 최근 기술개발로 기준 이하의 원료로도 비슷한 술을 만들 수 있게 됐기 때문에 소비자의 혼란을 초래하지 않는 법이 재검토되고 있다.

(2) 최근의 일본술 소비량의 쇠퇴

일본술은 예로부터 관혼상제를 비롯한 의례로부터 생활 속에 이르기까지 많은 일본인들의 사랑을 받아왔다.

그러나 최근에는 대중의 기호 변화로 인해 일본술 업계에 큰 변화가 나타나고 있다. 국세청의 조사에 의하면 일본술의 판매량은 1973년에 정점을 찍고 1975년에는 1,675천 킬로리터였던 판매 수량이 2010년 에는 589천 킬로리터로 크게 떨어졌다.[4] 즉, 최근 수십년 사이에 일본 내 일본술 시장이 대폭 축소된 것이다.

이로 인해, 1955년에는 4,021개였던 일본술 제조면허장 수가 2003년에는 2,024개로 거의 반감되었다. 또한, 일본술 제조면허를 보유하고 있어도 휴업하거나 실제로는 제조를 하지 않고 제휴판매를 통해 자사 브랜드 상품을 유지하는 기업도 적지 않다.[5]

그렇다면 일본술 시장 침체의 이유는 무엇일까. 첫 번째 이유로 생각할 수 있는 것은 '히네카(老ね香)' 또는 '숙성향'이라고 불리는 일본술의 독특한 향이다. 히네카란, 저장 기간이 길어졌을 때 술향이 열화되어 발생하는 냄새로 일본술 숙성이 필요 이상으로 진행될 경우 발생한다. 일본술에 대한 호불호가 극명하게 갈리는 냄새여서 이 향을 받아들이지 못하는 사람에게는 냄새가 독하다는 인상을 주게 된다. 두 번째 이유는 일본술에 대한 마이너스 이미지다. 알코올 음료를 너무 많이 마시거나 알코올이 체내에서 소화되지 않으면 숙취나 술버릇이 나올 가능성이 있지만 알코올 도수가 평균적으로 약 10~20도인 일본술은 이 마이너스 이미지가 강하며 특히 젊은이들 사이에서 이 이미지가 정착된 것으로 생각된다. 셋째, 새로운 알코올 음료의 대두이다. 발포주나 리큐어 같은 비교적 저렴하며 구입하기 쉬운 알코올 음료의 인기가 높아져 상대적으로 일본술의 인기가 떨어지고 있는 것으로 생각된다.

젊은 세대나 여성이 일본술의 특징이라고 할 수 있는 향이나 맛에 거부감이 있는 데다 비교적 저렴한 가격에 다양한 선택지가 있는 칵

테일이나 발포주가 대두한 것이 일본술 시장 전체의 쇠퇴와 크게 관련되어 있다.

또, 한편으로 지적되고 있는 것이 청주 제조업이 가지는 경영 체질이다. [청주제조업의 건전한 발전을 위한 조사연구]에서는 '좋은 술'을 만드는 전통산업의 보호와 유지를 의식한 나머지 그 일본술을 최종 소비자에게 침투시키기 위한 마케팅 노력이 충분하지 않았던 것을 지적하고 있다.[6] 즉, 제조사와 도매 특약점 제도에 의한 안정적인 유통이 무너지는 가운데, 도매에 의지하지 않고 스스로 소비자에게 가치를 전달하는 능력이 기업의 경영에 부족했던 것도 현재의 상황을 만들어 낸 한 요인이라고 생각되는 것이다.

(3) 일본술의 해외 유행

일본 내에서 일본술의 소비량이 줄어드는 반면, 해외에서 일본술의 수요는 확대되고 있다.

2019년 일본술의 수출금액은 1위 미국이 약 68억엔, 2위 중국이 약 50억엔, 3위 홍콩이 약 39억엔, 4위 한국이 14억엔으로 전체 수출금액은 234억엔, 수출량은 24,928kL로 2009년 이후 10년 연속 사상 최대치를 기록하고 있다.[7]

특히 미국과 중국에서 일본술은 인기가 있다. 미국에서는 동북지방 주조업체가 만드는 한 일본술이 720mL에 2,000달러 이상이라는 높은 가격임에도 불구하고 라스베이거스 카지노를 찾는 고객들에게 큰 호응을 얻고 있다.[8] 또한, 뉴욕에서 열리는 일본술 세미나에는 매년 많은 사람들이 모여 일본 주조업체가 자랑하는 일본술 시음을 즐길 수 있다.

다른 지역에서도 아시아를 중심으로 인기가 높아지고 있다. 그 중에서도 중국 수출 증가세가 두드러져 2019년 아시아 지역에서 가장 높은 증가세를 보였고 2017년과 비교해도 248%로 경이로운 수치였다. 현지에서도 일본술을 취급하는 사람들이 늘고 있다. 또한 호주로의 수출도 증가 추세에 있다.[9] 최근 일본 음식도 유행하고 있어 일본술의 인기는 해외에서 꾸준히 높아지고 있다. 앞으로도 일본술 업계에게 해외는 큰 기회가 될 것이다.

1 사례분석

아사히 주조 주식회사는 1770년에 창업하여 1898년에 지금의 사쿠라이 가문이 인수하여 1948년에 설립된 야마구치 현 이와쿠니 시의 산중에 있는 양조장이다. 1984년 급사한 2대 사장 사쿠라이 히로하루(桜井博治)로부터 회사를 물려받은 아들 사쿠라이 히로시(桜井博志)가 3대 사장으로 취임했고, 현재는 아들 사쿠라이 카즈히로(桜井一宏)가 4대 사장으로 취임했다. 아사히 주조가 일본술 제조를 시작한 것은 1934년으로, 현재도 일본술 양조를 계속하고 있다. 미가키2할3푼(磨き二割三分)의 '닷사이'라는 일본술을 제조·판매하는 기업으로서 세계적으로 유명하다. 아사히 주조는 고객의 행복을 위해서 가장 중요하게 생각하는 것은 「맛」이며 이를 추구함으로써, 「준마이다이킨죠(純米大吟醸)」와 주미(酒米)인 「야마다니시키(山田錦)」의 선택과 제조에 도달했다. 수작업이 많은 술 만드는 일을 하나하나 세심하게 분석하여 논리적인 제조 체제를 구축하고 있는 것이 특징인 기업이다.

그림 4-2-2	아사히 주조 주식회사의 전경

출처: 아사히 주조주식회사 제공

표 4-2-1	회사개요

회사명	아사히 주조 주식회사(旭酒造株式会社)
대표이사사장	사쿠라이 카즈히로(桜井一宏)
주소	山口県岩国市周東町獺越2167-4
창업/설립	1770년/1948년
자본금	1,000만엔
종업원수	235명(2019년 9월 말 정직원: 137명 파트: 98명)
매출액	137억 6,600만 엔(2019년 9월기)
사업내용	1. 주류제조 및 판매 2. 간장제조 및 판매 3. 식당운영 4. 전 각 호에 부대되는 일체의 업무
주요 국내 거점	도쿄, 야마구치, 하카타
주요 해외 거점	중국(상해), 대만, 미국(뉴욕), 프랑스(파리)

출처: 아사히 주조 주식회사 홈페이지에서 필자 수정

표 4-2-2 아사히 주조 주식회사 연혁

1770년	아사히 주조 창업
1892년	주조의 경영권을 1대째 입수
1948년 1월	아사히 주조(주) 설립
1957년	사쿠라이 히로하루(桜井博治) 취임(2대 사장)
1975년	양조장 증축
1984년 4월	3대 사쿠라이 히로시(桜井博志) 취임
1990년	닷사이 판매개시
1998년 6월	옥토버페스트 맥주 판매 개시
1998년 10월	야마구치현내에서 닷사이 전개 개시
1999년 3월	연간 고용 사원에 의한 사계절 양조 개시
2000년 10월	원심분리기 도입
2003년 2월	후나바구미(槽場汲み) 개시
2005년 4월	정미 공장 준공
2010년 5월	Kosher마크 획득
2013년 5월	닷사이 Bar23 오픈(쿄바시)
2013년 9월	파리에 자회사 'Dassai France' 설립
2015년 4월	본사 주조장 이전
2016년 3월	닷사이 Store 하카타점 개점
2016년 7월	상품출하센터 준공
2016년 9월	닷사이Store 본사 주조장 리뉴얼 (쿠마 켄고(隈研吾)디자인)
2016년 9월	4대 사쿠라이 카즈히로(桜井一宏) 취임
2016년 11월	닷사이 Store 긴자점 개점

2017년 12월	뉴욕에 양조장 건설 발표
2018년 8월	파리에 '닷사이 조엘 뢰비숑' 오픈 (조엘 뢰비숑과 콜라보)

출처: 아사히 주조 주식회사 홈페이지에서 필자 수정

해외에도 적극 진출하고 있으며 2005년 뉴욕 진출을 시작으로 2010년 코셔 라이선스(유대 인증)를 취득했으며 2013년 파리에 자회사 'Dassai France'를 설립했다. 또 2017년에는 뉴욕양조장건설을 발표하고 2019년부터 본격적으로 공사를 시작했다.

표 4-2-3 **매출액 추이**

	2012년	2015년	2016년	2017년	2018년	2019년
매출액	25억엔	65억 3,700만엔	108억 300만엔	119억 6,000만엔	138억 4,900만엔	137억 6,600만엔

출처: 아사히 주조 주식회사 IR레포트로부터 필자 수정

이후에도 2018년 프랑스 유명 셰프들과 파리에 '닷사이 조엘 뢰비숑'을 오픈하는 등, 전 세계에 일본술을 알리기 위해 다양한 기업 활동을 펼치고 있다. 본 절에서는 아사히 주조 주식회사가 창업 이래 어떠한 이노베이션을 실시해 왔는지 프레임워크에 근거해 3개의 단계로 나누어 사례 분석을 실시한다.

(1) 생성기의 프레임워크 분석(창업~1984년)

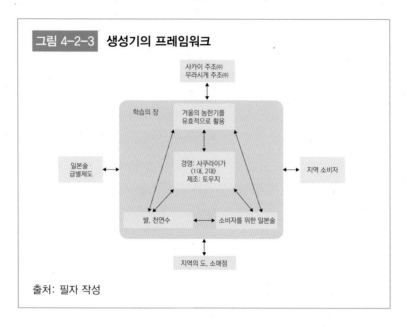

그림 4-2-3 생성기의 프레임워크

사카이 주조㈜
무라시게 주조㈜

학습의 장

겨울의 농한기를
유효적으로 활용

일본술·
급별제도

경영: 사쿠라이가
(1대, 2대)
제조: 토우지

지역 소비자

쌀, 천연수

소비자를 위한 일본술

지역의 도, 소매점

출처: 필자 작성

[그림 3-2-3]은 생성기의 프레임워크이다.

아사히 주조 주식회사의 창업은 1770년이지만, 현재 사장을 맡고 있는 사쿠라이 카즈히로 씨의 증조부에 해당하는 1대째가 1892년에 주조의 경영권을 입수한 것이 현 패밀리 체제의 시작이라고 생각해도 무방할 것이다.

1대가 경영권을 손에 넣은 시기는 주조주제도(酒造株制度)가 폐지되면서 기존보다 자유롭게 양조할 수 있게 되어 많은 주조업체가 탄생한 시기였다. 또한 전쟁에 필요한 재원 확보를 위해 주세 강화의 일환으로 자가 양조가 금지되고 각지에 작은 양조장이 만들어진 시기이기도 했다.

그림 4-2-4 주조주제도(酒造株制度)의 폐지와 창업

주조주제도의
폐지

그림: Illustration by Joon Moon M.D.

아사히 주조는 당시 보통주(普通酒)를 제조·판매하는 지역 밀착형 양조장이었다. 보통주는 특정 명칭주 이외의 일본술을 말한다. 쌀, 누룩의 주원료 외에 부원료로 양조 알코올, 당류, 유기산 등을 첨가한 것으로 부원료 중량은 쌀, 누룩의 총중량을 넘지 않는 범위라는 조건이 붙어 있다. 간단히 말해서 종이팩이나 캔으로 팔리는 일본술을 말한다. 대량생산이 가능하고 비교적 저렴하기 때문에 시장의 약 70%를 이 보통주가 차지하고 있다.

아사히 주조가 위치한 야마구치 현은 원래 일본술의 산지로 유명한 지역이 아니었고, 시장도 지역의 작은 양조장이 양조하는 일본술을 중심으로 구성되어 있었다.

이와쿠니시의 산속에는 일본술 제조에 적합한 지역이 극히 미미하게 존재한다. 그 중 하나가 아사히 주조 본사가 있는 지역이었다. 겨울 기온이 낮고, 회사 근처로 흘러오는 물은 초연수(超軟水)였다. 일반적으로 일본술 제조에는 미네랄이 풍부하게 함유된 경수가 사용되지만 히로시마 사이조(西条) 지역을 중심으로 연수로 천천히, 천천히 만드는 제조법(이른바 연수 제조)도 확립되었다.

생성기의 경영팀은, 사쿠라이 가문의 창업자와 2세경영진이 회사의 경영을 담당하고, 토우지(杜氏)가 제조를 담당하는 식으로 역할 분담이 되어 있었다. 창업자가 양조장을 인수해 경영을 시작한 이유에 대해 사쿠라이 히로시 씨와 인터뷰를 한 결과 할아버지가 사업을 시작한 것은 농한기를 효율적으로 활용하기 위해서가 아니라 이 사업으로 돈을 벌 것이라고 확신했기 때문에 시작한 것으로 알고 있다[10]라고 답변하였다. 즉, 향후 일본술 시장이 확대되어, 사업기회가 있다고 판단했기 때문에 진출한 것이다.

그림 4-2-5 **기존의 일본술 제조 방법**

그림: Illustration by Joon Moon M.D.

초대 사장과 2대 사장은 양조장 운영에 대해서는 종래의 경영체제, 즉 기업가, 경리부문, 그리고 토우지로 구성된 경영팀을 유지하고 있었다. 토우지(杜氏)란 양조장에서 일하는 양조 장인을 감독하고 통솔하는 제조 책임자를 말한다. 양조 장인들은 토우지라는 리더의 감독 아래 술을 빚는다. 이 조직 구성은 3대 사장인 히로시가 취임할 때까지 계속되고 있다.

전후 경제성장이 한창이었기 때문에 아사히 주조는 약 3천 명 정도의 지역 주민에게 술을 팔기만 하면 이윤이 남았기에 특별히 판매에 신경을 쓰지 않았다. 히로시 사장에 의하면 당시에는 '좋은 술보다는 있는 술을 판다'는 입장이었기 때문에 왕성한 수요를 충족시키기 위해 1973년경에는 약 2,000석(100병/1.8L)까지 생산량을 늘렸다.[11]

그러나 1980년대 전반에 지역 술 열풍이 있었으나 대중교통이 발달하지 않았고 관광객들이 찾지도 않아 지역술 열풍을 탄 판매 확대는 이루어지지 않았다. 이와 더불어 이 무렵에는 지역 인구가 절정기의 3,000명에서 500명 정도까지 급격히 감소하고 있었다. 즉, 지역 수요의 대부분이 소실된 것이다.

이 상태에서 벗어나기 위해 아사히 주조는 지역내의 시가지 진출을 목표로 했지만, 시가지에는 이와쿠니를 대표하는 주조 업체가 이미 2개나 존재하고 있었다. 고바시(五橋)를 제조하는 사카이 주조 주식회사와 쿠로마쓰(黑松)를 제조하는 무라시게 주조 주식회사였다. 이대로는 경쟁이 어려워질 뿐이라고 느낀 히로하루 씨는 히로시마나 야마구치시내 등 인근 지역으로의 진출도 검토했지만 치열한 가격 경쟁에 휘말릴 우려가 있었기 때문에 단념하였다. 1980년경에는 지역술 열풍의 물결을 타고 도쿄에도 진출을 시도했으나 기대만큼의 성과를 거두지 못했다.

그림 4-2-6　일본술 소비의 감소

그림: Illustration by Joon Moon M.D.

　　한편 3대 사장 히로시 씨는 1973년 마쓰야마 상과대학(현 마쓰야마 대)을 졸업한 뒤 니시노미야 주조(현 니혼자카리)에 입사해 3년 반 정도 영업사원으로 술 판매점 영업 및 관리를 하였다. 이 당시로서는 보기 드문 정치봉공(丁稚奉公:유소년기에 상점등에 연수생으로 일해 후일 사원이 되는 시스템)이 아닌 보통 영업사원으로서의 근무였다.

　　그 후, 히로시(博志) 씨는 아사히 주조로 돌아와 같은 영업직으로 근무했다. 당시 2대 사장이었던 히로하루 씨는 히로시 씨에게 가업을 물려주지 않으려고 했다고 한다. 히로하루 씨는 일본술의 매출이 급감해 아사히 주조로서도 앞날을 장담할 수 없는 상황이었기 때문에 자신의 세대에서 어느 정도 자산을 남기고 연금으로 연명하려고 했다고 한다.[12] 양조장을 존속시키고 싶어했던 히로시 씨는 아버지와 양조장경영의 방향과 경영을 둘러싸고 대립하다가 결국 퇴사하게 됐다. 이후 히로시 씨는 친척 중 석재 채굴업자가 있어 1979년 사쿠라이 상사를 설립하고 석재 도매업을 시작해 연매출 2억엔의 사업체로까지 성장시켰다.

그러나, 2대 사장 히로하루 씨가 급사하고 급히 히로시 씨가 3대 사장으로 취임하게 되었다. 히로시 씨는 경영중인 사쿠라이 상사를 종업원에게 양도해 아사히 주조의 경영에 전념하게 되었다. 히로시 씨는 당시 심경을 이렇게 말했다.

「석재 사업을 하면서 생각한 것은 품질이 좋으면 물건은 팔린다는 것입니다. 예전의 일본술 사업은 양으로 밀어 붙이던 시대, 영업 담당자의 능력과 물건만 있으면 팔리는 시대가 있었습니다. 하지만 시대는 변하고 양이 아니라 질이 요구될 때 제대로 된 물건만 있으면 팔린다는 것을 다들 깨닫는 것입니다. 당시에는 일반적으로 토우지 제도를 취했지만, 당사가 그 제도를 철폐하고 과감하게 사원만으로 새로운 일본술 만들기에 도전할 수 있었던 것은 실패로부터 새로 도전했기 때문입니다. 저렴한 일반적인 술을 만들기에는 기존 장인들이 적합했을지 모르지만, 고급주에 중점을 둔 비즈니스나 새로운 비즈니스 전개에는 적합하지 않았습니다. 또한 지역 크래프트맥주 사업의 실패 등도 있어 고용했었던 토우지는 사직하고 말았습니다. 새로운 토우지를 부를까 말까 생각했을 때 직원들과 새로운 경영방식에 도전해보자고 결심했습니다.」[13]

한 조직에 오래 있다 보면 그 조직의 문제점이 무엇인지 파악할 수 없게 되거나 설사 그 문제가 무엇인지 알 수 있다 하더라도 그것을 개선할 의지가 없어 돌파구가 쉽게 열리지 않는다. 만약 3대사장이 정형화 됐던 기존 비즈니스 스타일을 고집했다면 이 회사는 지금 없었을 것이다. 지금까지의 경영방식에 의문을 제기하고 새로운 도전을 하다가 실패하더라도 곧바로 방향을 전환해 완전히 새로운 방법으로 다시 도전하려는 히로시 씨의 기업가정신은 향후 이 회사의 사업 전개

와 회사의 발전성에 큰 영향을 미쳤다. 그 점에 대해서는 다음 절 이후
에 자세히 살펴보고자 한다.

(2) 형성기의 프레임워크 분석(1984년~1999년)

[그림 4-2-7]은 형성기의 프레임워크이다.

히로하루 씨의 급작스런 죽음으로 로 급히 3대사장에 취임한 히
로시씨 앞에는 전도다난한 길이 기다리고 있었다. 1970년대 정점을
찍은 이후 일본술 업계의 쇠퇴가 멈추지 않고 관련 업종의 도산이 잇
따르면서 아사히 주조가 활동 거점으로 삼는 지역에도 큰 영향을 미쳤다.

지역 인구는 전후 3,000명에서 500명까지 급감했고 아사히 주조
의 실적도 업계 축소 속도를 웃도는 속도로 악화되고 있었다. 매출은

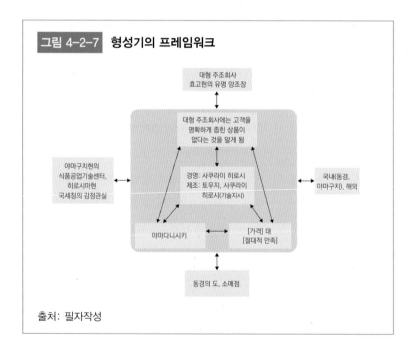

그림 4-2-7 형성기의 프레임워크

1975년 정점 때의 60%까지 감소했고 전년도와 비교해도 15%나 감소했다. 출하량도 2,000석에서 700석으로 떨어져 경영은 위기상황에 빠져 있었다. 반면 종업원의 위기의식은 희박하고, 팔리지 않으면 어쩔 수 없다, 업계가 축소되고 있으니 어쩔 수 없다는 소극적인 자세로 일관했다.

이 시기의 경영팀 구성은 상술한 바와 같이 경영과 경리는 히로시 씨와 아내 레이코 씨가, 제조는 토우지가 담당하는 체제였다. 영업 경험은 풍부하지만, 술 제조에 관해서는 아마추어였던 히로시 씨가 우선 타개책으로서 시도한 것이, 자사의 간판 상품인 〈아사히후지〉를 종이 팩에 넣어 저렴한 가격으로 판매하는 것이었다.

병에서 종이팩으로 변경하기 위해서는 병보다 6배의 인력이 필요했지만, 당시에는 인력이 남아 돌고 있었기 때문에 문제가 되지 않았다. 종이팩의 입구를 닫는 설비도 당초 1,000만엔은 들 것으로 전망됐지만 설비 구조를 조사했더니 다리미로 대응할 수 있다는 것을 알게 돼 큰 폭으로 비용을 줄일 수 있었다.

이 전략은 일시적인 매출성장으로 이어졌으나 결국 중단됐다. 그 이유는 첫째, 종이팩에 술을 넣을 때, 일손이 많이 드는 것이었다. 아무리 일손이 남는다고 해도 그것은 겨울이라는 특수한 계절의 이야기로 연중 제조할 수는 없었다. 둘째, 보통주와의 가격경쟁이 치열해졌다. 새로운 고객을 찾아 중심지에 진출을 했지만 이미 도심부에서는 사카이 주조와 무라시게 주조를 중심으로 치열한 가격 경쟁이 시작되었고, 작은 양조장이었던 아사히 주조는 가격 경쟁에 뛰어들 만한 능력이 없었고, 할인 판매 및 판촉 활동(사은품증정)이 요구되어 재무적으로 어려운 상황이 계속되었다.

그림 4-2-8 업계환경의 악화

그림: Illustration by Joon Moon M.D.

또한 소매 등 개점 행사에 가져갈 축의금조차도 타사와 같은 금액을 하기가 벅찼다. 지역밀착형 양조장이었기 때문에 지역 소매점과 주점은 소중한 파트너였다. 당시 지역의 관습으로 술은 소매점이나 술집에서 권하는 것을 구입하는 것이 일반적이었다. 그들과 우호적인 관계를 구축하기 위해서는, 타사와 같은 판촉이나 지원이 필수불가결했다.

지금까지 살펴본 것처럼 아사히후지의 포장 형태를 병에서 종이팩으로 변경함으로써 일시적으로 매출을 올릴 수는 있었지만 근본적인 문제 해결에는 실패했다. 게다가, 상술한 이유로 인해 종이팩의 제조를 중지할 수밖에 없게 되었기 때문에 거래가 있었던 지역 도매상과의 사이에 갈등이 발생하고 말았다. 이에 아사히 주조는 이를 대체할 신상품 개발과 새로운 판로 개척이 필요해졌다. 이 시기에 대해 히

로시 씨는 보험금을 받기 위해 극단적인 선택까지 생각하고 있었다고
회고했다.

이렇게 파산 직전까지 내몰린 아사히 주조였지만 궁하면 통한다
는 말이 있듯이 히로시 씨는 우연찮게 살아남을 활로를 찾았다. 그것
은 우연히 초대받은 요코즈나 아사히 후지의 결혼식에 참석했을 때의
일이었다. 결혼식에 제공되던 대형 주조의 일본술에 대해 주위 사람들
에게 소감을 듣는 가운데 대형 주조사에는 고객을 명확하게 타기팅한
상품이 없다는 것을 깨달았다. 그리고 자기 취향이긴 하지만 차갑게
해서 마시는 술, 딱 이거 한 병으로 가면 된다고 결심하게 되었다고 한
다. 이 경험을 통해 소비자들은 궁극적으로 '화제성, 서사성, 비일상성'
이 아닌 '가격' 대 '절대적 만족'을 충족한 술을 찾는다는 것을 알았다.[14]

대형 주조사는 실현하기 어려운 소규모 생산에 고품질을 유지하
기 어려운 다이긴죠(大吟醸)라면, 작은 양조장이라는 것이 반대로 강점
이 될 수 있다. 무리하지 않고 고품질의 긴죠슈(吟醸酒)를 적당한 가격으
로 고객에게 제공할 수 있다고 생각해 다이긴죠 만들기에 도전하기로
했다. 말하자면 양이 아니라 질을 추구하는 경영이 중요하다는 것을
깨달은 것이다. 박리다매를 지향하는 양조장 경영은 비교적 규모가 큰
주조회사에 적합한 스타일이긴 하지만 소규모 지역 양조장이 살아남
을 길이 아니었다.

여기서 히로시 씨는 앞으로 아사히 주조가 걸어야 할 길에 대해
몇 가지 지침을 세우기로 했다. 그것은 ① 고정백(高精白)을 고집하는
것, ② 최고급 주미(酒米)를 고집하는 것, ③ 준마이긴죠(純米吟醸)를 고집
하는 것, ④ 좋은 효모에 집착하는 것이었다.[15] 그리고 더 뛰어난 술을
목표로 변화하는 것이야말로 아사히 주조의 새로운 전통이 되어야 한
다고 생각했다.

표 4-2-4 **기존의 제조공정과 아사히 주조의 제조공정**

기존의 공정	① 정미	② 증미	③ 균만들기	④ 효모만 들기	⑤ 술덧 만들기	⑥ 술지게미 만들기	⑦ 발효
아사히 주조의 공정	건조 공정을 안 함		누룩 제조시, 수작업				매일 알코올 도수를 관리
기존의 공정	⑧ 찌꺼기 분리 (上槽)	⑨ 열처리	⑩ 저장	⑪ 여과	⑫ 할수 (割水)	⑬ 열처리, 병입	일본술 완성
아사히 주조의 공정	원심 분리기 사용					병입 후에 열처리	

출처: 2012년 사케노시오리와 아사히 주조 주식회사의 인터뷰를 바탕으로 필자 작성

　　그러나 실천으로 옮기기까지는 여러 난관이 존재했다. 첫 번째는 주미 확보 문제였다. 야마구치 현의 주미는 기존의 보통주나 2급주 제조에는 문제가 없었지만 다이긴죠 만들기에는 적합하지 않았다. 식용미와 달리 주미가 술 빚기에 적합한 것은 양조에 사용하는 누룩균이 활동하기 편한 구조로 되어 있기 때문이다. 일본술은 쌀 녹말을 누룩균의 힘으로 당으로 가공하고 효모가 당을 알코올로 바꾼다. 두 종류의 미생물 반응을 함께 가능하게 하는 고도의 기술이 필요한 것이다. 누룩균이 잘 작용하지 않으면 맛있는 술이 제조되지 않는다. 지금까지 주미로 선택되어 온 것은 알이 굵고 단백질 함량이 낮고 끈기가 좋아 중심부에 '심백(心白)'이라는 흰색 부분이 있는 품종이었다. 굵은 알이 선호되는 것은 정미 때 표면을 크게 깎아내기 때문으로, 굵은 알이 깎기 쉽다고 알려져 있다. 품질이 높은 주미의 대부분은 효고현의 대형

주조로 보내지고 있었다.

이 문제를 해결하기 위해 아사히 주조는 지역 농가와 공동으로 주미(야마다니시키(山田錦) 만들기에 힘썼다. 그러나 주미는 재배가 어려워 시행착오가 이어졌다. 또한 판매처를 충분히 확보하지 못한 점도 있어 생산농가와 경제성 문제로 불화가 생겼다.

결국 회사로 몇몇 논이 반환된 것을 계기로 여름철 비수기에 사원 스스로 생산을 하게 되었다. 그러나 이는 농업단체와 마찰을 빚는 결과를 낳았다. 농산물을 재배할 때 경제연합회(経済連)를 통하지 않았던 점, 야마다니시키가 당시 야마구치현에서는 재배를 인정받지 못한 품종이었던 것이 그 이유이다. 이를 해결하기 위해 야마다니시키를 재배하는 농가를 효고현의 미노리농협을 중심으로 전국 각지의 생산자로부터 야마다니시키를 매입하기로 했다.

원료 확보 이후는 기술적인 문제가 남아 있었다. 보통주와는 달리 다이긴죠는 세세한 작업을 필요로 하는 술이며, 아사히 주조는 지금까지 만들어 본 적이 없었다. 이 기술을 습득하기 위해 야마구치현 식품공업기술센터와 히로시마현 국세국 감정관실이라는 주조기술 지도기관으로부터 지도를 받고 양조를 실시했다. 술맛은 목표했던 수준은 아니었지만, 저장을 해도 개선되지 않는다는 지적에 따라 그 무렵 유행하던 열살균을 하지 않는 생주(生酒)로 팔았다.

생주를 야마구치 현에서 두 번째로 내놓은 것과 파산 직전의 양조장이 내놓은 술이라는 사실이 화제가 돼 언론의 취재를 받기도 했다. 그 홍보 효과도 있어 어느 정도 매출도 올릴 수 있었다. 그러나 히로시 씨는 보다 근본적인 이노베이션이 필요하다고 느꼈다.

그것은, 회사를 재건하기 위해 고군분투하고 있던 가운데, 그다지 협력적이지 않았던 토우지(杜氏)가 있었다. 당시의 토우지는 아사히 주

그림 4-2-9 소규모 양조장의 경쟁력을 높이는 무기

대기업이 할 수 없는 것

다이긴죠

그림: Illustration by Joon Moon M.D.

조는 제대로 된 다이긴죠를 만들 수 없다거나 기존 아사히후지로 충분하다는 등 히로시 씨가 추진했던 사업방향에 대해 비판적인 태도를 보이고 있었다.

이듬해 아사히 주조의 사업에 관심이 있는 사람으로부터 타지마(但馬)토우지를 소개받았다. 새 토우지는 히로시 씨의 혁신적인 경영기법에 대해 긍정적이고 협력적인 사람이었다.[16] 또한 기술적인 면에서도 탁월 한 능력을 갖춘 사람으로 술 빚기의 기초를 히로시 씨에게 전수해 아사히 주조의 토대를 마련하였다.

그리고 1988년 시즈오카 공업기술센터의 가와무라 덴베에(河村伝兵衛)가 업계지에 게재한 시즈오카 현의 다이긴죠 만들기 기사를 참고해 새로운 토우지에게 이대로 만들어 줄 것을 의뢰하면서 비로소 다이긴죠다운 술이 탄생했다. 시제품을 만들 때는 와인 효모를 사용한 준마이긴죠를 만들었고 원료로 사용하는 주미는 최고급 야마다니시키 한 종류로 만들었으며, 50% 정백의 야마다니시키를 사용했다. 이에 대해서는 전문가들의 호평을 얻었지만 이는 어디까지나 기술적인 측면이어서 실 소비자들은 같은 가격의 와인보다 맛있는지가 판단의 기준이 된다고 생각했다.

그리고 1990년에 지금까지의 간판 상품이었던 〈아사히후지〉의 상품명을 〈닷사이(獺祭)〉로 변경하고 도쿄 진출을 본격적으로 시작했다. 도쿄에서는 닷사이의 이름으로, 현지에서는 지금까지와 마찬가지로 아사히후지의 이름으로 보통주를 판매하였다. 아사히 주조가 위치한 닷코시(獺越) 지명의 유래는 '가와카미 마을(川上村)에 오래된 수달(獺)이 있는데 아이로 둔갑해서 마을까지 왔었다.'고 하여 닷코시라 칭하게 되었다고 하며, 이 지명에서 한 글자를 따서 제품명을 '닷사이'라 명명하였다. 닷사이의 말뜻은 수달이 잡은 물고기를 물가에 늘어놓고 마치 축제를 하는 것처럼 보이는 데서 시나 글을 지을 때 많은 참고 자료 등을 펼쳐서 널리 알리는 것을 가리킨다.

그림 4-2-10 닷사이의 개발

닷사이 정미비율 23%

그림: Illustration by Joon Moon M.D.

많은 시행착오를 거쳐 1992년 처음으로 정미 비율 23%의 다이긴죠슈를 출시했다. 정미수율을 23%로 설정한 이유는 당시 가장 수준 높은 정미수율이었기 때문이며, 아사히 주조의 기술력을 선전 효과로 최대한 활용하기 위해서이기도 했다.

그러나 정미 비율을 23%로 달성하기까지는 많은 실패가 있었다. 보통 작은 회사가 회사의 위기 상황 속에서 신상품 개발에 도전하는 것은 어렵다. 하지만 아사히 주조는 리스크를 최대한 회피하기 위해 사내 커뮤니케이션 능력을 높여 실패를 두려워하지 않는 체제를 만들었다. 또 실패하면 화를 내고 혼내는 것이 아니라 실패의 원인을 따져 보고 방식을 바꿔 재도전하는 기업문화를 만들었다.

이와 같이, 다양한 경영 활동의 성과로 아사히 주조는 꾸준히 회복 성장해 가는 것처럼 보였지만 문제는 아직 남아 있었다. 그것은 「토우지의 고령화」와 「장인 확보의 어려움」이었다. 일본술 시장 축소

그림 4-2-11 **닷사이의 대표 일본주(쥰마이다이긴죠슈 정미율 2할3푼)**

출처: 아사히 주조 주식회사 제공

에 따라 대형 주조가 도심부의 공장을 지방으로 이전시키고 현지 인력 확보를 위해 지방 주조보다 나은 고용조건을 제시하고 있었다. 그로 인해 많은 장인들이 빠져나가고 남은 것은 노인들만 남게 된 것이다.

　지방의 작은 양조장을 유지하기 위해서는 장인을 정규직으로 고용하여 안정적인 수입 확보해 줄 필요가 있었다. 하지만 겨울철에만 가동되는 양조장시스템에서는 연중 고용은 어려운 상황이었다. 이에 아사히 주조는 사계절 양조시스템을 도입하여 여름철에도 팔리는 토종 맥주 생산을 시작하였고, 관련 사업으로 이와쿠니 시내의 긴타이쿄(錦帶橋) 인근에 '대도예의 관(大道芸の館)'이라는 토종 맥주 레스토랑을 개업하였다.

　이는 사계절 양조를 통한 우수 생산자의 연중 고용과 생산설비 가동률 향상을 통한 원가율 절감을 노린 것이었다. 맥주 제조법은 일본 술에 비해 간단하고 기존 시설을 이용하는 것도 가능했기 때문에 당시 많은 양조장들이 지역 맥주 붐을 타고 다양한 맥주를 제조·판매하는 시기이기도 했던 것도 이유 중 하나이다.

　그러나 사내 제조 부문에서 여름철 일할 의욕이나 맥주 제조에 나설 의욕이 없었던 점, 그리고 연간 매출이 2억엔인 데 비해 천만엔이라는 막대한 금액의 투자가 필요했지만, 3개월 만에 자금이 돌지 않아 철수하게 됐다. 그 결과 아사히 주조는 자금난으로 파산 위기에 몰렸다. 회사가 도산할지도 모른다는 소문은 직원들 사이에 퍼졌고, 토우지가 자신의 장인을 데리고 다른 양조장으로 옮겨가는 사태로까지 번졌다.

　토우지에게 이미 술 빚기의 기초를 배웠던 히로시 씨는, 이 사건을 계기로 토우지 제도의 기본방향 자체를 재검토해 폐지하기로 했다.

　경영학에는 이노베이션이라는 개념이 있고 이노베이션은 편방(偏旁:변방)에서 생긴다는 설이 있다. 그것을 다른 표현으로 바꿔 말하면 기존 조직이 큰 기득권을 갖고 있는 한 과감한 개혁을 할 수 없다는 것이다. 만약 아사히 주조가 큰 주조 회사였다면 브랜드나 토우지 제도를 포기하기가 쉽지 않았을 것이다. 조직이 위기에 처해 배수진을 치고 있었기에 과감한 사업 전환이 가능했던 것이다.

토종 맥주 시장 진입은 경영전략의 기본 개념인 다각화 전략에 해당한다. 다각화에는 관련형 다각화와 무연관형 다각화가 존재한다. 아사히 주조의 경우는, 지금까지의 양조 기술이나 판매 루트를 활용할 수 있는 비교적 리스크가 적은 사업 전개였기 때문에, 관련형 다각화 전략을 전개했다고 말할 수 있다.

그러나 다각화에는 몇 가지 함정이 있다. 기존 사업과의 시너지 효과는 있는지, 수익성이 사업다변화 이후 개선되고 있는지, 조직 구성원은 다변화에 대응할 수 있는지 등의 문제를 극복하지 않으면 실패하고 만다는 점이다. 아사히 주조의 경우 기존 경영자원을 활용할 수는 있었지만 직원들이 신규 사업에 대응하지 못하고 토종 맥주의 매출도 좋지 않아 수익성 개선으로 이어지지 못해 다각화에는 실패한 사례라고 할 수 있다.

(3) 성장기의 프레임워크 분석(2000년~현재)

[그림 4-2-12]는 성장기의 프레임워크 분석이다. 레스토랑의 실패로 회사가 위기에 빠졌고 토우지도 다른 양조장으로 옮겨가자 히로시 씨는 토우지 제도를 폐지하고 직원들끼리 술을 빚기로 했다.

토우지의 역할은 주조의 사장인 히로시 씨가 겸무하고, 현지의 헬로워크(실업자들의 재취업을 알선하는 기관)에서 채용한 젊은 정사원을 새롭게 장인으로서 맞이했다.

이전의 토우지 제도에는 두 가지 문제가 존재했다. 첫째, 한정적인 기간 고용 관계에 있고, 아사히 주조 외부 사람인 토우지가 다른 양조장으로 옮기면 기술이 유출될 수 있다는 점이다. 둘째, 토우지나 장인이 기술정보를 독점하는 경향이 있어 사내에 공유되지 않는다는 점이다. 그러나 토우지 제도를 폐지함으로써 아사히 주조는 이 문제가 해소되었다.

또한, 토우지 제도의 폐지에 맞추어, 아사히 주조는 제조 공정의 매뉴얼화나 양조 시스템의 단순화에 임했다. 이로 인해, 젊은 사원도 전문성이 높은 기술을 단시간에 습득할 수 있게 되어, 사원간의 커뮤니케이션에 의해서 새로운 아이디어가 싹트기 쉬운 환경이 되어 갔다.

지역사회나 커뮤니티와의 관계에 대해서 히로시 씨는 이와 같이 이야기하였다.

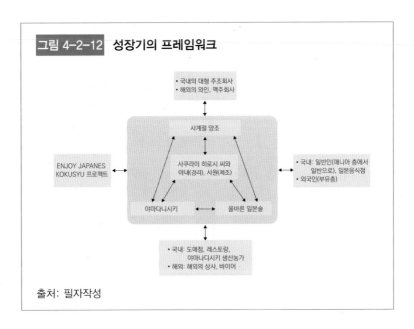

그림 4-2-12 성장기의 프레임워크

출처: 필자작성

「지역사회에 대한 기업의 가장 큰 공헌은 무엇인가?라고 한다면, 그것은 지역주민을 고용하는 것이라고 생각합니다. 행정기관과의 산학 연계나 농가와의 협업을 강조하는 기업도 있지만 지역에 대한 가장 큰 기여는 일자리를 창출하고 농민을 돕기 위해 쌀을 구입하는 것입니다. 실제로 전국 쌀 생산량의 1/700은 당사가 구입하고 있습니다. 또 기업의 수익이 늘어나면 당연히 법인세를 많이 걷게 됩니다. 기업은 본래의 기업 활동으로 지역, 사회, 국가에 공헌해야 합니다.[17]」

아사히 주조는 새로운 사업시스템을 구축하기 위해 철저한 데이터 관리를 실시하고 있다. 대표적인 시설이 검사실이다. 술 빚기 전 과정에서 상세한 데이터를 수집해 검사실 PC에 축적해 분석함으로

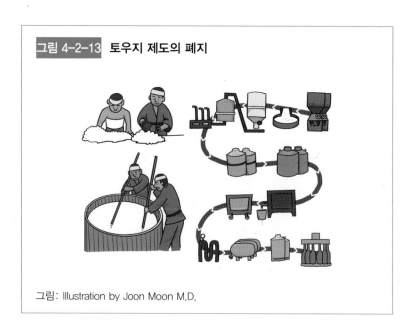

그림 4-2-13 **토우지 제도의 폐지**

그림: Illustration by Joon Moon M.D.

써 술 빚기의 최적해를 찾아냈다. 게다가 후지쯔 연구소와 공동으로, 일본술 만들기를 지원하는 AI 예측 모델을 이용해, 아사히 주조가 제조·판매하는 일본술 「닷사이」의 양조를 실시하는 실증 실험을 실시했다. 이와 같은 노력을 통해 사원 누구나 같은 품질의 일본술을 만들 수 있도록 한 것이다. 아이러니하게도, 토종 맥주에서의 실패가 지금까지의 일본술 제조 방식을 철저히 재검토하는 계기가 되어, 지금의 체제를 만들어 낸 것이다.

지식경영의 창시자인 노나카(野中)에 따르면, 형식지와 암묵지라는 것이 존재한다. 예를 들어 설비투자나 매뉴얼화 등으로 지식의 전달이 용이하고 비교적 단기간에 지식이 사람에서 사람으로, 조직에서 조직으로 이전하는 것이 형식지이다. 그러나 암묵지는 오랜 세월 그 조직이나 집단에 소속되어 경험을 쌓지 않으면 몸에 배지 않는다. 일본에서는 예로부터 기술은 훔치는 것이라고 알려져 왔다. 이것은 기술을 정말 훔친다는 뜻이 아니다. 뚜렷한 매뉴얼은 없지만 스승이나 선배의 움직임을 눈으로 보고, 몸으로 느끼고, 스스로 따라해 보고, 개선을 거듭함으로써 장인의 기술을 익히게 된다는 생각이다.

그러나 이러한 미담도 큰 조직을 운영해 나가기 위해서는, 혹은 기업을 급속히 성장시켜 나가기 위해서는 방해가 되는 경우가 있다. 술 빚기도 마찬가지일 수 있다. 토우지 제도는 술 빚기를 전문가에게 맡겨서 안심할 수 있고 변하지 않는 맛을 담보하기 위한 하나의 방법이지만, 달리 보면 별로 특징이 없고 새로운 도전도 하지 않는 일본술 만들기에 만족하는 경영 스타일이라고 할 수 있다. 아사히 주조에게 있어서 계절 노동자적 존재로 다양한 조직을 넘나들며 활동하는 토우지 제도의 철폐는 처음에는 큰 도전이었을 수도 있지만 조직이 크게 성장하는 계기가 됐다.

그림 4-2-14 사계절 양조

출처: 아사히 주조 주식회사 제공

　성장기에 있어서의 또 하나의 큰 변화가, 사계절 양조의 도입이다. 사계절 양조란 철저한 공조설비와 온도관리(섭씨 5℃) 등의 기술로 1년 내내 일본술을 계속 만들 수 있는 시스템이다. 이 사계절 양조는 닷사이가 술맛을 유지할 수 있는 이유 중 하나이다.

　술맛은 섬세해 기상 조건이나 주미 상태 등에 따라 맛이 달라진다. 그러나 기상여건을 이유로 겨울철에만 양조가 가능하다면 시행착오를 겪으면서 최고 품질의 일본술을 만들 기회를 놓치게 될 수도 있다. 그런 점에서 사계절 양조라면 사계절 내내 술을 빚을 수 있기 때문에 문제점을 활용해 바로 다음 작업에 착수할 수 있다. 게다가 겨울철에만 양조하는 경우에 비해 술을 만드는 횟수가 늘어나기 때문에 직원들이 빠르게 기술을 향상시킬 수 있다는 장점도 있다.

　또 사계절 양조의 도입으로 술제조에 있어서 최적의 타이밍에 병에 채워 열살균을 하고, 최적의 성숙도로 냉장고에 보관할 수 있게 됨으로써 닷사이의 품질을 안정시킬 수 있게 되었다. 여름철 생산은 겨울철에 비해 어려움도 많지만 우수한 제조 담당자를 정규직으로 연간 고용할 수 있는 설비 가동률을 비약적으로 향상시켜 원가율을 낮출 수 있다는 장점도 있었다. 그 후, 「찌꺼기 분리(上槽)」라고 하는 공정에 원심분리기를 도입했다. 도입 초기에는 시행착오의 연속으로 안정적으로 가동되기까지 시간이 걸렸지만 원심분리기를 사용함으로써 닷사이가 가진 향이 최대한 돋보이게 됐다.

하지만 모든 공정에서 기계화가 가능하고 그게 또 최상이 아니다. 예를 들어 기계화함으로써 제품의 질이 떨어진다면 방식을 수정해야 하고 일부러 전통적인 수작업을 고집해야 하는 공정도 있다. 당사의 제조를 담당하는 부문에게는 「비용 대비 효과, 즉 가성비」를 생각하지 말 것, 특히 질과 관련된 부분에 대해서는 타협하지 말자는 것이 철저하게 교육되고 있다.

위에서 기술한 바와 같이 제조부문을 포함한 일체화 된 경영팀의 구성과 술 제조의 매뉴얼화, 그에 따른 기계화와 수작업의 구분에 의해 효율적인 술 제조가 정착되고 있는 것이다. 현재는 4대째의 사쿠라이 카즈히로씨를 중심으로, 「차세대 팀 닷사이」 만들기를 진행하고 있다.

또한, 동사에서는 야마다니시키의 연간 생산량의 약 30%에 해당하는 17만 6,000섬을 사용하고 있지만, 고품질의 주미를 안정적으로 확보하기 위해 야마구치현 내에 머무르지 않고 전국 각지의 농가를 지원해 품질 좋은 야마다니시키를 도입하고 있다. 그 일환으로 2019년부터 야마다니시키 품질 콘테스트를 실시하고 있다. 그 외에, 후지쯔 연구소와 제휴해, 드론이나 AI등 최신 기술을 활용해, 야마다니시키의 재배에 이용하는 연구도 실시하고 있다.

한편, 정미기술에 대해서는 단독으로 계속적인 연구를 실시하고 있다. 「미가키2할3푼(磨き二割三分)」으로 하는 아사히 주조 독자적인 기술을 코어 자원으로서 확보해, 새로운 기술 개선을 실시하는 것이 목적이다. 그 결과 2012년에는 정미 비율을 21%, 2013년에는 19%까지 낮출 수 있게 되었다.

그림 4-2-15　종업원에 의한 작업 매뉴얼화

그림: Illustration by Joon Moon M.D.

　　도쿄를 중심으로 시장 확대를 노린 아사히 주조는 도쿄 도매상 및 토속주 상점을 중심으로 영업 활동을 시작했다. 처음에는 아사히후지라는 기존 상품명으로 진출했지만 도쿄의 거래처로부터 상품명이 별로 인상에 남지 않는다는 지적을 받았다. 그래서 제품명을 닷사이로 변경하고 라벨 디자인도 야마구치현 출신의 서예가 야마모토 이치유 (山本－遊)에게 부탁해 일신했다. 또 닷사이를 술로서 뿐만 아니라 와인처럼 요리 재료로도 사용할 수 있도록 고급 일식집이나 레스토랑의 요리사에게도 적극적으로 PR 활동을 펼쳤다.

　　도쿄를 중심으로 영업활동을 실시한 것은 자사 제품에 자신이 있었던 것도 있지만 도쿄라는 큰 시장의 성격을 감안해 판단한 것이기도 했다. 지방시장에 비해 시장 규모가 큰 도쿄에서는 전통적인 양조장의 영향력이 약해 단순히 맛으로 판단되는 경쟁 환경이었던 것이다. 한편, 다른 지방도시로의 공급망에 관해서는 2016년에 닷사이 스토어 하카타를 개점한 것 외에 온라인 판매를 강화해 대응하고 있다.

유통에 있어서는, 거래처를 닷사이의 매력을 알아주는 곳에 한정 판매하는 전략을 취했다. 슈퍼나 편의점 등 소매점은 상품을 자주 교체하는 것이 중요하기 때문에 아사히 주조가 추구하는 브랜드 가치와 맞지 않는다. 또한, 아사히 주조는 브랜드 가치의 원천을 희소성이 아니라 높은 품질로 보고 있다. 이 때문에 냉장고에서 온도 관리를 하고 저장하는 등 품질 유지를 위한 조건을 충족하는 거래처에만 유통하는 전략을 취하고 있다.

아사히 주조는, 2013년 5월에 「닷사이 Bar23」을 오픈했다. 그 이유는 두 가지다. 첫째, 요식업계가 저렴한 술판매로 흘러가기 쉬운 세태에 위기감을 느꼈기 때문이다. 가성비 중시가 트렌드가 된 요식업계에 있어서 비싼 일본술보다 싸고 잘 팔리는 칠레나 호주 와인 쪽을 라인업하는 경우가 많았던 것이다. 둘째, 일본술의 제품포지션이 와인 아래에 위치하는 것으로 간주되었기 때문이다. 히로시 씨는 도쿄와 교토의 일식집에서 주류관련잡지를 보던 중 와인의 종류는 많지만 일본술은 마지막 페이지의 일부에 실려 있을 정도로 취급받고 있음을 절감했다. 실제로 와인은 취급하고 있지만 일본술을 취급하는 음식점은 적은 실정이다.

이와 같은 일본술 업계를 둘러싼 현황을 바탕으로 히로시 씨는 다소 가격이 비싸더라도 '제대로 된 일본술'을 즐길 수 있는 기회를 제공함으로써 가격 이상의 가치가 있는 만족감을 소비자에게 주고자 했던 것이다. 여기서 말하는 제대로 된 일본술은, 언제 어디서 마셔도 같은 맛으로 양보다 질을 고집하는 술을 말한다. 이를 목적으로 오픈한 것이 닷사이 Bar23이다.

아사히 주조는 국내 시장 확대에 힘쓰는 동시에 해외 진출도 적극 추진하고 있다. 그 중심은 2016년에 4대 사장에 취임한 사쿠라이 카즈히로(##-弘) 씨다. 2005년 입사한 카즈히로씨는 입사 직후 미국 뉴욕시장 개척 명령을 하달받았다. 히로시 씨는 사장이 됐을 때 주변에 경영이나 양조장 운영을 도와주는 사람이 없었는데, 그렇기 때문에 기존 경영방식에서 180도 전환이 가능했다고 회고했다. 아들 카즈히로 씨에게는 "혼나기 전에 미리 분석해서 현재의 아사히 주조의 강점과 약점을 찾아내라", "지금 아사히 주조가 갖고 있는 약점과 결점을 애써 부정하고 자기 방식대로 경영하라", "선대와 같은 방식으로 일을 하면 선대(즉 히로시 씨)가 무조건 더 잘하기 때문이다"라고 말했다고 한다. 히로시 씨는 사람이나 기업이나 자기 편이 있어 상황이 좋을 때보다 적에게 둘러싸인 위기상황에 성장한다는 신념을 갖고 있다. 카즈히로 씨에게 어떠한 도움도 주지않고 해외 개척을 명령한 것도 그런 선대 히로시 씨의 경험에서 비롯된 것이었다.

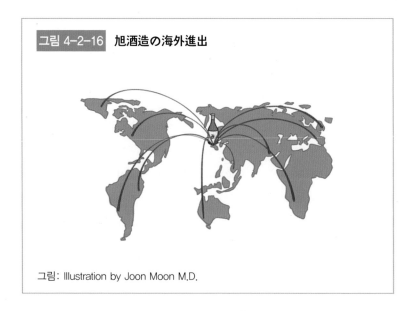

그림 4-2-16 旭酒造の海外進出

그림: Illustration by Joon Moon M.D.

카즈히로 씨에게 아사히 주조에 입사하기 전 외부 업체에서 일할 때의 경험에 대한 이야기를 들었다.

「제가 입사 전에 일했던 곳은 직원 수가 약 800명인 회사로 비교적 규모가 큰 회사였습니다. 당시 아사히 주조는 직원 10명 안팎의 조직이었기 때문에 그 규모가 확연히 달랐습니다. 애초에 사업을 이어간다는 것은 그 일을 좋아하지 않으면 할 수 없습니다. (외부에서 일한 경험은) 조직을 객관적으로 볼 때 도움이 되는 경우가 있습니다. 당시 근무하던 회사는 큰 조직이 되어 대기업병에 시달리고 있었습니다. 기업 실적이 좋아지면서 현 상황에 만족하게 되고 위기감이 전혀 없었습니다. 새로운 도전도 하지 않게 되었습니다. 아사히 주조만 해도 간사이 지방이나 중국 지방에 주조 회사가 많기 때문에 그 아성을 무너뜨리는 것보다 차라리 도쿄 시장에 진출해 고객 주도로 업계의 프런티어가 되는 것이 빠르다고 생각했습니다.」

이런 경험으로 카즈히로 씨도 재빨리 해외로 진출해, 일본술 업계의 프런티어가 될 필요가 있다고 느끼고 있었다.

뉴욕시장을 개척할 때는 유대인 인증인 Kosher마크를 취득했다. 아사히 주조의 타깃이 미국의 부유층이었고, 부유층의 상당수가 유대인이었기 때문이다. 2019년에는 뉴욕주에서 양조장 건설에 착수했다.

또 2012년에는 내각을 중심으로 ENJOY JAPANESE KOKUSYU 프로젝트가 출범해 세계 각국에 일본술을 선전했다. 하지만 해외를 돌면서 일본술을 잘못 취급하는 경우가 많다는 것을 깨달았다.

그래서, 최고의 닷사이를 소비자가 맛봤으면 하는 생각에서, 해외에도 국내와 같은 직영점을 오픈했다. 2018년에는 파리에 자회사 '닷사이 프랑스'를 설립하고 유명 셰프인 조엘 뢰비숑과 함께 '닷사이 조엘 뢰비숑'이라는 레스토랑을 열었다. 이러한 활동을 통해서 보다 제대로 된 맛있는 일본술을 해외 고객에게 전달하려고 하였다.

카즈히로 씨는 뉴욕 진출이나 해외 전략에 대해 다음과 같이 말하고 있다.

「해외시장에서는 뉴욕시장 진출이 컸다. 홍콩, 대만, 베트남, 한국 등의 시장도 무시할 수 없지만 미국 시장은 매우 크다. 영업은 디스트리뷰터를 통해 하거나 다이렉트로 하는데, 처음에는 영어도 제대로 못해 고생했다. 다만 어눌한 영어로도 일본 양조장의 아들이 직접 미국에 가서 일본술의 매력을 어필한 것은 매우 설득력이 있었다. 또한, 세계 금융의 중심인 뉴욕에서 인정받은 것이 계기로, 닷사이 브랜드는 전 세계로 퍼지게 되었다. One of them이 되기보다 우리 회사를 선택해 줄 손님을 직접 찾아낸 것이 주효했다.」

2 정리 및 요약

아사히 주조의 닷사이라는 브랜드는 갑자기 생겨난 것이 아니다. 업계의 상식이었던 토우지 제도의 재검토, 제조 공정의 매뉴얼화, 특정 지역에의 집중적인 PR 활동, 적극적인 해외 진출이라는 하루하루의 도전이 쌓였기에 생겨난 성과였던 것이다. 그 원천이 된 것은 파괴적 이노베이션과 지속적 이노베이션의 실행, 자사 능력에 관한 객관적인 판단, 자원의 선택과 집중이었다.

술을 빚는 기술의 대부분은 암묵지로 형성되어 있어 오랜 세월 그 조직이나 집단에 소속되어 경험을 쌓지 않으면 몸에 익힐 수가 없다. 3대 사장인 히로시 씨는 취임 당시 술 제조에 대해서는 아마추어였지만, 그렇기 때문에 토우지 제도의 폐지라고 하는 파괴적 이노베이션을 일으킬 수 있었다고 생각된다. 아마추어이기 때문에 토우지 제도의 단

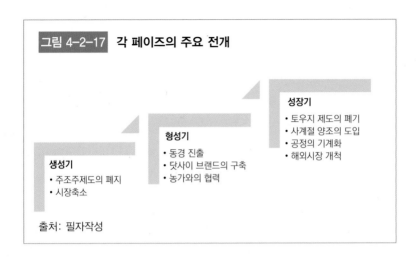

그림 4-2-17 **각 페이즈의 주요 전개**

성장기
• 토우지 제도의 폐기
• 사계절 양조의 도입
• 공정의 기계화
• 해외시장 개척

형성기
• 동경 진출
• 닷사이 브랜드의 구축
• 농가와의 협력

생성기
• 주조주제도의 폐지
• 시장축소

출처: 필자작성

점을 파악하고 이를 개선하기 위한 방안으로 매뉴얼화와 기계화를 추진할 수 있었고 대기업에서는 할 수 없는 다이긴죠슈 제조에 전사의 힘을 집중할 수 있었다. 그 결과 암묵지였던 주조 기술이 형식지가 됐고 데이터 수치 관리를 함으로써 젊은 직원들도 고품질에 안정적인 품질의 술을 만들 수 있게 됐다.

또한, 사계절 양조의 도입은 공장의 가동률 향상과 사원의 안정적인 고용으로 이어지고 있으며, 야마다니시키의 보급 활동과 농가와의 기술 공유는 기업외부와의 긍정적인 접점을 만드는 계기가 되어, 많은 패밀리 기업이 안고 있는 「정보의 고정화」라는 문제의 해결에 도움이 되었다.

사업 승계에 대해서는, 4대째의 카즈히로 씨의 취임과 제조 공정의 매뉴얼화나 그것을 활용한 사내 교육의 실시가, 안정적인 조직 운영의 초석이 되고 있다.

2020년 2월부터 유행한 코로나19로인해, 일본국내는 물론, 세계 일본술 시장도 부진했다. 아사히 주조의 국내 판매는 전년 대비 약

60% 정도, 수출은 약 40% 정도까지 떨어졌고 면세점에서의 매출도 99% 줄어 거의 전멸 상태다. 이 위기를 극복하기 위해 생산량을 줄이고 직원 수도 일시휴직 형태로 줄이고 있다. 그런 가운데서도 미래를 위한 대비책으로 젊은 층의 교육은 계속되고 있다. 그 이후 2022년에는 회사실적의 비약적인 상승으로 이어졌다.

동사는 양조 부산물을 이용한 상품 다변화에 나서고 있으며 야마다니시키 식용 판매, 소독용 에탄올 출시 등을 통해 이해관계자들과 함께 코로나19를 극복하고자 했다.

코로나가 유행하기 전까지만 해도 닷사이 브랜드는 주로 업무용, 영업용 위주였다. 여럿이 모여 함께 술을 마실 때는 비교적 비싼 술도 팔리는 경향이 있었다. 당시 이온이나 세븐일레븐 등 일반 슈퍼마켓이나 편의점에서 이 회사의 술을 구입하는 것은 어려웠다. 그러나 혼술과 집에서의 음주가 늘어난 요즘 고급주의 국내 판매는 줄고 있다. 온라인 건배나 회식을 할 때 비싼 술을 일부러 준비할 필요가 없기 때문이다.

일본술의 세계시장 매출은 꾸준히 증가하고 있다. 국내 시장에서 실험적으로 생산·판매하던 것을 해외 시장에 전개하는 일도 많다. 여기서도 국내 시장과 해외 시장이 밀접하게 연관되어 있음을 알 수 있을 것이다. 미중정상회담이나 미일정상회담 등 세계경제 안보문제와 관련된 문제들과 밀접하게 연관돼 영향을 받는 것이 이러한 수출산업인 것이다.

Endnotes

1　国税庁ホームページ「『清酒の製法品質表示基準』の概要」(http://www.nta.go.jp/shiraberu/senmonjoho/sake/hyoji/seishu/gaiyo/02.htm;2020年10月1日アクセス)。

2　酒のしおり平成24年3月(https://www.nta.go.jp/taxes/sake/shiori-gaikyo/shiori/2012/index.htm ; 2020年10月1日)。

3　国税庁ホームページ「『清酒の製法品質表示基準』の概要」(http://www.nta.go.jp/shiraberu/senmonjoho/sake/hyoji/seishu/gaiyo/02.htm;2020年10月1日アクセス)。

4　国税庁課税部酒税課(2012) p.35。

5　国税庁課税部酒税課(2005) p.2。

6　国税庁課税部酒税課(2005) p.41。

7　財務省貿易統計(https://www.customs.go.jp/toukei/info/; 2020年9月25日アクセス)。

8　長岡(2011) p.61。

9　一般社団法人日本貿易会ホームページ「『JOY JAPANESE KOKUSHU』プロジェクト」(http://www.jftc.or.jp/research/pdf/2012/201207_2.pdf; 2019年5月12日アクセス)。

10　桜井博志氏、桜井一宏氏へのインタビューより(2021年4月26日実施)。

11　逆境経営(2014) p.3。

12　桜井博志氏、桜井一宏氏へのインタビューより(2021年4月26日実施)。

13　桜井博志氏、桜井一宏氏へのインタビューより(2021年4月26日実施)。

14　逆境経営(2014) p.21。

15　桜井博志氏、桜井一宏氏へのインタビューより(2021年4月26日実施)。

16　逆境経営(2014) p.60。

17　桜井博志氏、桜井一宏氏へのインタビューより(2021年4月26日実施)。

Chapter

05

한국의 사례분석

01　주식회사 무학

한국 소주의 역사

> **그림 5-1-1**　소주의 역사(굿데이 뮤지엄)

출처: 필자촬영

　　한국에서 소주가 태어난 것은 고려 말 몽골에서 증류 기술이 들어왔을 무렵이라고 한다. 그 이전에는 발효주가 주된 술이었으나 고려 시대에는 송나라와 원나라의 양조법이 도입되었다. 특히 칭기즈칸의 손자인 쿠빌라이 칸이 일본 원정을 목적으로 한반도에 진출한 후

몽골인들의 대본영이 있던 개성과 전선 기지가 있던 안동, 제주도 등지에서 소주가 많이 만들어지게 되었다. 원나라가 고려와 함께 일본에 진출할 때 안동을 병참 기지로 삼았기 때문에 안동 소주가 알려지게 되었고, 조선시대에 들어서면서 소주 제조가 더욱 활발해졌다. 고려 후기부터 조선 초기까지는 대부분 약용으로 쓰였으나 조선 9대 성종 때 들어서는 대중에게도 퍼지기 시작했다.

1900년대에는 조선에 진출한 일본 양조장이 한국인과 합작으로 인천에 아사히(朝日)양조장을 설립하고 아사히 소주를 판매하였다. 본격적으로 소주가 대중화된 것은 1920년대에 들어서면서부터이다. 현재도 존재하는 진로나 무학 등은 이 시기에 등장한 것이다.

안동에서는 안동주조회사가 생겨나 한국 최초로 대량생산 소주를 만들게 되었다. 1919년에는 평양에 연속식 증류기가 처음 설치되었고, 1925년까지 6개 공장이 가동되면서 생산량도 증대되었다. 알코올 생산을 기계로 할 수 있게 되자 주세 관리가 용이한 신식 소주공장이 속속 들어서고 이것이 현재의 희석식 소주로 변화했다. 또한, 채산을 맞추기 위해 기존 쌀누룩 대신 일본에서 온 검은누룩을 사용하기 시작했다.

당시 소주의 주요 소비처는 한반도 북쪽이었다. 그 이유는 한반도 북쪽 지역은 쌀 재배량이 남쪽에 비해 적었기 때문이다. 식민지 시대에 한반도 북쪽에서는 중공업이, 남쪽에서는 경공업이 발달하였다. 따라서 자본집약적 성격을 지닌 소주공장은 북쪽 지역에서 발달한 것이다.

다음으로 제도의 측면에서 살펴보자. 한국 최초의 주세법은 1909년 2월 제정되어 1934년까지 5차례 개정되었다. 당시 주세법의 주요 내용은 주류를 제조하고 싶은 사람에게 면허를 취득하게 한다는 것(주류제조면허제라 한다)으로 주류 제조장의 제조량에 따라 주세를 부과하고 있었다. 민가의 자가용 주류도 그 과세 대상에 포함되어 있었다. 또한, 주류를 주정의 함유율과 제조방법에 따라 양조주(막걸리, 청주, 과실주 등), 증류주(소주 등), 혼성주(양조주, 증류주에 다른 원료를 혼성 제조한 주류 등)로 분류하였다. 이후 1910년, 조선을 병합한 일본은 조선총독부를 중심으로 주세 증가에 따른 세수 확대를 목적으로 1909년 제정된 주세법 세율을 약간 올려 보완한 주세령을 1916년 공표하였다. 이후 5차례에 걸쳐 개정해 주세율을 올렸다. 주세령이 공표된 1916년부터 1933년까지 주세 징수액은 13배까지 증가하였다. 일본으로부터 독립한 이후, 일본인이 운영한 주조회사는 양조 경험이나 기업 경영 경험이 있는 한국인에게 적국 자산으로 불하했다. 또한, 38선을 중심으로 북쪽 지역에는 공산주의를 중심으로 한 정부가 설립되어 국가 통제가 엄격해진 영향으로 많은 소주 제조 관계자들이 월남해 왔다.

그림 5-1-2 **1도1사 정책의 이미지**

그림: Illustration by Joon Moon M.D.

그러나 한국전쟁의 발발은 경제를 혼란시키고 모든 산업을 붕괴시켰다. 현실을 잊으려는 피난민과 군 수요의 증가로 소주 소비량은 1950년 5,580kL에서 1년 사이에 5.3배 이상 증가했다. 또 GHQ와 한국 정부는 전쟁으로 인한 식량난을 타개하기 위해 술 제조에 곡물 사용을 금지했다. 그 결과 잡곡 등을 주원료로 하는 주정의 가치가 올라가 1948년 주정 생산량은 전년에 비해 약 400% 증가하여 1948년 1분기에만 1947년 생산량을 웃돌았다.

이러한 정부 시책과 독립 후 경제적 혼란 등으로 기존 쌀누룩을 사용한 증류식 소주는 점차 감소하여 1964년 12월에는 「양곡관리법」 제정으로 완전히 소멸되고 희석식 소주만 남았다. 한국전쟁 전까지만 해도 3,000여 개였던 소주공장은 1964년 55개까지 급격히 감소했다.

그림 5-1-3 한국 소주관련법률과 제도의 변천(굿데이뮤지엄)

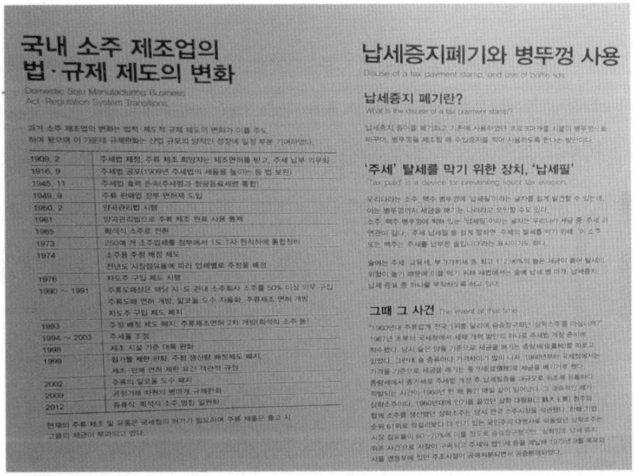

출처: 필자촬영

이 시기에 가장 큰 소주회사는 목포에 있는 '삼학'이라는 회사였다. 삼학은 1957년 서울로 이전하여 희석식 소주를 제조한 회사로, 다른 회사보다 먼저 희석식 소주를 만든 것이 성공 요인이었다. 그러나 1971년 납세필증을 위조 및 탈세한 것을 이유로 1973년 파산했다. 한편 1960년대 말부터 다양한 광고 활동을 펼치며 후발 기업으로 당시 삼학에 도전한 기업이 있었다. 현재 한국 소주시장 점유율 1위를 기록하고 있는 진로이다. 1924년 10월 평안남도에 창업한 진천양조상회가 그 모태이다. 1954년 서울에 공장을 짓고 생산을 시작한 진로는 다양한 마케팅 활동을 펼치고 있다. 예를 들어 진로의 트레이드마크인 두꺼비가 써 있는 병뚜껑을 모으면 재봉틀 등을 선물하는 이벤트를 실시하기도 했다. 다양한 광고 활동을 함으로써 당시 1위 삼학에 맞서고 있었던 것이다. 이후 삼학이 파산하면서 1970년대부터 진로가 한국 소주시장에서 1위를 차지해 현재까지 그 자리를 유지하고 있다.

한국 정부는 1973년 소주 시장의 과당경쟁과 품질저하를 막기 위한 목적으로 한 도에 1개 소주회사를 둔 '1도 1사 정책'을 실시하였다. 또한 1974년에는 지방 영세 소주회사를 보호하는 것을 목적으로 소주 제조 규제 방안인 '주정할당제'를 도입했다. 주정할당제는 각 소주회사의 전년도 시장점유율을 기준으로 주정의 양을 할당하는 제도다. 이 제도는 소주회사의 통합 및 병합 움직임을 가속화해 각 도에서 가장 큰 회사만 살아남고 다른 회사는 닫거나 큰 회사로 흡수되었다. 1976년에는 지방산업 보호를 목적으로 정부는 주류도매상에게 지역 내 소주를 전체 구매량의 50% 이상을 사야 한다는 자도소주 구입제도를 도입했다. 위에서 언급한 「양곡관리법」과 「주정할당제」, 「자도소주구입제도」가 도입됨에 따라 대구에는 금복주, 전라도에는 보해, 마산에는 무학, 부산에는 대선 등 각 지역을 대표하는 소주회사가 만들어졌다.1973년 68개였던 소주회사는 1975년 16개, 1976년 12개, 1980년에는 현재도 존속하는 10개로 좁혀지게 됐다.

1980년대까지 평온했던 소주업계가 급속히 변화한 것은 1993년 맥주사업을 펼친 두산그룹이 일본에서도 유명한 강원도 경월소주를 인수하면서부터다. 이후 대기업 계열 맥주회사들이 본격적으로 소주 시장에 뛰어들었다. 이어 하이트맥주가 1997년 보해와 백학을 인수했고 2011년 진로를 인수했다. 이외에도 2005년에는 무학이 부산의 대선 주조와 M&A를 하고자 하였으나 최종적으로는 불발되었다.

소주의 도수도 과거에 비해 낮아졌다. 첫 희석식 소주의 도수는 30도였다. 그것이 1973년에 25도까지 내려갔고 이후 20년간은 25도가 소주의 적합한 도수라는 인식이 확산됐다. 그 인식을 깬 것은 1996년 부산 대선주조가 출시한 23도 C1 소주였다. C1 소주가 성공하면서 무학은 화이트 소주를, 금복주는 참스페셜을 출시해 지방을 중심으로 저도수 소주가 확산됐다. 1998년 10월 진로가 참이슬을 출시하자 국내 저도수 소주 경쟁은 더욱 치열해졌다. 현재 대부분 소주의 도수는 15.9~18도까지 떨어졌다. 그 이유에 대해서는 연구 분야에 따라 다르지만 일반적으로는 ① '취하기 위해서'라기보다는 '더 편하게 즐기기 위해서' 소주를 마실 수 있게 된 점, ② 여성의 음주 시장이 확대된 점을 들 수 있다. 이후 (소주 이외의) 저도 알코올 시장 확대와 해외 주류 수입 확대 등으로 소주 시장은 점차 축소 추세를 보이고 있다.

이 절에서는 경쟁이 치열한 소주시장 속에서 지방에서 수도권으로 진출을 꾀한 마산 무학의 사례를 소개하고 분석한다.

표 5-1-1 소주출하량의 추이

(단위: 천㎘)

구분	2012	2013	2014	2015	2016	2017	2018	2019	2020
출하량	951	906	958	956	933	946	920	917	876

출처: 한국통계청의 자료를 기준으로 필자 수정

2   주식회사 무학의 소개

주식회사 무학은 대한민국의 소주회사이다. 1965년 최위승 현 회장이 사업을 인수하면서 '쇼와주류공업사'에서 '무학양조장'으로 사명을 변경한 것이 현재의 '무학'이라는 이름의 시작이다. 국내 최초의 저도수 소주 화이트를 출시하는가 하면 좋은데이를 필두로 다양한 컬러 시리즈로 국내외 소주 시장에 진출하고 있다. 현재는 2대 최재호 씨가 대표이사로 활약하고 있다.

그림 5-1-4 주식회사무학

출처: 필자촬영

표 5-1-5	회사개요
회사명	주식회사 무학
대표자	대표이사 최재호
본사소재지	(우)551341 경상남도 창원시 마산회원구 봉암공단 2길 6
창업일시	1929년 3월 5일
자본금	57억 원
매출액	1,300억원 2020년 3월 기준
종업원수	461명
사업소	공장: 6공장(국내 5공장, 베트남 1공장) 사업소: 12사업소 물류센터: 2센터

출처: 주식회사 무학의 유가증권보고서로부터 필자 수정

　좋은데이가 많은 사람들의 지지를 받으면서 당시 부산 시장점유율 1위였던 대선주조의 C1을 뛰어넘어 시장점유율 1위를 차지하였다. 또 이 회사는 지방에 머물지 않고 수도권에도 진출해 대형 주조업체와도 경쟁하고 있다. 2017년에는 베트남 주조업체를 인수해 동남아시아 시장 개척에 힘쓰고 있다.

　그러나 한국 주류 관련 시장의 경쟁 심화와 주세 개정, 수입주류의 증가, 건강 지향에 따른 주류 기피 등 시장 전체의 환경 변화에 따라 수도권 공략에 실패하고 현지 시장점유율도 낮아졌다. 코로나19 여파 등도 있어 2014년을 기점으로 매출액은 감소 일로를 걷고 있다. 이런 어려운 환경 속에서 무학은 자사의 강점인 시장 수요를 타사보다 빠르게 상품화하는 능력을 통해 신제품 개발과 제품 다각화를 추진해 실적 회복을 목표로 하고 있다.

이하에서는 주식회사 무학의 역사와 특징을 되돌아보면서 사례 분석을 실시한다.

표 5-1-3 **매출액 추이**

(단위: 원)

연도	2016년	2017년	2018년	2019년	2020년
매출액	2,706억	2,505억	1,937억	1,557억	1,393억

출처: 주식회사 무학의 유가증권보고서로부터 필자 수정

표 5-1-4 **주력상품**

발매연도	상품명
1995년 1월	화이트
2006년 11월	좋은데이
2015년 5월	좋은데이 컬러시리즈(YELLOW, RED, BLUE)
2017년 5월	좋은데이(리뉴얼)
2018년 1월	좋은데이 1929

출처: 주식회사 무학의 유가증권보고서로부터 필자 수정

표 5-1-5 **연혁**

1929년 3월	쇼와(昭和)주류공업사 설립
1946년 6월	(주)마산양조공업사 상호 변경
1965년 2월	최위승 대표이사 취임 무학양조장으로 상호 변경
1966년 9월	한국 주류업계 최초로 자동화 기계 도입
1973년 9월	경남지역 36개 소주제조장 총폐합 및 흡수

1973년 9월	무학주조주식회사로 상호변경 및 법인설립
1988년 4월	삼미양조합병
1994년 5월	대표이사 최재호 취임
1995년 1월	한국 최초 23도 소주 화이트 출시
1995년 3월	제2공장 준공
1996년 10월	화이트 소주 1억병 판매 돌파
1998년 1월	주식회사 무학으로 상호 변경
1998년 7월	KOSDAQ등록
2000년 8월	주류 연구소 설립
2002년 5월	창원1공장에 단일규모 세계최대용량 세병기 도입
2003년 9월	신축공장 및 별관 준공식
2005년 8월	용인공장 설립
2006년 11월	한국 최초로 순한 소주 '좋은데이' 출시
2008년 10월	최재호 회장 취임
2009년 10월	울산 공장 신축
2010년 7월	KOSPI상장
2010년 9월	환경경영시스템(ISO14001) 인증 획득
2011년 5월	부산물류센터 개소식
2012년 2월	코스피200 신규 편입
2013년 12월	창원 제2공장 준공
2014년 12월	좋은데이 '제21회 기업혁신대상' 대한상공회의소 회장상 수상
2015년 2월	창원 제1공장 환경개선공사 및 1,000BPM 설비 완비

2015년 5월	좋은데이 컬러 시리즈 'YELLOW, RED, BLUE(13.5% 360ml)' 발매
2015년 6월	좋은데이 컬러 시리즈 'SCARLET(13.5% 360ml)' 출시
2015년 7월	좋은데이 컬러 시리즈 'PINK(13.5% 360ml)' 출시
2015년 9월	창원 제1공장 HACCP 인증
2015년 10월	일산물류센터 개소
2015년 10월	좋은데이 컬러 시리즈 PINE(13.5% 360ml) 출시
2017년 5월	좋은데이(16.9% 360ml) 소주 리뉴얼 출시
2018년 1월	좋은데이 1929 (15.9% 360ml) 소주 출시
2018년 5월	좋은데이(16.9% 360ml) 소주 리뉴얼 출시
2018년 9월	좋은데이 칼라만시(12.5%, 360ml) 신출시
2019년 3월	딱! 좋은데이 (16.9% 360ml) 소주 출시
2019년 10월	무학청춘소주(16.9% 360ml) 출시
2020년 12월	7백만달러 수출탑 수상

출처: 주식회사 무학 홈페이지로부터 필자 수정

3   생성기의 프레임워크 분석

무학은 1929년 3월 쇼와 주류 주식회사(昭和酒類株式会社)라는 이름
으로 설립되었다. 설립자와 관련된 기록은 남아 있지 않으나 쇼와 주
류 주식회사는 고베의 나다(灘)에 있는 주조 계열사로부터 50만엔을
투자받아 마산 지역 해안 매립지에 대규모 공장을 세우고 관련 회사
를 설립하였다. 당시에는 청주뿐만 아니라 소주, 미림, 포도주, 위스
키, 브랜디를 취급하는 종합주류회사였다. 생산량은 청주가 1천 석,

그림 5-1-5 한국 소주에 관한 정보(굿데이뮤지엄)

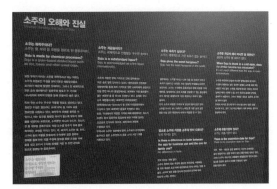

출처: 필자촬영

소주가 1천 석, 미림이 150석, 포도주가 30석이었다. 즉, 다품종 소량 생산을 하고 있었던 것이다. 쇼와주류주식회사는 관련 회사 중에서도 소주 생산을 담당하고 있었다.

마산이라는 지역은 식민지 시대 이후 주도(酒都) 불릴 정도로 양조 업이 발달하였다. 그 이유는 술 빚기에 적합한 기후로 양질의 물이 흐르고 있으며, 부산이라는 대도시가 가까웠기 때문이다. 일본에서도 가까운 입지조건이었던 것도 이유 중 하나이다. 마산에 청주 공장이 처음 건설되었던 것은 1904년이었다. 『마산시사(馬山市史)』를 보면 마산 최초의 양조장은 「아즈마(東) 양조장」이다. 이를 시작으로 1905년 11월 현 마산합포구 서성동에 이시바시(石橋)주조장, 1906년 10월 현 마산합포구 장군동에 고단다(五反田)주조장, 같은 해 11월 현 마산합포구 청계동에 나가타케(永武)주조장등 잇따라 주조장이 만들어졌다. 개항기에만 마산에 건설된 청주공장은 7개였으며 1940년대에는 13개까지 증가하였다.

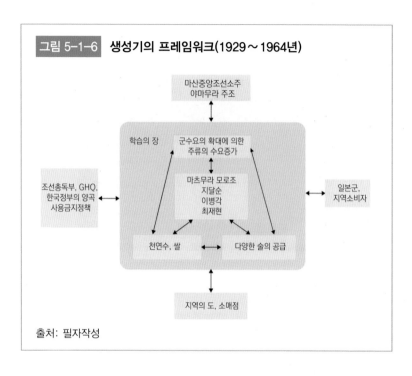

그림 5-1-6　생성기의 프레임워크(1929~1964년)

마산중앙조선소주
야마무라 주조

학습의 장

군수요의 확대에 의한
주류의 수요증가

마츠무라 모로조
지달순
이병각
최재현

조선총독부, GHQ,
한국정부의 양곡
사용금지정책

일본군,
지역소비자

천연수, 쌀

다양한 술의 공급

지역의 도, 소매점

출처: 필자작성

　이러한 시대 배경 속에서 1935년 당시 사장이었던 마츠무라 모조
로(松村茂三郎) 씨는 쇼와주류주식회사에 속해있던 야마무라(山邑)주조를
독립시키고 자본금을 150만엔까지 늘렸다. 청주의 제조는 야마무라
주조가 담당하였으며, 쇼와주류주식회사는 소주를 포함한 기타 주류
를 생산하였다. 특히 당시 생산한 '일신(一新)'과 소주 '명월(明月)'은 평판
이 높아 멀리 만주국까지 팔렸다고 한다. 마츠무라 씨가 소주 부문을
독립시킨 이유에 대해서는 확실하지 않으나, 당시 시대 배경을 고려할
때 중일 전쟁 격화와 태평양 전쟁 발발로 군납품인 술 생산 수요가 급
격히 증가함에 따라 경영 효율화를 꾀한 것으로 추측된다.
　이후 태평양전쟁이 종전되고 한국이 일본으로부터 해방되자 일
본인 소유의 주조회사는 적국의 자산으로 간주되어 모두 미군의 관할
하에 놓이게 되었다.

그림 5-1-7 적산불하의 이미지

출처: Illustration by Joon Moon M.D.

쇼와주류주식회사도 예외는 아니었다. 미군은 이들 공장을 과거 일본인 공장에 종사했던 종업원이나 주류 제조 경험이 있는 자, 기타 관리 운영 능력이 있는 한국인을 선정해 관리 및 운영을 맡겼다.

쇼와주류주식회사는 1949년, 김종신 씨가 관리자가 되었다. 김씨 는 일본의 츄우오우대 정경학부 경제과를 중퇴하고 한국 마산의 기업 인으로 활약했다. 또한 미군정청에서 일본인 적산관리소장으로 임명 되는 등 당시 마산 지역의 유력자이기도 하였다. 김씨는 관리자가 되 자마자 사명을 동양주류주식회사로 변경하고 소주 생산을 계속했다.

이후 한국전쟁이 발발하여 경영난을 겪으면서 김씨가 기업인에서 정치인으로 전향하게 됨에 따라 1951년 마산의 기업인 지달순·김상 영·김봉재 씨에게 사업이 이양되면서 사명은 '동양주류(東洋酒類)'가 되었다.

1952년에는 지달순 씨가 단독 대표가 되어 사명을 동양주정공업 주식회사로 변경하였다. 지씨는 동양주류를 단순히 술 빚기만 하는 회 사로 만들지 않고 주정까지 제조하는 종합 소주업체로 성장시키고 싶

표 5-1-6 **무학양조장 까지의 변천**

연도	기업명 1	기업명 2
1929년	야마무라(山邑)주조의 한국공장 설립(쇼와주류주식회사)	
1935년	쇼와주류주식회사(소주)	야마무라 주조(청주)
1951년	동양주류주식회사(소주)	무학 주조(청주→소주)
1952년	동양주정공업주식회사(주정)	
1953년	동양주정+무학주조=무학주정공업주식회사	
1960년	유원산업주식회사	
1965년	무학양조장	

출처: 필자작성

었다. 그래서 미군, 정부 수입물품 관계자 등과의 네트워크를 이용해 국내 최초로 수입 당밀을 원료로 주정을 생산했다.

그러나 곧 끝날 줄 알았던 한국전쟁은 1953년 7월 27일까지 계속되면서 원료 확보가 어려워졌다. 이에 지씨는 삼성 창업자 이병철 씨의 형 이병각 씨가 운영하던 무학주정과 기업을 통합해 새롭게 무학주정공업주식회사를 설립했다. 이후 1960년 유원산업주식회사의 최재형 씨가, 1965년 2월에는 현 무학 회장 최위승 씨가 사업을 승계하였다.

이상의 내용을 정리하면, 이 시기의 경영팀은 기업을 발전시키는 방향이라기보다는, 오히려 어떻게 회사를 존속시킬 것인가에 골몰하고 있었다고 할 수 있을 것이다. 물론 지씨처럼 인적 네트워크를 이용해 사업 분야를 주조에서 주정생산까지 확대한 인물도 있었다. 그러나 이 시기에는 일제강점기에서 해방되고 한국전쟁으로 사회 인프라가 붕괴되어 원자재 확보에 어려움을 겪는 등 한국 기업을 둘러싼 환경이 극적으로 변화하는 사건이 계속되고 있었다. 실제로 식민지 지배로부터 독립한 후 1965년 최위승 씨가 사업을 승계하기까지 약 15년간은 사명과 사장이 5차례나 바뀔 정도로 경영이 불안정한 시기였다.

지역 자원으로는 물과 쌀, 소비 시장의 근접성 등을 들 수 있다. 특히 마산의 물은 전국적으로 유명하며 간장이 현재도 왕성하게 생산되는 지역이기도 하다. 그러나 설립 당시에는 술 제조에 최적의 지역 자원을 가지고 있었지만, 동사가 주로 타깃으로 하고 있던 것은 민간이 아니라 군납품이나 만주국으로의 수출이었기 때문에 소비시장에 가깝다는 입지상의 우위는 그다지 활용되지 않았다고 할 수 있을 것이다.

한편 식민지 해방과 한국 전쟁의 영향으로 한국 정부와 미군은 주조에 쌀 사용 금지 정책을 실행하였다. 그 영향으로 잡곡을 주원료로 하는 주정의 가치가 올라가 해외로부터의 당밀 수입이 증가하였다. 1948년 주정 생산량은 전년 대비 약 400% 증가하였고 1949년에는 1분기 생산량만 1947년 연간 생산량을 웃돌았다. 그러나 한국전쟁의 여파로 수입 당밀 확보가 어려워지면서 상당수 중소 주조업체는 생산 중단을 피할 수 없게 됐다. 또한 1965년 시공된 양곡관리법에 따라 소주의 원료 대체가 불가피해짐에 따라 증류식으로 생산하던 전국의 많은 소주업체들은 희석식으로 생산방식을 전환할 수밖에 없게 되었다.

이처럼 생성기는 매우 어려운 경영환경 속에서 기업을 존속시키는 것만으로도 벅찬 시기였다. 기업 관리자의 변경과 합병, 사명 변경 등을 하면서 조금이라도 사업 분야의 확대를 꾀하고 주류 관련 제도 변화의 물결에 적응해 쌀에서 잡곡을 이용한 주정으로 원재료를 바꿈으로써 이 시기를 넘겼다고 할 수 있다.

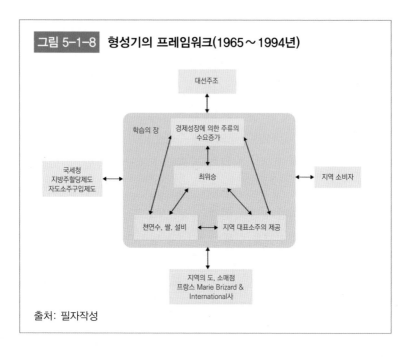

그림 5-1-8 　형성기의 프레임워크(1965~1994년)

출처: 필자작성

　　다음으로 최위승 현 회장이 기업가로 활동했던 형성기 분석을 하고자 한다. 이 시기 양곡관리법과 고구마 소비촉진정책(1965년)에 따라 소주 제조에 잡곡을 사용하는 것이 일절 금지되고 대신 고구마를 주정의 원료로 하는 강력한 정책이 실행되었다.

　　그러나 국내 고구마 생산량만으로는 국내 주정 수요를 충족시키기 어려워 결과 소주 생산량 감소로 이어졌다. 그래서 한국 정부는 1965년부터 수입 당밀을 주정원료로 다시 사용하는 정책을 취했다. 이후 고구마 증산 정책의 결과가 조금씩 나오기 시작하면서 소주 생산은 다시 증가세를 보였다. 당시 곡상(穀商)을 경영하던 최위승 씨는 이런 일련의 흐름 속에서 소주산업에 가능성을 감지하게 됐다고 한다.

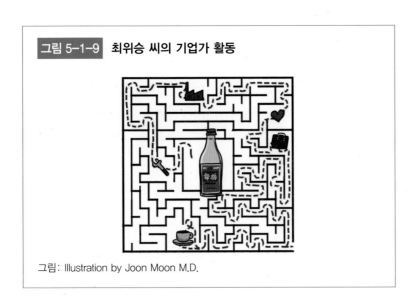

그림 5-1-9 최위승 씨의 기업가 활동

그림: Illustration by Joon Moon M.D.

최씨는 1932년 12월 경남 고성군 대가면 암전리에서 태어났다. 가난하고 힘든 소년기를 보내는 가운데 최씨는 대명천지의 넓은 세계로 나가 자신의 장래에 자신의 삶을 자신의 힘으로 개척해 보고 싶다는 꿈을 가졌다.

최씨는 단신으로 고향을 떠난 뒤, 마산과 부산, 그리고 고향을 오가며 일자리를 구했다. 그러나 기술도 경력도 없는 시골뜨기에 세상은 너무나 엄했다. 부두 하역, 두부공장, 가위공장 등 다양한 일에 몰두했지만 급속히 인플레이션이 진행되는 격변기에 화폐가치는 갈수록 떨어지고 상황은 나아지지 않았다. 물가는 몇 배나 뛰었는데 월급은 그대로였다. 돈벌이를 하겠다고 결심한 날부터 최씨는 종업원을 많이 고용해 자신의 장사, 자신의 사업을 하겠다는 꿈을 가지기 시작했다.

이후 무장사, 도자기장사, 사과장사 등에 뛰어들어 거듭되는 실패를 맛보았지만 몸 하나를 밑천으로 사회 저변에서 구르다 보니 온갖

그림 5-1-10 과거 무학의 모습(굿데이뮤지엄)

출처: 필자촬영

경험을 하고 세상의 도리와 세상의 인정을 읽는 안목도 기를 수 있었고 사람과 사람 사이의 정직함과 신의가 얼마나 소중한 것인지를 그제서야 깨달을 수 있었다.

최씨는 상인이 아닌 기업인으로 활동하고 싶었다고 한다. 훌륭한 공장, 사업체라고 불릴 만한 제조회사를 인수해 운영하고 싶었던 것이다. 그 희망이 실현된 것이 1958년경 마산압맥(押麥)공장 인수였다.

제일제당(현 CJ) 대리점과 곡물상은 곡물과 사료를 주로 취급하는 상사로 공장에서 제품을 생산해 공급한 적이 없었다. 사업가가 아니라 그냥 장사꾼일 뿐이라는 불만이 늘 그에게는 있었다. 뭔가 내 손으로 기계를 돌려 물건을 제조/생산하고 공급하는 본격적인 기업인의 길을 걷기 위해 여러 방면으로 모색해 왔지만 사업 전환은 쉽지 않았다.

그런 최씨가 기업인의 길을 걷게 된 것은 경남남도내의 정부도정 공장을 입찰로 낙찰받아 전량 인수하게 된 것이 계기다. 하지만 모처럼 인수한 압밀공장도 큰 수익을 얻지 못했고 전망도 좋지 않아 남에게 넘겨버렸다.

1956년경 부산 범일동에 문을 연 제일제당 대리점은 최씨가 본격적으로 시작한 최초의 사업으로 주조업을 영위하게 되는 확실한 계기가 되었다.

그동안의 불운과 불행이 모두 지나간 듯 이후 사업은 순조롭게 확대 성장해 나갔다. 본사로부터 더 많은 물량을 배정받아야 했지만 수요에 공급이 따라가지 못해 어려움을 겪게 됐다. 이후 쌀, 보리, 콩과 같은 곡류와 미곡, 밀겨, 보리겨 등 도정 부산물을 취급하는 곡상 '대흥상사'를 경영하게 되었다.

그 무렵 주정공장과도 거래를 하게 되었는데, 소주산업에 관심을 갖게 된 것은 주정공장에 주정생산에 필요한 원료를 판매하게 되면서부터였다. 주정과 소주 생산량이 점차 증가하고 있음을 알게 되면서 소주산업의 전망은 밝았고 경영만 잘되면 수익을 확실히 올릴 수 있다고 생각하게 됐다.

이후 거래처였던 마산의 유원 사업에 주정 원료를 납품한 것이 계기가 되어 유원산업으로부터 소주 부문을 인계받고 사명을 무학양조장으로 변경하여 초대 사장으로 취임하였다.

최씨가 사장 취임 후 가장 먼저 착수한 것이 제조공정의 자동화였다. 당시 소주회사는 영세기업이 많아 모든 공정에 인력이 필요했고 대량생산이 아닌 소량생산이었기 때문에 품질이 안정되지 않았다. 물론 공급을 수요가 앞섰기 때문에 술이라는 이름이 붙으면 바로 팔리는 시장이기는 했지만 장기적인 관점에서 보면 자동화는 반드시 해결해야 할 과제였다.

1966년 최씨는 한국 중소기업산업시찰단 일원으로 도쿄와 오사카 기업투어에 참가했다. 그곳에서 자동화된 제조공정 속에서 위생적이고 품질이 안정된 일본술이 생산 및 포장되는 것을 보고 공정 자동화에 나서기로 했다.

그러나 한국에는 그런 기술을 가진 기업이 없었기 때문에 최씨는 자신이 예전부터 갖고 있던 인적 네트워크를 이용해 일본에서 중고 세병기를 도입했다. 이후 직원들을 일본으로 연수를 보내고 소주용 병 생산공장까지 세웠다. 이는 당시 국내 주류 제조업체에서는 상상도 할 수 없었던 일로 최초로 자동화 생산방식을 도입한 공장이 됐다.

다음 사업 콘셉트로 잡은 것이 '경남을 대표하는 소주'로 만드는 것이었다. 이 사업 콘셉트는 무학의 이념이기도 하지만 한국 정부의 정책에 따른 것이기도 했다.

1960년대 무학은 확실히 마산을 대표하는 소주회사이긴 했지만, 마산 지역 내에도 많은 소주회사가 있었고, 옆 부산에도 대선주조를 중심으로 많은 주조회사가 존재하고 있었다. 즉 한정된 지역의 소주시장을 놓고 많은 경쟁사들이 들끓고 있는 시기였다.

이 현상이 다른 지역에서도 마찬가지로 나타나, 1973년 7월부터 한국 국세청은 필요 이상으로 난립하고 있는 소주 제조장을 통합하는 작업에 착수했다.

각 도당 1개사, 전국에서 10개사만 존속시킨다는 국세청 방침에 따라 무학주조는 경남지역 대표로 선출돼 36개사를 통폐합하고 무학주조주식회사로 상호를 변경해 신창동으로 이전했다.

신창동 무학 주조 공장은 원래 일본인이 경영하던 '시미즈(淸水)'라는 청주 공장이 있던 곳이었다. 해방 때 대동주조로 상호는 변경되었고, 이후 73년 무학이 경남소주공장을 독점 소유하면서 무학주조 공장으로 사용되었다.

무학이 경남지역 36개사를 통폐합한 이유는 위에서 설명한 바와 같이, 다른 회사에서는 흉내 낼 수 없는 자동화 기술을 보유하고 소주의 맛을 결정하는 높은 품질의 수원을 소유하고 있었던 점, 최씨가 지역밀착형 기업인이었기 때문으로 보인다.

최씨는 무학 이외에도 경남은행 설립추진위원 및 주주로 참여하여 1979년부터 1988년까지 마산상공회의소 회장을 지내는 등 항상 지역에 앞장서서 지역에 공헌하고자 소통하던 기업인이었다.

기업가 활동에 영향을 준 행정제도로는 주정할당제도를 들 수 있다. 주정할당제는 술을 생산하는 기업의 주 생산량을 일정 수준으로 통제하기 위해 정부가 술의 원료인 주정 공급량을 제한하는 것이다. 현재는 폐지됐지만 1992년까지 이 제도는 적용됐다.

그림 5-1-11 무학과 대선주조의 경쟁

부산시

마산시

그림: Illustration by Joon Moon M.D.

당시에는 주세행정 주무부처인 국세청이 소주업체별로 연간 주정 공급량을 정해 주정업체에 이 범위 내에서만 주류업체에 주정을 공급하도록 했다. '모든 주류의 원료를 국세청장이 할당한다'는 당시 주세법 규정에 따른 것이었다. 할당 방법은 전년도 제조사별 출고량을 기준으로 생산비율을 산정해 이 범위 내에서 주정을 배정하는 방식이었다.

이 제도는 소주업체의 과당경쟁을 막기 위해 마련된 것이었지만 업계의 자발적 경쟁을 해친다는 지적을 받아왔다. 이에 따라 정부는 주정 배분량을 업체들이 자발적으로 합의한 수준으로 정하도록 제도를 변경했으나 1993년부터는 폐지됐다.

또한, 1976년에는 자도소주 구입제도를 도입했다. 자도소주구매제도란, 지방 주류산업을 보호하기 위해 정부가 주류도매상에게 자사가 위치한 지역 소주회사의 소주를 전체 구매량의 50% 이상 구매하도록 강제하는 제도였다.

이들 제도의 영향으로 무학은 주조 회사 통합 작업 이후 주정의 양이 수요를 따라가지 못하고 유통망도 축소되었다. 그러나 생산설비 확충과 진주, 울산에 지점 설치를 통한 유통망 정비, 무학주정 설립으로 경상남도 지역 대표 소주회사로 성장하였다.

무학이 본사 기능을 둔 마산은 부산과 지리적으로 가깝기 때문에 무학의 가장 큰 경쟁 상대는 대선주조였다. 현재도 경남을 중심으로 경쟁을 벌이고 있는 대선주조 C1은 전국적으로 팔리는 소주 중 하나다. 대선주조는 무학보다 2배 정도 규모가 큰 회사였으며, 시장 규모는 마산보다 월등히 높았다. 그런데 한국 소주는 증류식이 아니라 희석식이어서 큰 맛 차이가 없다. 그러다 보니 브랜드력이 판매로 직결되는 경향이 강했다. 최씨는 이 같은 차별화가 어려운 상품의 특성을 벗어나기 위해 다른 주류 분야로 진출하기로 했다. 당시 한국경제는

그림 5-1-12 무학소주의 변천

출처: 필자촬영

한강의 기적이라 불리는 경제성장기였다. 소비자들의 구매력이 높아지면서 해외 주류에도 관심을 갖는 시기였다. 이에 최씨는 앞으로 해외 주류가 국내에서 유행할 것으로 예측하고 당시 리큐어를 생산하던 삼미양조를 인수(1988년)하고 리큐어를 출시했다. 그러나 기술력이 충분하지 않고 리큐어에 대한 소비자들의 인지도가 낮았기 때문에 최씨는 프랑스 Marie Brizard & International사와 리큐어에 관한 기술제휴를 맺고(1991년) 해외 주류를 전문적으로 수입·판매하는 무학 주류상사를 설립(1990년)했다. 이처럼 소주뿐만 아니라 서양주 등을 취급하는 관련 다각화를 시행함으로써 기업 규모를 키워나간 것이다.

그러나 1996년 안정적인 판매를 담보하던 자도소주 구입제도가 갑자기 폐지되게 됐다. 지역시장에서 안정적으로 경영활동을 벌이면서 경쟁의 파고에 빠질 준비가 안 된 상당수 지방 소주업체들은 치열한 경쟁의 칼바람 속으로 나침반 없이 출항할 수밖에 없게 됐다. 어느 정도 제도 폐지에 대비했던 무학에도 큰 위기가 찾아오게 된다.

5 성장기의 프레임워크 분석

성장기인 2대 최재호 씨 시대의 경영은 다음과 같다. 기업인은 최재호 씨를 중심으로 전문경영인 이수능 씨로 구성되어 있으며, 2015년부터는 아들이자 총괄사장인 3대 최낙준 씨가 기업가팀에 참여하고 있다.

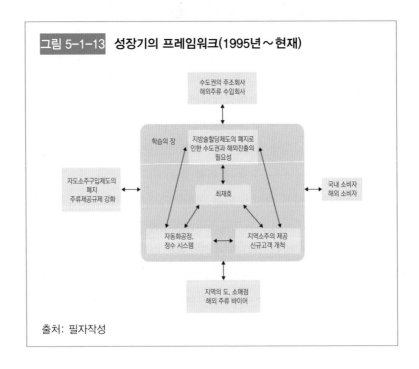

그림 5-1-13 성장기의 프레임워크(1995년 ~ 현재)

출처: 필자작성

이 기업가 팀은 인포멀한 네트워크를 중심으로 전문경영인이 지원하는 형태로 구성돼 있다. 이러한 기업가 팀의 형태는 한국의 많은 기업에서 볼 수 있는 패턴이며, 주로 후계자 육성과 경영권 승계를 동시에 할 때 흔히 볼 수 있는 형태이다. 또한 외부 경험을 중시하는 것도 특징이다. 2대 최재호 씨의 경우 1982년 경남대 경영학과를 졸업하고 ROTC 사관으로 군복무를 했으며 제대 후인 1984년부터 1985년까지 대웅제약 기획실에서 근무한 경력이 있다. 또 3대 최낙준 씨도 경남은행 재무기획부에서 근무한 경험이 있으며 2015년 3월부터는 마케팅, 글로벌사업부, 수도권전략본부 등에서 후계자 훈련을 받고 있다.

그런데, 최재호 씨가 사장에 취임한 시기는 소주업계에 큰 전환기였다. 첫 번째 이유는 소주의 국내 소비량 감소 및 와인이나 맥주와 같은 저렴한 알코올 음료의 대두이다. 실제로 2001년을 정점으로 2002년부터 감소하기 시작한 소주의 시장점유율은 2008년 -30.5%, 2009년 -31.5%, 2012년 -22.9% 등 매년 지속적으로 감소하고 있다. 즉, 무학의 경쟁사로서 현지나 타 지역의 주조 회사뿐만 아니라, 새롭게 대기업의 알코올 음료 메이커가 참가해 왔다고 말할 수 있을 것이다. 소비자들의 알코올 취향과 구매체계가 변화하고 있다는 점에도 유의할 필요가 있다.

두 번째 이유는 자도소주구입제도 폐지다. 형성기 프레임워크에서 자도 소주 구입 제도는 안정적인 판매 채널 확보와 윤택한 현금 흐름을 가져왔다. 이는 지역의 산업을 지키는 의미에서 매우 중요한 제도였다.

그러나 주류산업, 특히 소주업계에서는 생산 공정 가격 판로까지 대부분의 경영활동이 국가에 규제되고 있어 차별화를 꾀하기가 극히 어려웠다. 좋게 말하면 지방 소주 산업을 보호해 왔다고 할 수 있지만 엄격하게 말하면 경쟁이 거의 이루어지지 않고 진화·발전이 완만한 업계라고 할 수 있을 것이다. 즉, 기업 외부의 정부 제도, 파트너 기업의 변화, 경쟁 기업의 대두, 고객의 변화라고 하는 외부 요소가 크게 변화했기 때문에 조직에 큰 변혁이 요구되었던 것이다.

최재호 씨는 이러한 외부 영향, 특히 국내 소비자들의 소주 기호 변화를 재빨리 포착해 기존과 같은 도수가 높은 소주만으로는 자사가 살아남을 수 없음을 인식했다. 이를 계기로 최재호 씨는 고객에게 새로운 가치를 제공하고 자사 소주를 지키면서도 기업의 새로운 고객층을 개척하는 제2의 창업을 사업 콘셉트로 내걸고 사업을 진행하게 됐다.

최재호 씨는 새로운 고객층, 특히 여성과 젊은 층의 구매로 이어질 수 있는 신상품을 개발하기 위해 사내 네트워크를 이용해 이를 위해 노력해 왔다. 최재호 씨는 무학주류상사의 해외 주류 수입 판매 정보를 확인하는 과정에서 기존 알코올 도수인 25도 소주로는 저도주 맥주, 와인과의 경쟁에서 도태될 수 있다는 위기감을 느껴 처음으로 저도수 소주 시장을 개척하기로 했다. 이러한 생각의 발상은 기존의 소주를 개량한 지속적 이노베이션이라고 할 수 있으며, 당시에는 존재하지 않았던 저도수 소주 시장을 최초로 개척한 것에서 의미있는 이노베이션이라고도 할 수 있을 것이다.

그리고 한번 만들어진 시장 우위성을 지속시키기 위해 화이트에 이어 현재 무학의 간판 상품인 좋은데이(2006년)를 출시하였다. 좋은데이는 한국의 명산 중 하나인 지리산에서 샘솟은 암반수를 100% 사용한 천연 알칼리수 소주로 국내 최초로 16.9도의 초저도수 소주였다. 초음파 진동 공법(Ultrasonic Wave Vibrations 공법)으로 장기간 자연 숙성과 동일한 품질 개선 효과를 가능케 했으며 미세 초음파로 알코올 분자를 분해해 마실 때 부드럽고 담백한 분위기를 자아내는 깔끔한 맛이 특징이다. 여기에 필수 아미노산을 국내 최초로 첨가해 소주의 기능성을 한층 높이고 있다.

| 그림 5-1-14 | 무학의 특허(굿데이뮤지엄) |

출처: 필자작성

그리고 후속작으로 컬러 시리즈(2015년~현재)도 시장에 내놓아 저도수 소주 시장에서 선행자 우위를 점하고 있다. 특히 컬러 시리즈가 빅히트하면서 무학은 전국적인 소주회사로 이름을 올리는 계기가 됐고 해외에서도 좋은데이 컬러 시리즈는 큰 호응을 얻고 있다.

그 결과, 무학의 전국 시장점유율은 2009년 8.5%에서 2017년 12.7%까지 상승했다. 고향인 경상남도에서는 부산 70%, 경남 95%, 울산 90%(2013년)까지 시장점유율을 높였다.

지방주 할당제 폐지로 수도권 대기업의 지방 공략이 가속화됨에 따라 경상남도를 거점으로 하는 무학 입장에서는 타사가 나아가지 않았던 길을 개척할 필요성이 있었다. 이에 조직개편도 실시하여 연구개발을 전문으로 하는 중앙연구소를 설립(2000년)하였고, 생산공장도 기존의

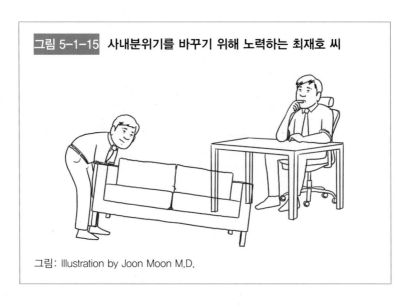

그림 5-1-15 사내분위기를 바꾸기 위해 노력하는 최재호 씨

그림: Illustration by Joon Moon M.D.

제1공장 증축과 개선(2003년), 제2공장 준공(1995년)을 실시함으로써 지역 생산기반을 확충하고 울산공장(2008년), 용인공장(2008년)을 설립하는 등 타지역 및 수도권 진출을 도모하기 위한 설비투자도 적극적으로 실시하였다.

이 같은 발빠른 움직임의 배경에는 최재호씨의 추진력과 외부 네트워크 활용이 있었다. 1988년 무학에 처음 입사했을 때의 일에 대해 최재호 씨는 이렇게 말했다.

「사무실마다 소파가 있었고 직원들은 소파에 앉아 잡담을 즐기고 있었다. 그리고 저녁 6시가 되자 정시 퇴근했다. 해보자는 열의는 별로 없었다. 고향을 무대로 소주를 생산·판매하는 주류회사들은 시대의 흐름에 뒤처져 있었다. 그러나 누구도 회사를 걱정하는 사람은 없었다. 노력하지 않고 가만히 있어도 살아 남을 수 있었기 때문이다. 자도소주 구입제도 때문이었다. 지역 소주기업들은 자도소주 구입제도의 우산 아래 생존해 변화를 추구할 엄두조차 내지 못했다. 그것은 무학도 마찬가지였다.」

당시 혈기왕성했던 최재호 씨는 회사 경영 방침을 이해하지 못했다. 일본 유학을 떠나기 전 대웅제약 기획실에서 일할 때는 일에 열중했고 주말에도 출근해 일하는 것이 당연시됐다고 한다. 그런데 무학이란 회사내부에는 당시 일에 열중하는 분위기 자체가 없었다. 최재호 씨는 무학의 분위기를 바꾸기 시작했다. 우선 사무실에 있던 소파를 치웠다. 다음으로 일하지 않는 임원에게는 인사조치를 단행했다. 회사 안팎에서 함께 함께 일하기 어려운 사람이라는 불만의 목소리가 터져 나왔다. 그러나 이미 변화와 개혁 결심을 굳힌 그에게는 들리지 않았다. 아버지에게 일할 수 있는 사람을 뽑아야 하며 회사가 발전하려면 택배와 편의점 사업을 시작해야 한다고 매일같이 제안했다.

당시 무학의 영업이익이 1년에 5억원에 불과했다. 최위승 씨는 최재호 씨의 제안을 모두 받아들이지 않았다. 최재호 씨의 제안이 워낙 파격적이었기 때문이다. 그때만 해도 최위승 씨가 편의점이나 택배업을 이해하기는 어려웠다. 아직 국내에는 그 개념조차 정착되지 않았던 시기이기도 했다. 최재호 씨는 아버지와는 다른 방향으로 소주회사를 운영하고 싶었다. 지방 소주기업이 아닌 전국적인 기업으로 만들겠다는 꿈이 싹텄다. 그러나 그 꿈은 쉽게 이루어지지 않았다. 결국 1년 뒤 사표를 내고 회사를 뛰쳐나왔다. 그러나 최위승 씨는 자신의 아들에게 다시 생각해 달라고 했고 최재호 씨는 무학으로 돌아갔다.

무학으로 돌아와서 한 첫 번째 일은 1989년부터 1990년대 초반까지 이어진 자동포장기계회사 신명공업의 파업을 해결하는 것이었다. 그는 이 문제를 해결하기 위해 고등학교 공업 교과서를 가져와 처음부터 새롭게 공부했다. 선반이 무엇이고, 밀링머신이 무엇이며, 제어

그림 5-1-16 **무학의 지역술**

출처: 필자촬영影

비는 어떻게 구하는지 등 문제를 해결하기 위한 기초지식을 쌓고 현장에서 직원들과 부딪히며 문제를 하나하나 해결했다. 그러면서 '이 회사는 당신들 것'이라는 주체적 의식도 심어줬다. 당시에는 체질상 술을 전혀 마시지 못했지만 조합원들과 편하게 이야기를 나누기 위해 함께 술도 마셨다.

이처럼 문제를 해결하기 위해 스스로 최전방에 뛰어들고 싶어하던 최재호 씨는 1994년 무학 대표이사 사장으로 취임한 뒤에도 직접 직원들과 소통하며 직접 영업현장을 돌며 고객들의 생생한 목소리를 듣고 소비자 요구를 파악해 경영에 반영하고 있다.

다음으로 지역 핵심 자원인 물 보존에 대해서는, 마산에 1970년 대부터 공장 단지가 만들어지기 시작하면서 수질도 점차 나빠졌다. 기존에 쓰던 암반수로는 식품안전기준을 충족하지 못해 무학은 2010년 이후 수돗물을 사용할 수밖에 없게 됐다.

이에 무학은 공장마다 자체 정수처리시스템을 설치하고 활성탄과 역삼투압(R/O) 여과를 포함한 정밀여과시스템을 활용해 정수처리 후, 사용하게 됐다.

정수처리 시스템은 최종 제품 주입 전 한 번 더 사용해 소비자가 우려하는 성분을 완벽하게 제거하고 있다. 이에 나온 정제수에 대해서는 외부기관에 분석을 의뢰해 식수 기준에 따라 총 59개 항목의 수질검사를 실시해 안전성이 확보되고 있음을 소비자에게 어필함으로써 자사 상품에 대한 신뢰도를 높이고 있다.

또한 해외 진출도 적극적으로 하고 있으며, 동남아시아 시장 공략을 위해 베트남 주류회사 빅토리를 인수(2017년)하고 좋은데이를 현지화해 판매하고 있다. 그리고 중국, 일본, 미국, 호주, 뉴질랜드 등 20개국에도 현지 협력업체와 연계해 적극 수출하고 있으며, 2016년 420만 달러에서 2018년 550만 달러, 그리고 2021년에는 700만 달러어치를 수출하고 있다.

그림 5-1-17 수도권진출을 꾀하는 무학

그림: Illustration by Joon Moon M.D.

이미 선행연구의 검토파트에서 자원부족으로 어려움을 겪는 지역 기업은 자원적 제약을 극복하기 위해 지역의 다른 기업, 대학 등의 연구기관, 지방정부와 전략적 제휴를 맺고 협력해 나가는 '네트워크 창조에 의한 전략적 제휴'를 맺는 것이 중요함을 밝혔다. 안전성을 확보할 수 있는 첨가물이나 생산 관련 기술의 개발을 위한 연구개발비 및 시간은 중소기업에게는 큰 과제가 된다. 무학은 자사의 연구소뿐만 아니라 현지의 연구기관이나 대학과 제휴함으로써 효과적으로 개발을 실시하는 것이 가능해진 것이다. 특히 경상남도에는 수많은 대학과 다양한 벤처기업, 부설연구소 등이 위치하고 있는 지역이다. 이러한 지역 자원을 적극적으로 활용함으로써 지역 네트워크를 유지하는 동시에 자사의 경쟁력으로서 활용할 수 있다면 무학의 장래는 밝을 것이다.

그림 5-1-18 　**굿데이뮤지엄**

출처: 필자촬영

다음으로 수도권 지역경쟁의 격화와 지역 시장점유율의 하락에 관해서 살펴보면, 무학이 위치한 부산, 경남의 인구는 약 700만 명이지만 수도권의 인구는 약 2,500만 명으로 부산, 경남보다 약 3.5배 큰 시장이다. 수도권 시장은 무학에게 매력적이었고, 자도소주 구입제도 폐지로 수도권 대기업과의 마찰이 불가피했다. 따라서 무학 입장에서는 수도권 진출이 어떻게 보면 당연한 수순이었을지도 모른다. 하지만 과일맛 소주의 인기가 떨어지면서 수도권 점유를 위해 막대한 마케팅 비용을 투자했지만 무학의 경우 한때 7%까지 올랐던 수도권 점유율은 1%로 떨어졌다.

한편 경남지역 소주 점유율도 경쟁사였던 대선주조가 2017년부터 C1 소주에서 대선소주로 레트로 마케팅을 펼친 영향으로 90%였던 점유율도 현재 42%까지 떨어졌다. 반면 하이트진로 롯데주류 등 수도권 대기업의 광범위한 마케팅으로 지역 경쟁이 심화되면서 영업이익이 마이너스로 돌아섰다.

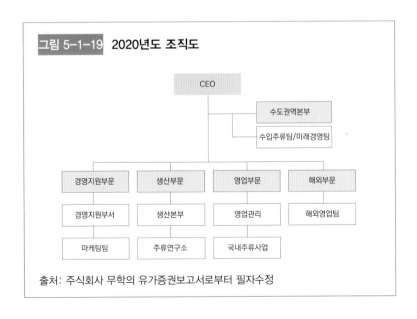

그림 5-1-19 **2020년도 조직도**

출처: 주식회사 무학의 유가증권보고서로부터 필자수정

이에 무학은 조직 개편을 실시하여 사업 부문을 지원, 영업, 경영 지원의 3개에서 지원, 생산 연구, 마케팅, 영업의 4개로 세분화하고 중부, 서부, 동부, 부산의 4개 영업소를 중부와 동부로 집약하였다. 불필요한 사업부문을 줄이고 신제품 개발에 매진하는 '선택과 집중'을 채택한 것이다. 또 회장 직속 부서였던 연구소를 사업부문으로 승격시켜 연구개발과 신제품 출시에 주력했다. 그 결과 2020년에는 흑자로 전환되었다. 무학은 지역 시장을 지키면서 다른 지역으로의 진출을 정밀하게 계획할 필요가 있었던 것이다.

02 　SPC 그룹

1 　한국 빵의 역사

　한국에서 빵을 처음 접한 것은 1720년대로 거슬러 올라간다. 이
이명(李伊命)이라는 당시 조선 좌의정이 아들을 데리고 베이징에 갔을
때 천주당(天主堂)이라는 곳에서 '서양 떡'을 먹었다는 기록이 '일암연기
(一菴燕記)'라는 책에 남아 있다. 거기에는 다음과 같이 기재되어 있다.

　「부드럽고 달콤해 입에 넣자마자 녹아서 정말 기이한 맛이었다.
설탕, 계란, 밀가루로 만들어졌다고 한다」

　기록으로 미루어 볼 때 현재의 카스테라로 추정된다. 1882년 임
오군란 이후 일본인들이 한성(현, 서울)에 살기 시작하면서 이 서양의 떡
이 들어오게 되었다. 일본 빵이 국내에서 만들어지게 된 것도 이 시기
부터라고 한다.

　일제강점기에는 일본의 공장에서 만든 이스트균이 한국에 수입돼
판매되고 있었다. 일본인이 운영하는 베이커리점에서는 화과자와 함
께 이스트균이 들어간 부드러운 빵도 판매되고 있었다. 당시 한국의
베이커리 가게들은 대부분 일본인들이 운영하는 화양과자 전문점이
었다. 1920년대에는 서울에 일본인이 처음으로 서양식 빵과 과자를
전문적으로 판매하는 베이커리 가게를 열었다. 1919년 5월에는 일본
인들이 북한 남포시에 제분공장을 설립했다. 이로써 한반도산·만주

산·미국산·캐나다산 밀을 중개업소를 통해 대량으로 매입하거나 직접 구매할 수 있게 됐다. 1920년대 후반에 이르러 한반도에서 만드는 빵의 재료가 되는 밀도 시장으로 흘러가게 되었다.

1921년에는 서울 용산에 풍국(豊国)제분주식회사가 설립되면서 밀이 점차 보급되었다. 당시 한반도 쌀을 대량으로 일본에 수출한 결과, 한반도 내 식량이 부족했다. 그래서 대체할 곡물이 필요했고, 그 대안으로 밀가루를 보급한 것이다. 물론 밀가루는 대부분 중국집 및 일식집 등에 쓰였지만 빵 보급과 함께 빵 소비도 크게 늘었다.

케이크가 처음 등장한 것은 1920년대로 당시 상류층이 주최하는 파티에서 가장 눈에 띄는 요리였다. 식빵도 일본에서 들어와, 당시 문화 흐름을 주도한 사람들은 아침식사로 베이커리 가게에서 식빵을 구입했다.

1930년대에는 일본 대기업인 모리나가와 메이지 등이 서울에 대리점을 두고 캐러멜, 사탕, 양갱, 사탕류 등을 판매했다. 1937년 중일전쟁을 일으켜 만주를 장악한 일본은 만주산 밀도 손에 넣었다. 이에 따라 일본인이 경영하는 제빵업이 활발해졌다. 당시 빵을 만드는 기술자를 일본에서 조달하기 어려웠기 때문에 자연스럽게 조선인들이 제빵업계에 진출하면서 제빵사를 지향하게 되었다.

1940년이 되자 서울에만 140여 개 빵집이 있었다. 1942년 자료에 따르면 제빵사 일본인이 155명이었던 반면 조선인은 323명이나 되었다는 기록이 있다. 군납을 위한 빵 만들기에는 조선인들도 참여했던 것으로 보인다. 이와 같은 역사적 배경으로 인해, 한국 제빵업계에서는 한국이 독립하고 일본인이 떠난 후에도 일본식 빵집의 위상이 짙게 남게 되었다.

식민지 지배로부터 독립한 후, 미국이 주둔한 것도 빵 문화를 발전시키는 기폭제 역할을 했다. 미군이 제공하는 밀가루와 설탕을 이용해 좀 더 달콤하고 부드러운 빵이 만들어졌다. 이 무렵 가장 눈에 띄는 활약을 한 사람이 본 케이스의 주인공인 허창성이라는 인물이다. 14세 때부터 황해도 옹진의 빵집에서 점원으로 일하다 1945년 상미당(賞美堂)이라는 빵집을 열었다. 기존 빵 유통망에 대해 잘 알고 있었기 때문에 사업이 이른 시기에 성공하여 1948년 서울 을지로로 상미당을 이전하였다.

그러나 1950년에 한국전쟁이 발발하자 그의 사업 거점은 불탄 들판이 되었다. 전후인 1959년 용산에 빵과 비스킷을 대량 생산하는 공장을 세웠다. 이것이 「삼립 산업 제과 주식회사」이다. 1960년대 주한 미군에 빵을 군납하면서 양산형 제빵업체로 자리잡기 시작했다.

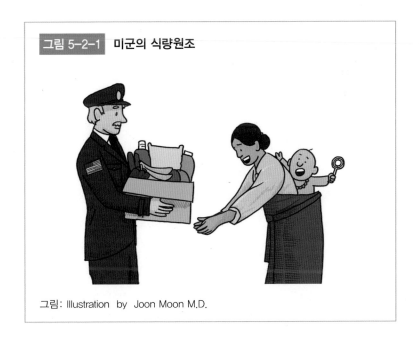

그림 5-2-1 미군의 식량원조

그림: Illustration by Joon Moon M.D.

상미당보다 조금 늦은 1947년, 서울역 뒤 중림동에 윤태현이 영일당(永-堂)제과를 열었다. 윤태현은 전남 해남 출신으로 일제강점기 이후 미군이 유통한 밀가루에 주목해 빵집을 열었다. 특히 1956년 화과자를 응용해 만든 '산도'가 대성공을 거두고 있다. 1950년대에 국민 한 사람이 1년에 50개 이상 사먹었을 정도의 히트 상품이었다.

이처럼 한국 빵 역사 발전의 밑거름이 된 것은 군대에 납품되는 전투식량이었다. 또한, 1953년 미국의 식량 원조를 받아 실시된 초등학교 급식 빵 제도도 양산업체가 성장하는 동력이 되었으며, 여기에 박정희 정권의 혼분식 장려 정책은 양산업체를 본격적으로 키우는 토양이 되었다. 1950년대에는 독일 빵집, 뉴욕 빵집 등 서양식 이름의 빵집이 생겨났는데, 이는 한국전쟁 이후 미국의 영향을 강하게 받은 결과일 것으로 추측된다.

빵을 양산하는 기업이 성장을 한 배경에는 그만한 양의 이스트균을 제조하는 기업의 탄생이 있었음을 간과할 수 없다. 1960년대 제일물산양행에서 처음 이스트균이 제조되었고, 이후 조흥화학도 합류하였다. 1967년 한국 정부는 대장균을 일으킬 가능성이 있다며 생이스트 판매를 금지했지만 그에 따라 드라이이스트를 제조한 두 회사는 결과적으로 빠르게 성장할 수 있었다.

1950년대 후반에서 1960년대에 새로운 바람이 불기 시작했다. 개인이 운영하는 빵집이 부활한 것이다. 한국 정부가 혼식을 장려하면서 '○○당', '○○사'라는 이름의 빵집이 생겨났는데, 이는 일제강점기 일본인이 운영하던 빵집의 영향을 받은 것이다. 군산의 이성당(李聖堂)은 원래 일본인 히로세 야스타로(広瀬安太郎)가 1920년에 문을 연 빵집이었다. 일제로부터 독립한 후 그 옆에서 작은 빵집을 운영하던 이석우 씨가 적산 물건으로 매물로 나온 곳을 인수하여 이성당으로 개명하여 운영하게 된 점포였다. 태극당, 고려당도 인기를 누리고 있었다.

개인 빵집의 영향과 정부가 추진한 정책의 영향으로 1972년에는 빵·양과자 제조업체가 2,165개가 되었다. 박정희 정권이 혼합 분식 장려 운동을 진행한 결과, 학교에 대규모 급식 빵이 제공되었다. 그런데 1977년 급식빵을 먹은 아이가 숨지는 사건이 발생하면서 급식빵 제도가 폐지되고 소규모 빵업체들은 쇠퇴의 길을 걷게 됐다.

1980년대 이후 지역 빵집이 번창하면서 서울에서는 고려당과 뉴욕제과, 신라명과 등이 빵을 공장에서 생산해 제공하는 프랜차이즈로 사업 형태를 변화시켰다. 삼립산업제과주식회사는 삼립식품과 샤니로 분리 확장했고, 허창성의 차남이 맡은 샤니는 1980년대 이후 찐빵 판매와 함께 파리바게뜨와 파리크라상 같은 대형 프랜차이즈 사업을 시작했다. 고려당, 태극당, 뉴욕제과 등은 한때 전성기를 누렸으나 대기업과의 경쟁에서 밀리면서 역사의 무대에서 사라졌다.

영일당제과는 산도 포장지에 그린 왕관마크를 응용해 사명을 크라운제과로 바꾸고 2005년 해태제과를 인수해 빵은 물론 과자류에서도 점유율을 늘려갔다.

 파리바게뜨매장

출처: 필자촬영

이처럼 1990년대부터 2000년대까지는 파리바게뜨, 뚜레쥬르 등, 대기업 프랜차이즈가 성행하는 반면 기타 중소규모 대량생산 업체들은 도산하고 동네 빵집들도 줄줄이 문을 닫는 사태가 벌어졌다. 공장에서 일괄 생산돼 각 거점에 납품하는 대형 프랜차이즈는 어디서 먹어도 똑같이 맛있는 빵을 사람들에게 제공해 지지를 얻었다. 특히 과거 빵의 제조 및 판매에 특화되어 있던 빵집이면서도 여기에 세련된 카페 개념을 접목하여 발전시킨 파리바게뜨는 프랜차이즈화의 성공사례로 다양한 연구사례로 소개되고 있다.

1990년대 들어 해외여행의 자유화가 진행되면서 일본식과 미국식 빵 맛에 익숙한 사람들이 유럽식 빵 맛에 눈을 떴다. 건강한 식품을 먹고 싶다는 사회 트렌드에 맞춰 윈도우 베이커리라는 새로운 문화가 생겨났다. 젊고 활기찬 제빵사들이 등장하면서 첨가제를 넣지 않은 수제빵을 만들어 판매하기 시작한 것이다. 조용히 시작된 이 문화는, 소비자들이 대형 프랜차이즈 빵을 거부하는 출발점이 됐다.

윈도우 베이커리가 유행함에 따라 그동안 대형 프랜차이즈 빵뿐이던 한국에 새로운 빵 시장이 열렸다. 젊고 재능 있는 사람들이 제빵사라는 직업에 매력을 느껴 개인 공방식으로 꾸민 빵집을 만들고 제과와 제빵을 분리해 특화하는 문화가 생겨났다. 2010년 이후에는 식빵과 크로와상만 판매하는 등 세분화가 진행된 결과, 전문 베이커리가 생겨났다. 한국산 밀이나 현지 농가의 밀로 빵을 만드는 시도도 이뤄지고 있다. 이는 특히 가족을 위해 건강한 빵을 만든다는 홈제빵사의 지지를 받으며 인기를 끌고 있다.

대형 프랜차이즈 빵집들은 이들의 성장에 위협을 받아, 제빵과정을 천연발효로 전향할 수밖에 없는 지경에까지 몰리고 있다. 공장에서의 이스트균 제조와 프랜차이즈에 의한 빵의 대량생산이 무기였던 대기업도 이제는 「건강, 수제, 발효, 천연」이 고객으로부터의 지지를 얻기 위한 중요한 컨셉이라고 인식하고 있는 것이다.

　현재 한국에서는 프랜차이즈 베이커리, 오랜 전통을 가진 지역의 명물 빵집, 천연발효와 수제빵이 판매되는 윈도우 베이커리, 디저트 카페 등이 다채롭게 분화되어 역사적으로 어느 때보다 치열한 경쟁 속에서 번창하고 있으며, 유럽식 빵, 일본식 빵, 한국식 빵, 미국식 빵 등이 세계 어느 곳과 비교해도 손색이 없을 정도로 다채롭고 흥미로운 빵이 진열대에서 고객을 기다리고 있다.

2　SPC그룹 소개

그림 5-2-3　SPC사옥

출처: 필자촬영

표 5-2-1 회사개요

회사명	SPC그룹
대표자	대표이사회장 허영인
본사소재지	06737 서울특별시 서초구 남부순환로 2620
창업년월	1945년 10월 28일
자본금	431억원 ※IPO한 SPC삼립 데이터 기준
매출액	6조 5,000억 원 2020년 3월
종업원수	SPC삼립: 2,819명(2020년 12월) 파리크라상: 5,677명(2020년 12월) BR코리아: 1,695명(2020년 12월) SPL: 906명(2020년 12월) SPC PACK: 190명(2020년 12월) ㈜Sectanine: 245명(2021년 2월) PC GFS: 1,265명(2020년 12월) 합계: 12,797명
관련회사	계열사: 52개사 소유 브랜드: 28브랜드 점포수: 6,930점포(국내 6,500점·해외 430점)

출처: SPC그룹 홈페이지로부터 필자수정

　본 연구에서는 허창성 씨가 창업하여 현재 국내 최대 제빵기업인 SPC그룹에 대해 소개하고 세 단계로 나누어 분석한다.

　상미당(이하 SPC)은 국내에 6,500개 점포, 해외에 430개 점포를 운영하고 있는 기업이다. 2020년 매출액은 6조 5,000억원을 기록하고 있다.

　SPC그룹은 종합식품회사로 주력사업은 '빵 제조·판매업 및 빵 제조와 관련된 원료의 판매·유통, 프랜차이즈 사업'이다. 국내에는 파리바게뜨, 파리크라상 등 빵집을 프랜차이즈로 운영하고 있으며, 해외에서도 브랜드력이 있는 던킨도너츠, 배스킨라빈스31, 쉐이크쉑 등을 자체 브랜드에 접목해 프랜차이즈를 운영하고 있다.

이외에도 '빚은'이라는 한국 전통 떡을 활용한 카페는 물론 양식, 디저트, 와인 사업까지 다수의 브랜드를 국내에 선보이고 있다.

해외에도 적극 진출하고 있으며, 2004년 9월 중국 상하이 진출을 시작으로 현재는 미국, 베트남, 싱가포르, 프랑스, 캐나다, 캄보디아 등에 총 430개 점포를 운영하고 있다. 2019년에는 쉐이크쉑 브랜드의 싱가포르 사업운영권을 획득해 현지 영향력을 높이고 있다. 그 결과, 그룹의 총 매출액은 4조 8,100억원(2015년)에서 6조 5,000억원(2019년)까지 증가했으며, 해외 법인의 매출액도 해마다 증가하고 있다.

SPC그룹은 국내에 다양한 브랜드를 선보이고 있다. 대표적으로는 빵집 파리바게뜨가 꼽힌다. 해외 유명 브랜드의 국내 론칭에도 주력하고 있으며 던킨도너츠, 배스킨라빈스, 최근에는 쉐이크쉑 등의 브랜드를 선보이고 있다. SPC그룹 계열사들도 먹거리와 관련한 다양한 브랜드를 선보이고 있다.

표 5-2-2 매출액추이

(단위: 원)

구분	2015	2016	2017	2018	2019
그룹 총매출	4조 8,100억	5조 3,000억	5조 7,000억	6조 800억	6조 5,000억
해외법인매출	3,000억	3,400억	3,645억	3,968억	4,427억

출처: SPC그룹 홈페이지로부터 필자 수정

표 5-2-3 산하 브랜드

구분	브랜드 명
베이커리·디저트	파리바게뜨, 베스킨라빈스, 던킨도너츠, 삼립, 파리크라상, PASSION5, 빚은, 샤니, 베이커리팩토리
외식 체인	쉐이크쉑, 에그슬럿, 라그릴리아, 피그인더가든, 시티델리, 퀸즈파크, 베라, 라뜰리에, 그릭슈바인, 스트릿, 디퀸즈, 리나스, 한상차림
카페 체인	파스쿠찌, 잠바주스, 커피앳웍스, 티트라
유통·서비스	해피포인트, 더월드바인

출처: SPC그룹 홈페이지로부터 필자 수정

SPC그룹 경영활동의 밑거름이 되고 있는 것은 '상미당 정신'이다. 상미당 정신이란, SPC그룹이 사내에서 공유하고 있는 기업 이념으로, 1945년 창업한 상미당이라는 작은 빵집을 시작할 때부터 변함없이 끝없는 혁신을 거듭해 빵의 길을 열어온 이 회사의 스피릿을 나타낸 것이다. 빵을 수백 개 만들어도 고객은 빵 하나로 평가한다. 빵은 나누면 반이 되지만 만드는 기술을 나누면 꿈이 된다는 현실적이고 구체적인 뉘앙스도 그 안에는 들어 있다.

구체적인 기업 이념은 기업의 핵심 가치를 종업원들이 공유하기 쉽고, 기업 문화의 형성이나 성장에도 큰 영향을 미친다. SPC그룹의 상미당 정신은 경영위기가 닥쳤을 때에도 극복할 힘을 직원들에게 부여해 현재 SPC그룹의 밑거름이 됐다고 해도 과언이 아닐 것이다.

표 5-2-4 **연혁**

1945년 10월	제과공장 상미당 설립
1964년	한국 최초 비닐로 포장한 크림빵 출시
1966년 4월	삼립산업제빵공사로 사명 변경
1968년 6월	삼립식품공업주식회사로 사명 변경, 주한미군 빵군납업자로 등록하여 미군부대에 납품
1971년 10월	삼립호빵 발매
1972년 8월	한국인터내셔널식품(현 샤니) 설립
1974년 4월	호남공장 준공
1975년 5월	기업 공개
1977년 10월	한국인터내셔널식품㈜에서 샤니로 상호 변경
1979년 5월	청주공장 준공
1983년 10월	샤니, 업계 최초 식품기술연구소 설립
1985년 4월	미국 베스킨라빈스사와 기술제휴
1985년 6월	BR KOREA㈜ 설립
1986년 10월	(주)파리크라상 설립
1988년 6월	베스킨라빈스 1호점 개점, 파리바게뜨 1호점 개점
1989년 3월	대구공장 가동
1992년 4월	한불제과제빵학원 개원(현 SPC컬리너리아카데미)
1993년 10월	미국 던킨도너츠와 기술제휴 계약
1994년 1월	태인샤니 그룹의 발족
1995년 1월	삼립식품공업(주)에서 ㈜삼립G.F로 사명 변경
1997년 3월	(주)삼립G.F에서 (주)삼립식품으로 상호 변경
1997년 5월	삼립식품이 회사 정리 절차를 실시

1998년 12월	던킨도너츠 1호점 개점
1999년 1월	ISO9001 품질시스템 인증 획득
1999년 2월	삼립식품의 회사정리절차가 종료됨
2000년 7월	해피포인트카드 등장
2002년 11월	파리크라상 컨소시엄이 삼립식품을 인수
2003년 8월	창업자 허창성 씨 서거
2004년 4월	경부고속철도 KTX 개통 기념 크림빵 출시
2005년 1월	한국경제신문 주최 식품분야 소비자대상 수상
2006년 9월	HACCP 떡류 인증 획득
2006년 12월	ISO22000(식품안정경영시스템) 인증 획득
2007년 2월	HACCP 햄버거류 인증 획득
2008년 11월	HACCP 냉동면류 인증 획득
2009년 12월	준법경영시스템(CMS) 인증 획득
2010년 3월	고속도로 SA운영사업 진출
2011년 3월	㈜샤니와 영업양수도계약 체결
2012년 12월	지배회사의 종속기업인 (주)밀다원 인수
2013년 7월	그릭슈바인(구 알프스식품) 인수
2014년 7월	주식회사 삼립GFS(현 SPC GFS)분할설립
2016년 11월	(주)삼립식품에서 (주)SPC삼립으로 상호 변경
2017년 12월	소비자중심경영(CCM)인증획득
2019년 5월	프리미엄 베이커리 브랜드 미각제빵소 런칭
2019년 6월	HMR 브랜드 '삼립잇츠' 런칭
2019년 8월	크래프트 하인즈 독점 공급 계약 체결

출처: SPC그룹 홈페이지로부터 필자 수정

현재 SPC는 제과 제빵 분야를 넘어 Home Meal Replacement(HMR) 분야 진출 등을 통해 관련 다각화를 꾀해 자사 경영자원을 최대한 활용하려 하고 있다.

본 연구에서는 작은 빵집에서 한국 최대 베이커리 브랜드로 성장한 SPC 그룹에 대해 3개의 시기로 나누어 사례 분석을 실시한다.

3 생성기의 프레임워크 분석(1921~1982년)

SPC그룹의 모태는 한국 빵 역사 속에서 소개한 '상미당'이다. 상미당을 창업한 허창성 씨는 1921년 2월 5일 황해도에서 태어났다. 초등학교 졸업 후 가정형편으로 진학하지 못한 허창성 씨는 아버지로부터 기술을 연마하고 자립하라는 조언을 받고 친구의 소개로 일본인이 운영하던 베이커리 가게에 취직했다. 그 후, 3년간의 수련 생활을 거쳐 숙련 기술자가 되어 제품의 판로에 대해 파악하기에 이르렀다. 우연이었다고는 하지만, 제빵 기술을 계속 배우고 있었던 것은, 빵에서 장래성이나 가능성을 느끼고 있었기 때문이라고도 말할 수 있다. 그것은 서양이나 일본에서 온 빵이라는 식문화가 당시 현지 한국인들에게는 아직 생소했던 것에서 그 이유를 찾아볼 수 있을 것이다.

황해도라는 지역은 수도 서울을 둘러싸고 있는 경기도의 북쪽에 위치하여, 당시의 한반도에서 밀가루 생산량이 가장 많은 지역이었다. 독립 후에는 미군 주둔지이기도 했다. 즉, 수요지에서 가까워서 원재료를 구하기 쉬워 빵 생산에 적합한 지역이었던 것이다. 허창성 씨의 외가는 밀가루 제분공장을 운영하였고, 공장 안에 제과공장을 만들어 사업을 확대했다.

그러나 1930년대 이후, 중일전쟁과 태평양전쟁이 발발하자 조선총독부는 경제체제를 전시체제로 바꾸고 모든 원료공급을 배급제로 삼았다. 그 결과 원재료가 되는 밀을 충분히 확보할 수 없게 되어 한 달에 5일밖에 빵을 생산할 수 없게 되었다.

경제적으로 여유가 있고, 공장 가동률 저하로 시간적 여유도 생긴 허창성 씨는 제빵에 관해 이론적으로 공부하기 위해 일본을 방문해 도쿄의 제과학교에 입학할 예정이었다. 그러나 도항증명서 발급이 되지 않자 독학으로 제빵에 관한 공부를 진행했다.

이후, 1942년 10월 허창성 씨 인생의 동반자이자 중요한 경영 파트너가 될 아내 김순일 씨를 만나게 된다. 서울로 올라와 일시적으로 봉제공장 영업소에서 일하던 김순일 씨였으나, 전쟁의 격화로 경성(현재의 서울)의 소개 명령이 내려져 1943년 4월 소개지인 황해도 최대 도시인 해주시에서 재봉틀 수리점을 열었다. 김순일 씨에 대해 허창성 씨는 이렇게 말했다.

「아내는 어려움에 부딪힐 때마다 스스로 먼저 움직였다. 문제가 생기면 명석한 판단력으로 실마리를 찾았고 타고난 성격과 방대한 지식은 경영철학 못지않게 엄정해 그 앞에선 편견과 선입견을 앞세우지 못했다. 아내의 이런 면은 직원의 인사나 거래처와의 약관 설정, 구매계약이나 자재 선정, 그리고 예산 집행 등 모든 경영 분야에서 그 능력이 두드러지게 나타났다.」

그림 5-2-4 서울에 오픈한 상미당

서울

상미당

그림: Illustration by 박영사

여기서도 허창성 씨에게 김순일 씨가 중요한 존재이자 자신의 단점을 커버해 주는 경영 파트너로 인식했음을 알 수 있다.

광복 후 1945년 8월 15일, 허창성 씨는 가족과 함께 고향으로 내려가 자신의 꿈이었던 제과점 상미당을 열었다. 황해도에는 미군 주둔지가 설치되어 빵 만드는 데 필요한 설탕, 버터 등이 시장에 돌고 있었다. 인근 농촌에서 만드는 엿과 미군으로부터 나온 설탕을 사용해 빵이나 과자, 사탕 등을 만들었다. 이들은 과거 일본인들이 운영하던 제과점 유통망을 그대로 이용해 황해도 내 시장에 공급됐다. 이때 가족 내에서 역할 분담이 이뤄져 할아버지는 자재·원료 구매를, 아내는 사무를, 허창성 씨는 기술을 담당했다.

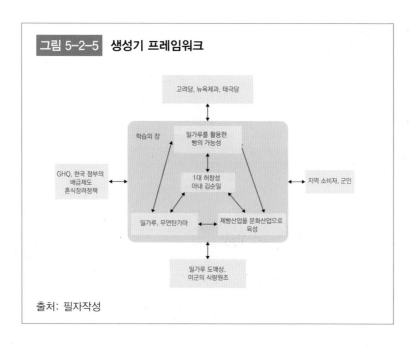

그림 5-2-5　생성기 프레임워크

고려당, 뉴욕제과, 태극당

학습의 장

밀가루를 활용한
빵의 가능성

GHQ, 한국 정부의
배급제도
혼식장려정책

1대 허창성
아내 김순일

지역 소비자, 군인

밀가루, 무연탄가마

제빵산업을 문화산업으로
육성

밀가루 도매상,
미군의 식량원조

출처: 필자작성

　허창성 씨는 회사를 발전시키기 위해서는 많은 양의 소비가 있어 원자재 매입 등에서 유리한 더 큰 시장이 필요하다고 느껴 서울 을지로 방산시장 근처로 회사를 이전시켰다. 그러나 당시 서울에는 10여 개 이상의 베이커리 가게가 있어 경쟁이 치열했기 때문에 벌이가 신통치 않았다. 가게마다 맛에 큰 차이가 없었기 때문에 비용 절감을 통해서 가격 경쟁력을 갖출 수밖에 없었다. 허창성 씨는 인건비를 줄여버리면 빵의 질에 영향을 미치기 때문에 가격에서 가장 큰 비중을 차지하는 원료비를 줄이기 위해 다양한 방법을 시도했다. 그 중에서, 중국인들이 사용하는 가마에서 아이디어를 얻어 가루 연탄을 이용한 무연탄 가마를 만들었다. 이 방법을 이용함으로써 경쟁사가 사용하는 백탄의 1/10의 양으로 반죽을 구울 수 있게 되어 생산원가를 대폭 깎을 수 있었다. 무연탄 가마의 개발로 품질 높은 빵을 저렴한 가격에 공급할 수 있게 되면서 서울 시내 소매점에서 상미당의 브랜드력이 부쩍 높아졌다.

또한 서울 곳곳에 상미당의 무연탄가마를 채용한 베이커리 가게가 속속 등장했다. 이 흐름을 만들어낸 것은, 상미당에서 기술을 배우고 독립한 종업원들이었다. 이들은 상미당 이름으로 빵을 판매했기 때문에 실질적으로 상미당 브랜드의 선전역할을 담당했다.

이부(伊部)(2009)가 지적하는 지역기업에 의한 브랜드 구축의 제1단계로서 거론되는 것이 시장세분화, 목표시장선정, 포지셔닝이다. 목표시장을 '서울'로 설정하고 시장세분화대상을 '더 품질 높은 빵을 찾는 고객'으로 잡은 것이 후대 상미당의 브랜드 구축으로 이어진다. 또, 무연탄 가마의 개발과 그 기술을 보급시키는 구조에는, 카나이(金井)(2006)가 기업가 활동의 요건 중에서 언급한, 사업 컨셉의 창조력에 해당된다.

그림 5-2-6 무연탄가마

출처: 필자촬영

코쿠료우(国領)(1999)는, 「누구에게 어떤 가치를 제공할 것인가, 그리고 이를 위해 경영자원을 어떻게 조합하고, 또 어떻게 조달할 것인가, 파트너나 고객과의 소통을 어떻게 하고, 어떤 유통경로와 가격체계하에서 전달할 것인가」를 정의하는 것이 비즈니스 모델이라 하였는데, 서울시장에 상미당이라는 이름의 베이커리 가게를 보급하여 무연탄가마를 통해 가격경쟁력 있는 가격으로 빵을 제공할 수 있도록 한 것이 바로 비즈니스 모델의 설계이다.

그리고, 그 비즈니스 모델은 Barney(2003)의 VRIO 모델에서 말하는 외부 환경에 적응한 경제 가치(Value), 다른 곳에는 없는 일관된 유통 시스템이라는 희소성(Rarity), 타사가 단시간에 따라하기 힘든 모방 곤란성(Imitability), 그리고 이를 수행하는 조직(Organization)이라는 조건을 충족하고 있어, 상미당의 핵심 역량이었다고 생각된다.

그 중에서 무연탄가마의 개발과 기술자에 대한 보급은 유례를 찾기 어려운 독자적인 자원 전개이자 혁신이었다. 또한, 가족을 중심으로 구성된 경영팀의 형성은 패밀리 기업으로서의 핵심 자원을 활용한 것으로 밀러(2005)의 4개의 C, 씨족 커뮤니티(Community)의 그 강력한 커넥션(Connection)을 살려 강한 지휘권(Command)을 바탕으로 구축한 비즈니스 모델을 확립시켜 나간 것이다. 또한 가족 경영에 의해 경영 리스크를 경감시키는 것이 가능해졌다. 이러한 것들이, 비즈니스 모델의 수익성을 높여 제빵 사업의 계속성(Continuity)을 담보하는 것으로 이어진 것이다. 동시에, 이러한 동족 커뮤니티는 비즈니스 모델에 있어서, 구입, 사무, 기술이라고 위치를 담당함으로써, 운명 공동체로서 신뢰관계를 구축하면서 조직의 테두리를 넘은 「경영 팀」으로서 기능하고 있었던 것으로 생각된다.

그림 5-2-7 무연탄가마의 개발

그림: Illustration by Joon Moon M.D.

그러나 1950년 6월에 발발한 한국전쟁으로 지금까지 쌓아온 모든 것이 무너져내렸다. 3년간의 피난생활을 마치고 폐허가 된 서울의 공장으로 돌아와 다시 무연탄가마를 설치하고, 상미당이 어느 정도 기업적 구조를 보이게 된 것은, 1959년에 용산에 비스킷공장을 짓고 삼립제과공사를 설립했기 때문이다.

제빵사업의 특징 중 하나는 상품의 위생관리가 중요하고 품질관리가 무엇보다 중요하다는 점이다. 한편, 제품 하나하나의 품질에 너무 집착하면 이익을 창출할 수 없다. 따라서 대량생산을 할 뿐만 아니라 그와 동시에 엄격한 품질관리가 이루어져야 한다. 또한, 그것을 소비하는 시장의 개척도 동시에 진행할 필요가 있다.

허창성 씨가 삼립제과공사를 설립한 이유도 위에서 설명한 이유 때문이다. 1961년 삼립산업제과공사로 사명을 변경하였고, 1963년 신대방동에 800평 규모의 공장을 건립하였다. 이후, 인근 2,500평을 매입하여 공장을 확대하였고 1967년 가리봉동에 13,000평의 공장을 준공하였으며, 종업원 수도 3,500명까지 증가하였다. 또한, 회사의 규모가 커짐에 따라 총무, 인사, 경리, 영업, 관리 등을 망라하는 체계적인 조직 체제로 이행하였다. 허창성 씨는 생산공장을 중심으로 검사와 관리를 중시하며 제조비용 절감에 주력했다.

또한, 늘어난 생산량에 대응하기 위해서 판로의 확대가 필요했다. 소비자가 삼립 제품을 원하고 도매상이나 소매점에서 주문을 받을 수 있으려면 영업사원이 직접 방문할 수밖에 없었다. 영업사원들은 시장 입구나 유동인구가 많은 곳에 임시 매장을 설치하고 전단지를 나눠주는 등 광고 활동에 전념했다. 또한, 빵 속에는 「감사합니다. 만약 품질에 불만이 있으시면 언제든지 보상해 드리겠습니다」라는 안내문을 넣어 소비자 보호와 동시에 품질보증에 대한 자신감을 보였다.

삼립의 성장에는 기업의 노력도 있지만 거시환경의 영향도 고려할 필요가 있다. 대표적인 것으로는 1962년 제1차 경제 개발 5개년 계획에 따라 실시된 혼분식 장려 운동을 들 수 있다. 쌀 생산량이 부족했던 한국 정부는 미국의 식량 지원을 받아 대량으로 밀가루를 구했지만, 한국 국민에게 밀가루는 주식이 아니었다. 이러한 인식을 타파하고 식량 안정화를 실현하기 위해 정부는 혼분식 장려 정책을 실시했다. 구체적으로는 제빵업을 식품의 대체사업으로 인정하고 생산성 향상과 시설 개량 및 확충을 지원하였다. 김태욱(2002, 2003)이 지적한 바와 같이 기업을 둘러싼 외부 제도의 변화는 기업의 매니지먼트에 큰 영향을 줄 수 있는데, 이러한 정책은 삼립에게 비즈니스 확대의 기회가 되었다고 할 수 있을 것이다.

허창성씨는 「제빵사업은 문화사업이다」[1]라는 표현을 썼다. 이러한 인식은, 1964년 도쿄올림픽에 관광참관단으로 방문했을 때 생겨난 것이다. 제빵 수준은 문명의 수준에 비례한다고 느꼈기 때문에 제빵의 선진화를 통해 국가 발전에 기여하고자 판단했을 것이다. 일본 제빵공장 시찰은 현지 기술을 배우고 빵 생산에 자동화기술을 도입하는 계기가 됐다. 또한, 이때 재일교포 공장장을 스카우트해 신상품 개발과 제빵시설 개선에도 힘썼다. 그 결과 한국에서는 최초로 비닐 포장 크림빵이 탄생했다. 크림빵은 현재도 회사를 대표하는 히트 상품 중 하나이다. 즉, 삼립은 이 시기에 자동화에 의한 대량생산과 비닐 포장에 의한 위생관리를 가능하게 하여 히트상품을 만드는 데 성공한 것이다.

이후 허창성 씨는 1966년 4월 사명을 삼립산업제빵공사로 변경하였고, 이어 1968년 6월 삼립식품공업주식회사를 설립하여 대표이사 사장에 취임하였다. 이때부터 미군 납품도 시작돼 명실상부한 서울이라는 지역의 틀에 머물지 않는 한국 최대 제빵업체로까지 발전했다.

무연탄 가마의 개발과 보급, 서울이라는 큰 판매시장과 서울에서 원활히 구입할 수 있는 원자재, 자동화 설비의 도입과 비닐 포장 제품의 출시, 그리고 가족을 중심으로 한 안정적인 경영팀의 구성은 상미당과 삼립의 브랜드를 인지시키며 경쟁사들이 흉내낼 수 없는 경쟁력이 되었다. 고객과의 신뢰의 축적에 의해서, Aaker(1994)가 말하는 브랜드·로열티를 확립해 간 것이라고 생각된다.

1960년대 들어 경제개발정책으로 국민소득이 증가하고 소비자들이 고급제품을 찾으면서, 제빵제과업계는 다품종 고급화 전략을 취하게 되었다. 특히 베이커리 중심의 태극당, 고려당, 뉴욕제과 등이 사업 확장을 꾀했다. 또한, 공장식 제빵 분야 후발업체였던 서울식품, 한국콘티넨탈식품, 기린 등의 추격이 거세졌다. 이 같은 신규 진입업체 및 후발업체와의 경쟁에서 살아남기 위해 허창성 씨는 신사업 분야에도 적극 진출했다.

먼저 1972년 8월, 케이크 등 고급 제품을 생산·판매하는 한국인 터내셔널식품주식회사(현 샤니의 전신)를 설립하였다. 이후 고급제품을 취급하는 신규업체가 서울 도심에만 제품을 제공한다는 사실을 알게 된 허창성 씨는 전국에 유통망을 구축하기로 했다. 1972년 9월에는 서울 내 각 사무소에 창고 기능을 부여하여 배달원과 영업 담당자를 배치하였고, 지방에서도 대리점과 계약을 맺는 등 판매망을 확대하였다. 또 지방에 생산거점을 마련하기 위해 마산 빙과공장 설립(1974년), 삼립제면공업주식회사 합병(1975년), 부산의 식품회사인 삼미식품 인수(1977년), 한서제과 인수(1985년) 등을 하였으며, ㈜호남샤니라는 별도 법인을 설립하여 공장을 증축하였다. 또 1988년 폐업한 한국콘티넨탈식품 대리점을 다수 인수해 자사 유통망을 더욱 강화했다. 이러한 확대 전략에 따라 대리점 수는 20개소에서 60개소까지 증가하고 생산량도 약 5배 이상 증가하여 수도권에서 부산 지역까지 커버하는 전국적인 브랜드로 성장하게 되었다.

샤니는 이미지 메이킹에도 적극적으로, "수준이 높은 소비자에게 수준이 높은 상품을! 소비자의 꿈과 소비자의 건강, 그리고 소비자의 번영을!'이라는 캐치프레이즈를 바탕으로 타사 제품과는 차별화된 자사 제품의 고급스러움을 소비자에게 알리기 위해 다양한 판매촉진 활동도 펼쳤다.

한편, 삼립식품은 이미 전국에 대형 대리점 체제를 구축해, 신제품 개발도 적극적으로 실시하고 있었다. 1971년에는 군포유지공장을 준공하고 마가린 쇼트닝 등 제빵과는 다른 분야의 제품을 생산하기 시작했으며 이후에도 빙과류공장(1976년), 유산균음료, 아이스크림공장(1978년)을 준공하기도 했다. 또한, 이 시기에는 삼립식품의 베스트셀러

로 현재까지도 사랑받고 있는 호빵(1971년)과 보름달(1976년)이라는 빵을
개발하여 판매하는 등 사업 확장뿐만 아니라 신제품 개발에도 전사적
인 노력을 기울이고 있었다.

샤니의 창업은 삼립식품에 있어서 제2의 창업이라고도 한다.
1980년대부터 한국에서는 세계화가 진행되어 서울아세안게임(1986
년), 서울올림픽(1988년), 해외여행자유화(1989년) 등 경제성장과 함께 해
외로의 문호를 여는 시기이기도 했다. 이러한 해외와의 활발한 교류는,
해외 선진문화를 경험한 소비자의 증가로 직결되었다. 특히 1979년
일본 롯데리아가 한국에 진출한 후 외국발 프랜차이즈 기업들이 속속

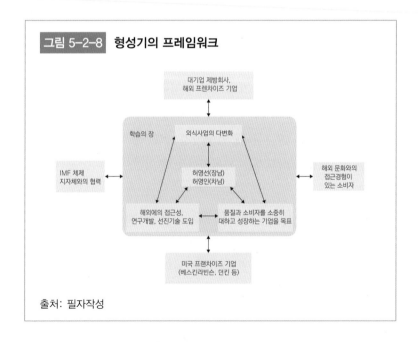

그림 5-2-8 **형성기의 프레임워크**

출처: 필자작성

한국에 진출하면서 서양의 식문화가 한국 사회에 널리 침투하였다. 서양 음식문화를 대표하는 주식인 빵은 그 여파로 큰 전환점을 맞게 됐다.

이런 사회적 변화 속에서 허창성씨는 1977년 장남 허영선 씨에게 모회사인 삼립식품을, 1983년 차남 허영인(현 SPC그룹 회장) 씨에게 샤니를 물려주면서 두 회사를 축으로 한 그룹 운영으로 방향을 틀었다.

우선, 허영선 씨는 해외를 경험한 소비자가 늘면서 윈도우 베이커리가 급증하고 음식문화의 다양화도 진행될 것으로 봤다. 이에 삼립식품은 생산라인 전 공정을 자동화한 대구공장을 준공(1989년)하고 면류 관련 사업 진출(1990년) 등을 통해 식품 관련 사업 다각화를 진행하였다. 하지만 빵공장 이미지가 강했던 탓에 새로 시작한 식품사업 매출은 신통치 않았다. 그래서 삼립식품은 제빵사업을 영위하면서 식품사업과는 다른 새로운 시장 개척에 착수했다. 그룹사 삼립개발을 통해 건축업 및 리조트 운영에 진출했으며, 삼립유지, 삼립대코, 삼립하이라리조트, 삼부제과, 성일화학 등의 기업을 운영했으며, 이외에도 외식사업과 유선방송에도 진출했다. 이러한 움직임은 김태욱(2002, 2003)이 지적했듯이 기업을 둘러싼 외부 경영환경의 변화가 기업의 매니지먼트에 어떤 영향을 미치는지에 대한 관점에서 이해하는 것이 중요하다. 삼립식품을 이은 허영선 씨에게 해외 문호가 열렸다는 시대 배경은 제빵기업이라는 기존 틀에 얽매이지 않고 새로운 기업 만들기를 통해 더 큰 성장을 이루자는 기업인들의 움직임으로 이어졌다고 볼 수 있을 것이다.

「제빵 기업」이라고 하는 기업 도메인(오타키(大滝)·야마다(山田), (2006)로부터 크게 한발 더 내딛은 동사는, 이타미 외(伊丹他)(2000) 및 아오시마(青島)(2003)가 말하는 사업 컨셉이나 사업의 고객 가치에 대해 고객으로부터 새로운 사업 구축을 요구받았다고 생각된다.

그림 5-2-9 SPC시화공장

출처: 필자촬영

　이러한 활동의 근저에 있는 것은 기업의 운영과 존속, 그리고 새
로운 활로에 대한 탐색이라고 이해할 수 있다. 그 위기감이 바탕이 되
어 신규 사업에 관한 컨셉이나 고객 가치가 검토되어, 위에서 설명한
관련·비관련 다각화를 진행시키는 등, 기업을 존속시키기 위한 많은
노력이 있었다.

　다각화가 잘 진행되면, 각 사업 분야 간 시너지 효과를 낼 수 있
을 것으로 기대됐지만, 1997년 외환위기로 삼립개발과 삼립하이라리
조트가 부도를 내면서 회사 정리 절차에 돌입했다. 이후 1999년 회사
정리 절차를 마치고 새로 선보인 국진이빵이 대박을 터뜨리며 일시적
으로 매출이 돌아왔지만 과거의 영광으로 돌아가지는 못했다.

　반면 차남 허영인 씨는 삼립식품과는 다른 길을 택했다. 1969년
8월 삼립에 입사한 허영인 씨는 현장 중심의 경영을 중요시한 인물이

며, 그의 경영스타일에 대해서는 허창성 씨의 자서전에도 실려 있다.

1968년 당시 대학생이던 허영인 씨는 아버지 허창성 씨에게 차를 한 대 사달라고 간청했다. 허영인 씨는 평소 이런 부탁을 하는 일이 없는 둘째 아들이었지만 나중에 차를 사달라고 한 이유에 대해 설명하겠다는 약속을 하고 차를 사주었다. 허영인 씨는 해당 차량으로 전국을 돌며 제과제빵업계의 관련 서류와 자료, 대리점 현황과 설문조사 내용 등 당시 허창성 씨에게 필요한 자료를 수집해 분석해 전달한 것으로 알려졌다.

허영인 씨는 1981년 1월 삼립식품 이사로 취임했다가 그해 8월 이사직을 사임하고 미국의 유명 제빵학교인 AIB(American Institute of Baking)로 유학을 떠났다. 그곳에서 제빵에 대해 배우고 미국 제빵업계의 동향을 연구했다. 미국에서의 1년 반 생활은 외국의 기술을 적극 도입해 선진국의 제빵 트렌드를 파악하는 또 다른 시간이 됐다.

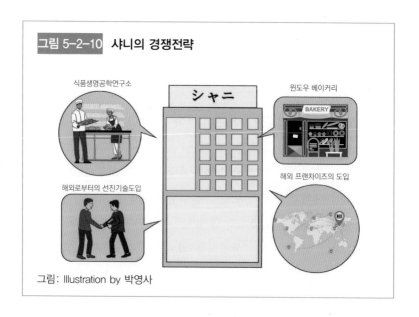

그림 5-2-10 **샤니의 경쟁전략**

식품생명공학연구소

シャニ

윈도우 베이커리

BAKERY

해외로부터의 선진기술도입

해외 프랜차이즈의 도입

그림: Illustration by 박영사

한국으로 돌아와 1983년 3월 샤니 대표이사 사장에 취임한 허영인 씨는 장남 허영선 씨와는 다른 길을 걷기 시작했다. 1983년 말 현재 삼립식품의 매출액이 774억원, 샤니의 매출액이 300억원이었던 데 반해, 1997년에는 샤니가 1,697억원의 매출액을 계상해 같은 해 1,494억원의 매출액을 기록한 삼립식품을 넘어 업계 1위가 되었다.

두 회사의 매출액에 차이가 생긴 요인으로는, 특정 분야에의 「선택과 집중」과 그 후의 경영 개혁을 들 수 있다. 샤니는 삼립식품과 달리 실적제일주의, 수익성 향상과 품질 향상, 그리고 새로운 개발과 도전이라는 3대 경영방침을 취임 첫해 실천목표로 내걸었다. 이 경영방침은 삼립식품의 경영방침을 보다 세련되게 강화해 나갈 의도로 정해졌다고 생각되며, Christensen(1997)의 지속적 이노베이션의 일환이라고도 이해할 수 있다.

그 후, 진정한 개혁, 즉 Christensen(1997)이 말하는 기존의 가치를 파괴하는 파괴적 이노베이션을 진행했다. 애초 Pankaj Ghemawat(2002)가 지적했듯이 조직의 안정기와 변혁기는 명확하게 구별할 수 있는 것이 아니라 기업인의 인식에 따라 달라질 수 있다. 기존의 경영관습이 제대로 작동하지 않는 전략적 분기점이 언제인지 인식하고 행동에 옮기는 것이 기업인들에게는 요구된다. 그 인식을 행동으로 옮긴 것이 허영인 씨였다. 허영인 씨는 고립무원, 사면초가의 상황 하에서 철저한 합리화를 진행했다. 주로 다음 4가지를 예로 들 수 있다.

첫째, 식품기술연구소 설립(1984년)이다. 위에서 언급한 바와 같이, 1980년대부터는 해외여행의 자유화와 세계적인 행사의 개최 등으로 외식문화의 다양화와 소비자의 니즈가 극적으로 변화하는 시기였다. 이 변화에 대응하기 위해 이미 샤니라는 회사를 설립했지만 변화에 대한 대비로는 충분하다고 할 수 없었다.

그림 5-2-11 SPC식품기술연구소(서울대학교 내)

출처: 필자촬영

　　허영인 씨는 연구개발 기능의 강화가 필요하다는 인식을 갖고 당시 한국 정부의 기술연구소 설립 유도 시책을 이용해 연구소장을 중심으로 기초연구팀, 개발1팀, 개발2팀, 특수상품팀으로 구성된 연구소를 만들었다.

　　수도권이라는 입지여건도 있어, 해외와의 교류가 활발해져 1985년 1월에는 일본인 기술고문의 지도 아래 연수를 실시하였고, 11월에는 미국 제빵학교 기술자를 초빙하여 다양한 실험을 실시하였다. 이외에도 해외 선진기술을 적극 도입하여 1984년 Soredab사와 기술제휴를 시작으로 미국 베스킨라빈스(1985년), 영국 라이온스사(1987년) 등으로부터 최신 케이크 제조방법과 아이스크림, 유통기술을 배워 들여왔다. 특히 1992년에는 독일 Sundi사와의 기술도입 계약에 따라 과일음료와 유제품, 요구르트와 베이커리 과일첨가물 생산을 통해 국내 잼 제조기술에 큰 변화를 가져왔다

그림 5-2-12 베스킨라빈슨

출처: 필자촬영

변화하는 국내 시장에 대응하기 위해서는 외국과의 기술 제휴를 통한 선진 기술·장비 도입이 효과적이라고 판단하고 적극적으로 변화를 수용한 것이 샤니의 제품 다양화·고급화로 이어졌다고 할 수 있을 것이다.

둘째, 합리화를 위해서 다음으로 실행한 것은 생산설비의 자동화이다. 종래의 생산설비의 경우, 많은 공정에 일손이 필요한 노동집약적인 작업이 필요했다. 특히 빵 반죽의 2차 발효는 반드시 인력이 10명 이상 필요했고, 이 공정을 자동화하기 위해서는 막대한 투자가 필요했다. 그래서 당시 제빵업계에서 자동화를 실시하는 곳은 없었다.

샤니는 기술연구소를 중심으로 자동화 프로젝트를 출범하고 6개월에 걸친 연구를 통해 혼자서 공정을 담당할 수 있는 생산라인을 개발했다. 생산라인 자동화는 국내 최초의 렌햄(Lanham) 시스템 도입으로도 이어졌다. 이 시스템은 특수 보온재료를 사용해 전 공정을 자동화한 것으로 이를 통해 균일하고 고품질의 식빵 생산이 가능해졌다.

그림 5-2-13 파리크라상

출처: 필자촬영

　셋째, 파리크라상의 윈도우 베이커리 사업 진출이다. 윈도우 베이커리의 장래성을 확신한 샤니는 1973년 "샤니의 집"을 서울 명동에 개점했고 1984년 프레시나 브랜드를 출범시켰다. 두 브랜드는 공장에서 생산한 빵이나 냉동빵을 매장에서 재제조해 제공하는 구조로 공장빵과 윈도우 베이커리 중간에 위치했다. 그러나 프레시나 이상의 고급화가 필요하다고 판단한 허영인 씨는 1986년 3월 파리크라상이라는 새로운 브랜드를 시작해 서울을 중심으로 매장을 열었다. 또한, 같은 해 10월 별도 법인으로 ㈜파리크라상을 설립하였고, 1987년 3월 샤니 안에 외식사업부를 설치하였다. 1986년 6월에는 직영점을 중심으로 하는 파리크라상과는 다른 프랜차이즈 방식의 파리바게뜨가 서울 광화문에 문을 열었다.

　파리크라상은 프랑스식 베이커리로 크루아상, 프랑스빵 등을 기본으로 샌드위치, 머핀, 아이스크림, 커피 등을 제조·판매해 소비자들에게 항상 신선하고 맛있는 제품을 제공했다.

　파리크라상은 1997년에는 업계 1위가 되었다. 그 배경에는 빵의 높은 품질과 혁신적인 마케팅, 고객 만족 중심의 차별화된 전략이 있었다. 냉동 반죽을 이용한 베이크오프 시스템(Bake-off System)을 제빵업계 최초로 도입해 빵을 보다 신선한 상태로 소비자에게 제공할 수 있도록 했다. 다음으로 매장 콘셉트를 테이크아웃형 베이커리에서 카페식 베이커리로 전환했다. 또한, 업계 최초로 도입한 회원카드 운영을 통해 고객의 정보를 관리하는 데이터베이스 마케팅 시스템을 구축하고 이를 해피포인트 카드로 발전·운영시킴으로써 고객통합관리 기반을 구축했다. 그리고 가맹점주와의 소통과 만족도를 높이기 위해 신제품 설명회와 마케팅 캘린더 공유를 자주 실행했다.

넷째, 외국 프랜차이즈의 도입이다. 이는 허영인 씨가 미국에 유학할 때 미국의 디저트 문화에 정통했던 이유가 크다. 최초로 미국 베스킨로빈스와 손잡고 합작회사인 BR코리아를 설립했다. 고급 아이스크림 시장은 한국에서 미개척 시장이었지만 허영인 씨는 국민소득이 증가하고 해외를 경험한 소비자가 증가하고 있는 점을 감안할 때 잠재적 성장력이 충분하다고 전망했다. BR코리아는 1986년 명동과 종로에 직영점을 열었다. 이후 사업 확장 속도에 생산이 따라가지 못하자 1993년 충청북도 음성군에 공장을 신축하였다.

또한, 1984년 한국 시장에 진출했다가 로열티 문제로 일시 철수한 던킨도너츠와 기술 제휴를 맺고 1994년부터 도넛 사업을 시작했다.

그러나, 이후 아시아 외환위기로 인해 프랜차이즈 사업의 경영이 위기에 몰렸다. 이 위기를 극복하기 위해 허영인 씨는 서울 명동에 대형 점포를 개설해 명동의 상징으로 삼음으로써 실직 후 창업을 생각하는 많은 사람들에게 던킨도너츠의 가능성을 알렸다.

그림 5-2-14 던킨도너츠

출처: 필자촬영

　위와 같은 경영혁신과 사업전개가 가능했던 것은 삼립식품의 비
관련 다각화가 생각했던 것과 같은 좋은 성과를 거두지 못하고 실패
해 그것으로부터 많은 교훈을 얻었기 때문이라고 생각된다. 이 시기
본업인 제빵업은 결코 바람직한 경영환경은 아니었다. 오히려 그랬
기 때문에 새로운 사업을 추구하고 시야를 크게 넓히려는 의식이 생
긴 것으로 보인다. 결과적으로 장남의 신규 사업 진출은 실패했지만
그 경험이 나중에 본업인 제빵업에 자원을 집중 투입하겠다는 허영인
씨의 경영 판단으로 이어진 점을 감안하면 실패마저도 경영자에게는
중요한 학습 기회임을 알 수 있을 것이다. 즉, 동사의 신규 사업 진출
은 Davidila(2006)가 말하는 실패의 가치의 중요성을 인식했기에 가능
했던 것이다. 기업이 성장하고 환경 변화에 대응하기 위해서는 일정한
리스크를 감안하고 실패로부터 학습해 나가는 조직 설계를 해 나가는
것이 중요하다. 이후 허영인 씨의 사업 전개를 생각하면 실패에서 배

울 수 있는 기업가의 경험 혹은 조직과 시스템의 유연성도 중요한 경영자원 중 하나라고 할 수 있다.

성장기의 프레임워크는 다음과 같다. 기업가팀은 허영인 씨와 장남 허진수 씨, 차남 허희수 씨로 구성된다. 이 밖에도 그룹 계열사마다 전문경영인을 초빙하고 있지만 그룹 전체 운영은 허씨 일가를 중심으로 이뤄지고 있다.

SPC그룹에서 볼 수 있는 이러한 경영 스타일은 한국의 가족 기업에서는 일반적으로 흔히 볼 수 있는 것이다. 선행연구에서 설명했듯이 한국 재벌의 성장사는 다각화와 기업그룹화의 역사인데, 특히 비관련 다각화로 인해 기업규모가 급속히 확대되었기 때문에 사외에서 전문경영인을 확보하는 것이 큰 과제였다.

삼립식품의 경우에는 2대 허영선 씨가 사업 확장을 꾀하기 위해 관련·비관련 다각화를 밀어붙였지만 별 성과를 거두지 못해 결국 회사 정리 절차에 들어갔다. 그 배경으로는 당시 정치 경제 환경의 영향도 무시할 수 없을 것이다. 그러나 그보다 오히려 그 주된 원인이 된 것은 조직의 규모가 급속히 확대되는 한편 경영팀 내부의 네트워크 구축이 충분히 이루어지지 않았다는 데 원인이 있지 않나 생각된다.

회사정리 절차를 마친 뒤에도 2002년 차남 허영인 씨가 경영하는 샤니에게 사업이 인계될 때까지 어려운 경영상황은 바뀌지 않았다. 그러나 샤니가 사업을 인수한 후, 매출은 2003년/2004년 각각 전년 대비 10%, 8.2% 증가했으며 영업이익도 매년 2배 이상 성장했다. 경상이익은 2003년 43억원을 벌어들여 흑자를 냈고, 2004년에는 48억원을 기록했다. 당시 시장점유율 1위였던 '식빵'과 '호빵' 매출이 증가했고 추억의 빵 시리즈 등 신제품을 속속 개발해 히트시킨 것이 삼립식품 부활의 계기가 됐다.

그 배경에는 허영인 씨의 과감한 경영혁신이 있었다. 우선 CI 전략의 일환으로 2004년 그룹 이름을 SPC로 정했다. 'SPC'라는 사명은 삼립(Samlip)과 샤니(Shany)의 S, 파리크라상(Paris Croissant)과 파리바게뜨(Paris Baquette)의 P, BR코리아와 계열사 Companies의 C를 지칭한 것으로, 「S」uperb company with 「P」assionate & 「C」reative people, 즉 열정적이고 창의적인 사람들이 만들어가는 기업임을 표현한 것이었다.

그림 5-2-15 두 명의 자녀에게 물려준 SPC

그림: Illustration by 박영사

그림 5-2-16 SPC의 브랜드

출처: 필자촬영

이어 자금난으로 밀린 설비투자와 공정 자동화에 착수해 생산성을 향상시키고, 2004년 6월부터 클린 캠페인(위생 및 품질관리 개선 캠페인)을 실시하였다. 그 결과 소비자 불만을 반감시켰다.

또 이익이 나지 않는 일부 외식부문을 정리하고 원가절감을 위해 ERP(Enterprise Resources Planning, 기업자원계획) 시스템을 도입했다. 이를 통해 생산 차질을 50% 이상 줄이고 원자재 보유량도 30% 이상 줄이는 데 성공했다.

적절한 전문경영인을 경영팀에 배치할 수 있었던 것도 SPC의 실적이 급회복된 큰 요인 중 하나다. 선행연구에서 언급했듯이 한국의 많은 패밀리기업, 특히 기업규모가 일정 이상일 경우 경영팀은 가족경영자나 그 일가뿐만 아니라 봉급경영자를 포함하여 조직되는 경향이 있다. 가족에 의한 폐쇄적인 기업 경영은 전문경영자에게 매력적이지 않게 비쳐 유지·획득이 어려운 경우도 많지만, 이들을 경영팀에 참여시키는 것은 패밀리 기업이 한층 더 성장을 이루기 위해서도, 또 사업승계 문제를 해결할 수 있는 돌파구를 찾기 위해서도 중요하다.

Useem(1986)은 각각의 거래기업이나 업종과 같은 좁은 이해관계를 초월한 산업계와의 보다 광범위하고 장기적인 비전을 가진 '이너서클'이라는 주체간의 관계 구축의 중요성에 대해 지적하고 있지만, 패밀리 기업에서는 폐쇄성을 타파해 나가기 위해서도 외부 전문경영자를 포함한 조직 내외의 인재가 집결한 경영팀에서 사업 전개나 계승의 문제에 대해 논의를 하고 지식이나 정보를 공유하는 구조를 구축할 필요가 있다.

현재 SPC그룹은 허영인 씨의 장남인 허진수 씨와 차남 허희수 씨로의 사업승계를 위해 경영권 이양을 추진하고 있는데, 이들의 의사결정을 돕기 위해 사내외의 유능한 인력을 전문경영인으로 경영팀에 참여시키고 있다. 특히 허진수씨는 허영인 씨가 다닌 미국 AIB를 수료하고 SPC그룹 전략기획실과 연구개발, 글로벌 사업 등을 포괄적으로 관리하며 차세대 활로를 찾기 위해 다양한 경영활동에 참여하고 있다.

허영인 씨나 허진수 씨와 같은 외부 경험, 특히 국제적 경험이 필요한 이유로는 데라모토(寺本)(1993)가 말한 것처럼, 정보를 인지하는 방식의 변화가 요구되고 있다는 것이다. 허영인 씨와 허진수 씨는 스스로 해외에 몸담음으로써 제빵업계 혹은 한국인의 사고틀을 뛰어넘는 발상, 사업콘셉트를 만들어내는 토대를 마련하는 동시에 역사가 지닌 의미, 전통 속에서 보편성을 찾는 것의 중요성을 인식하게 된 계기라고도 볼 수 있을 것이다. 패밀리 기업의 후계자를 육성하는 조건으로 정승화(1999)는 기업외부경험의 중요성을 지적하였고, 두 사람의 해외경험은 이 조건에 부합한다.

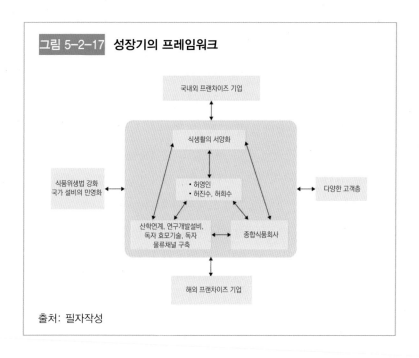

그림 5-2-17 **성장기의 프레임워크**

국내외 프랜차이즈 기업

식생활의 서양화

식품위생법 강화
국가 설비의 민영화

• 허영인
• 허진수, 허희수

다양한 고객층

산학연계, 연구개발설비,
독자 효모기술, 독자
물류채널 구축

종합식품회사

해외 프랜차이즈 기업

출처: 필자작성

　　이 경험은 그 후의 SPC의 새로운 사업 전개로 이어지며, 카나이 (金井)(2002)가 말하는 사업 기회의 인식으로 이어질 소지를 마련했다고 도 생각된다. 해외 브랜드를 국내에서 프랜차이즈 사업화하겠다는 발 상도 유학 경험에서 나온 것으로 보인다. 제빵기업의 경영자 가문에 서 태어나 장래적으로 사업을 계승할지도 모른다는 입장에서 해외의 상품이나 비즈니스 모델을 언급했기 때문에 그동안 기업 내에 없었던 사업방식이 탄생한 것이다. 또, 그러한 발상이 비즈니스 결실로 나타 난 것은 허영인 씨가 제조현장을 비롯해 해외시장을 포함한 판매, 마 케팅부문에 직접적으로 관여하고 있어서 광범위한 비즈니스 전개가 경영인의 시야에 들어오기 쉬웠기 때문에 가능했다고 볼 수 있을 것 이다.

허영인 씨는 허진수 씨와 허희수 씨에게로의 사업 승계를 중시하고 있다. 선대 경영자의 지휘 아래 허진수 씨는 2015년 부사장을, 허희수 씨는 2016년 SPC그룹 마케팅전략실장을 맡고 있다. 이 경험은 현장에서 경영을 실천하고 선대로부터 그 피드백을 받을 수 있는 중요한 학습의 기회가 됐다고 할 수 있을 것이다.

오너가의 후계자라면 다른 직원들이 겉으로는 경의를 표할 수 있지만, 보다 더 발전하려면 후계자는 독선적이지 않고 많은 선배 직원들의 지혜를 활용하기 위해 항상 노력해야 한다.

이것은 카나이(金井)(2006)가 지적하고 있듯이, 경영에 있어서 불가결한 커뮤니케이션이며, 기업가에게 필요한 대화력이기도 하다. 이들의 언행에서는 자신의 의견을 수렴하는 노력을 함으로써, 경영팀으로서의 팀워크를 살리고 최종 결단의 책임은 스스로 지겠다는 리더로서의 각오가 느껴진다.

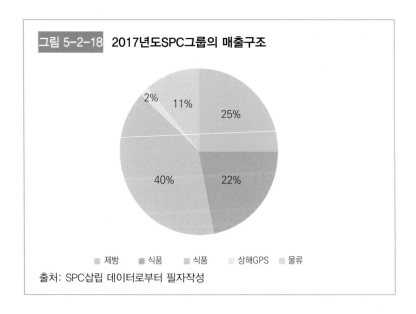

그림 5-2-18 **2017년도 SPC그룹의 매출구조**

2% 11% 25%

40% 22%

■ 제빵 ■ 식품 ■ 식품 ■ 상해GPS ■ 물류

출처: SPC삽립 데이터로부터 필자작성

또한, 카나이(金井)(1987)는 기업총수가 현상에 대해 소박한 의문을 느끼고, 그것을 바탕으로 새로운 비전을 창조할 필요가 있다고 지적하고 있다. 그 비전을 바탕으로 대화, 조사, 실험을 실시해 반대나 저항을 정리함으로써 비전의 의미가 공유되고, 공헌이 높아져, 새로운 사업 아이디어가 창출되어 이노베이션으로 이어진다고 한다. 허영인 씨와 아들의 경영팀 내에서의 관계 형성은 바로 이런 과정을 거쳤을 것이다.

SPC그룹의 경영이념인 상미당 정신은 시대 변화에 맞춰 유연하게 변화하고 있다. 현재는 '행복한 삶을 위한 최선의 길'을 가리켜주는 보편적 가치를 지닌 선인들의 지혜를 소중히 여기면서 항상 미래를 내다보고 새로운 것에 도전하겠다는 강한 의지가 담긴 'GREAT FOOD CompANY'를 목표로 기업 활동이 진행되고 있다.

그 이념 아래, 허영인 씨가 주목한 것이 음식 관련 기술을 바탕으로 만들어지는 다양한 음식사업이라는 사업 콘셉트다. 선행연구에서도 살펴본 바와 같이 기업인은 자사가 변혁기에 있다고 인식했을 경우, 변혁을 실현시켜 나가기 위한 비전을 명확히 할 필요가 있다. 허영인 씨는 SPC그룹을 둘러싼 환경이 변화해 변혁이 필요하다고 판단했기 때문에 위의 비전하에 변혁에 착수한 것이다. 구체적으로는 식품기술연구소, 서울대와의 산학연계 등을 통해 오랜 세월 쌓아온 제빵 관련 기술과 먹거리 관련 기술이 갖는 의미와 가치를 깊이 파고들어 기존에 소유하고 있는 조직능력을 재조합함으로써 강점을 활용하고자 한다.

실제로 2017년도 SPC 그룹의 매출 구성을 보면, 제빵 분야는 전체의 1/4을 차지하고 나머지 3/4는 음식과 관련된 분야인 식품, GFS(유통·물류)가 차지하고 있다. 주력 제빵사업 분야에서는 지속적 혁신과 사업 확대를 하고 있는데, 그 외 식 관련 사업으로는 해외 브랜드

그림 5-2-19 SPC그룹 산하의 브랜드

출처: SPC홈페이지로부터 필자작성

의 국내 프랜차이즈 사업을 시작으로 떡(빛은, 2006년), 고속도로 SA운영
사업(2010년), 그릭슈바인(육가공, 2013년), SPC GFS(유통·물류, 2014년), 쉐이
크쉑(2016년) 등 같은 음식의 카테고리안에는 들어가 있으나 제빵과는
다른 분야로의 진출을 꾀했다.

또한. 해외 진출도 적극적으로 실시하고 있다. 2004년부터 진출
을 시작한 중국에서는 현재 300여 곳에서 점포가 운영되고 있으며
SPC 톈진공장 준공(2019년) 등을 통해 중국시장 현지화를 추진하고 있
다. 미국에도 2002년부터 진출했으며 현재는 캘리포니아와 뉴욕을
중심으로 72개 매장을 운영하고 있다. 그리고 2014년에는 한국 최초
로 빵의 본고장인 프랑스 파리에 진출하여 현재는 2개 매장을 운영
하고 있다. 이외에도 동남아시아에도 진출하여 현재는 총 7개국, 약
430여 곳에서 매장을 운영하고 있다.

이 사업 컨셉의 실천에 있어서는,「최고의 품질과 고객 중심, 창의
적인 도전으로 세계를 행복하게 한다」라고 하는 경영방침이, 기업 도

메인으로서 기능해, 사업 컨셉을 관철하는 중요한 축이 되고 있다. '음식사업'으로 분류되는 해외 브랜드 프랜차이즈 사업, 육가공품, 떡, 식재료 유통·물류 사업 등을 통해 타사와는 다른 SPC만의 기업가치를 소비자에게 제안하는 것이 바로 '상미당 정신'이며, 이후 SPC 브랜드 전개로 이어지는 복선이 되는 것이다. 즉, 상기의 사업 컨셉은 이부(伊部)(2009)가 기업의 브랜드 구축의 제1단계로서 꼽는 시장세분화, 목표 시장선정, 포지셔닝의 모든 것을 정의하는 틀이다.

단, 이러한 사업 전개가 모두 의도적으로 계획된 것은 아니며, 조직 내부와 외부와의 커뮤니케이션을 통해 학습한 정보를 바탕으로 사업 기회를 인식할 소지가 만들어졌다는 점, 지역의 핵심 자원과 사업 컨셉이 창조적으로 결합함으로써 만들어진 것임에 유의할 필요가 있다.

파리크라상의 전개는, 원래 서울시와 프랑스 파리시의 자매도시 제휴(1991년)에서 시작되었다. SPC그룹이 서울이라는 땅에 뿌리를 내리면서 서울과 파리의 교류로 쌓은 관계성이 사회관계 자본으로서 기업의 우수한 자원으로서 기능하고, 우연한 계기에서 사업 기회를 인식하는 계기로 이어진 것이다. 이는 '빵'이라는 문화사업을 통해 유럽 문화를 한국에 도입하려는 창업자의 바람이 사업으로 결실을 본 것으로도 이해할 수 있다. 카나이(金井)(1987)가 지적한 것처럼 기업에서는 기업가 자신이 조직변혁의 담당자로서 리더십을 발휘할 필요가 있다. 또 불명확한 전략적 분기점(Pankaj Ghemawat, 2002)이 언제인지 인식하고 행동에 옮길 필요가 있다. 또한 변혁을 위해서는 비전을 명확히 할 필요가 있으며, 그 비전에 혁신성이 있으면 조직 구성원의 달성 의욕이 높아지고, 그 비전의 배경에 있는 가치관의 수용을 수반한 더블 루프 학습이 촉진된다(金井, 1987). 이러한 기업가에게 필요한 요건이 기능한 대표적인 사례가 '파리크라상'이었다고 할 수 있다.

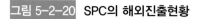
그림 5-2-20 SPC의 해외진출현황

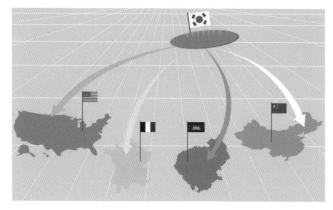

그림: Illustration by 박영사

최근의 제빵 시장은 식생활의 서양화가 진행됨에 따라 각 제빵 기업이 일제히 시장에 주목하고 있다. 또한 해외 브랜드도 한국에 진출해 있어 국내 기업들은 어려운 경영환경에 처해 있다. 맛있는 빵만 만들면 되는 시대가 아니라 기술 진보가 두드러진 가운데 어떻게 차별화해야 할지 고민하지 않을 수 없는 상황이다. 그 점에 대해 SPC가 도출한 답은 역시 '마케팅력'이다. 예를 들어, 위에서 언급한 회원카드인 해피포인트 카드는 오프라인 고객(점포 회원)과 온라인 고객(홈페이지)의 정보를 일원 관리할 수 있는 통합 DM 시스템 "Mister 시스템"으로 기능하고 있다. 이를 통해 시장세분화 프로모션을 통해 고객 만족도를 높이고 효율적인 마케팅을 진행할 수 있게 됐다. 또한, 이 시스템을 통해 가맹점에는 점포 이용 고객별 사용 현황 등의 자료가 제공될 뿐만 아니라 점포별, 지역별 시장 상황에 맞는 프로모션 활동을 지원하는 정보가 제공돼 고객 로열티 증대로 이어졌다.

또한, 치열한 경쟁 환경 속에서 점포당 매출액을 늘리기 위해 진행한 전략으로 톱 브랜드 간 협업을 통한 전략적 제휴를 맺었다. SK텔레콤, SPC그룹, 삼성화재보험과의 전략적 제휴를 통해 SK텔레콤 고객에게는 할인을, SPC그룹에는 신규 고객과의 접점을 가져왔다.

상미당 창업 75여 년이 지나 현재는 한국 제과제빵업계 1위 기업으로서 제과제빵에 대해서는 수직통합을, 음식과 관련해서는 관련 다각화를 실시함으로써 한국음식문화의 첨단을 걷고 있는 SPC그룹은 서울 뿐만 아니라 한국에 없어서는 안 될 중요한 기업이 되고 있다. SPC그룹이 기본에 충실하고 변화를 추구하며 열정적으로 도전하는 혁신정신을 발휘하고 어려운 상황에 처했을 때 서로 돕는 협력정신을 지속한다면 SPC그룹의 미래는 밝을 것이다.

Endnotes

1   허창성, 미래를 사는 지혜, 승환정문사, 2001년, p.220.

Chapter

06

비교사례분석과 총괄

01 비교사례분석

　지금까지는 각 사례의 기술 및 분석에 앞서 일본의 2개사와 한국의 2개사가 속한 업계 전체의 역사적 배경과 기업의 발전 과정에 대해 고찰한 후, 상권 제2장에서 제시한 분석 프레임워크를 바탕으로 사례분석을 실시해 왔다.

　본장에서는 [도표 6-1-1]과 같이 각 사례를 비교분석함으로써 한일 패밀리 기업의 비즈니스 모델 이노베이션 과정에 대해 그 형성부터 전개·재구축까지를 전망하고 그 시사점을 도출한다. 비교사례 분석 결과에 따라 한일 패밀리 기업이 앞으로 지속적으로 발전해 나가기 위한 실마리를 찾고 연구를 총괄하기로 한다.

표 6-1-1 프레임워크 구성요소의 시계열 비교

		야마다야	아사히 주조
(지역의) 코어자원	생성기	이쓰쿠시마 신사, 모미지 만쥬, 제앙 기술	쌀, 천연수
	형성기	모미지 브랜드, 제앙기술	야마다니시키, 정미 기술
	성장기	지역 기업·단체와의 네트워크	정미 기술, 사계절 양조, 관련 및 비관련 기업과의 네트워크

		야마다야	아사히 주조
경영팀	생성기	야마다 시게이치, 야마다 라쿠	사쿠라이가, 토우지
	형성기	야마다 이사오 부부	사쿠라이 히로시 씨, 토우지, 사쿠라이 레이코 씨
	성장기	나카무라 야스후미 씨, 이사회	사쿠라이 히로시 씨, 사쿠라이 카즈히로 씨, 이사회
사업기회의 인식	생성기	과자의 수요 발견	주조주 제도 폐지를 통한 비즈니스 기회 인식
	형성기	섬 밖에서의 수요 발견, 팥소 이외의 가능성	고객을 명확하게 좁힌 상품을 개발
	성장기	관광 기념품 이외의 가능성	사계절 양조
사업 콘셉트	생성기	미야지마 참배객을 위한 모미지 만쥬를 중심으로 과자 판매	소비자에게 좋은 일본술 제공
	형성기	판로확대→고객층 확대	'가격'과 '절대적 만족' 동시 추구
	성장기	소비자가 좋아할 만한 상품 만들기	올바른 일본술의 제공
제도, 타기업, 고객과의 관계	생성기	동업자 · 구입처와의 네트워크 구축	일본술 등급별 제도, 지역 도소매점과의 네트워크 구축
	형성기	관광객 · 동업자 · 교통망 정비를 통한 이해관계자 확대	기술개발 · 도쿄를 중심으로 한 도소매점과의 네트워크 구축

		야마다야	아사히 주조
	성장기	동업자·타업종간 교류 확대, 관광객·카페 이용자 등	국내외 부유층을 중심으로 생산부터 판매까지 이해관계자 확대

		무학	SPC그룹
(지역의) 코어자원	생성기	천연수, 쌀	밀가루, 무연탄 가마
	형성기	천연수, 쌀, 설비	해외 접근성, 연구개발, 선진기술 도입
	성장기	자동화 공정, 정수 시스템	산학연계, 연구개발시설, 독자적인 효모기술, 독자적인 물류채널 구축
경영팀	생성기	마츠무라 모조로, 지달순, 이병각, 최재현	허창성, 아내 김순일
	형성기	최위승	허영선(장남), 허영인(차남)
	성장기	최재호	허영선 허진수 허희수
사업기회의 인식	생성기	군수요 확대에 따른 주류 수요 증가	밀가루를 활용한 빵의 가능성
	형성기	경제성장에 따른 주류 수요 증가	외식 사업의 다양화
	성장기	지방주 할당제 폐지에 따른 수도권과 해외진출 필요성	식생활의 서구화
사업 콘셉트	생성기	다양한 술 공급	제빵산업을 문화산업으로 육성

		무학	SPC그룹
	형성기	지방의 대표 소주 제공	품질과 소비자를 소중히 성장하는 기업을 목표
	성장기	지방소주 제공, 신고객층 개척	종합 식품 회사
제도, 타기업, 고객과의 관계	생성기	정부 통제로 인한 기업 활동의 제약	정부 정책을 통한 빵 보급을 통한 이해관계자 확대
	형성기	지방주 할당제, 자도 소주 구입제 실시에 따라 좌우되는 기업 활동	IMF체제, 해외경험자 증가 등 경쟁 심화
	성장기	술 관련법 규제 완화, 수도권 대형 소주업체와의 경쟁 심화	식품위생법 강화, 국가시설 민영화, 다양한 고객층 변화, 해외 프랜차이즈 기업과의 협력 강화

출처: 필자작성

1   프레임 워크 구성요소의 시계열적 분석

이하에서는 제2장에서 제시한 분석틀의 구성요소에 따라 각 케이스의 특징을 고찰한다.

1. (지역의) 코어자원

(1) 야마다야

우선 생성기나 형성기에 야마다야는 이쓰쿠시마 신사라는 전국적이고 세계적인 문화유산을 보유하고 있었던 것과 모미지 만쥬라는 지역을 대표하는 과자 브랜드의 존재가 이 회사의 사업 전개에 큰 영향을 준 것은 사실이다. 또한, 문화 유산이나 지역 상품 브랜드 이외에도 야마다야 특유의 제앙 기술은 모방 곤란한 코어 자원으로서 사내에 확립되어 있었다.

다음으로 성장기에 야마다야의 핵심 자원으로서 주목해야 할 점으로는, 제앙기술이나 모미지 만쥬의 생산기술, 생산설비 외에 지역 기업이나 단체와의 네트워크 강화를 들 수 있다. 예를 들어, 미야지마의 과자 제조업 조합에 있어서 강습회나 판촉 활동을 통해서 정보의 교환이나 공유를 도모하고 있다. 또, 미야지마 관광 협회의 회장도 겸무하는 야마다야의 사장 나카무라 야스후미 씨는 관광업계를 통해서 동업종 및 타업종과의 정보교환의 장을 마련하고 있다. 또한, 미야지마라는 관광지의 홍보 및 자연보호에도 힘쓰고 있다. 그 결과, 네트워크 강화와 공동 상품 개발이라는 성과도 낳았다. 이는 패밀리 기업이 빠지기 쉬운 정보의 고정화라는 문제를 극복하기 위해서도 매우 효과적인 수단이다. 즉, 외부 기업, 컨설팅 회사, 외부 단체, 대학과의 횡단적인 연계 활동은 야마다야에 새로운 계기를 제공했다고 생각된다.

(2) 아사히 주조 주식회사

먼저, 생성기에 있어서 본래 일본술 제조에 적합하지 않은 야마구치현이지만, 산중에는 일본술 제조에 적합한 지역이 몇 군데 존재하였고, 그 중 하나가 아사히 주조 본사가 위치한 지역으로 주조에 특화된 기후와 초연수(超軟水)의 존재는 필수적인 핵심 자원 중 하나라고 해도 과언이 아니다.

다음으로 형성기에 있어서는, 대형 주조회사가 추구하기 어려운 방법 즉, 소규모의 제조가 아니면 고품질을 유지하기 어려운 다이긴조 제품이라면 작은 양조장을 오히려 강점으로 살릴 수 있다고 판단해, 그 강점을 실현하는 데 필요한 것은 무엇인지 조사한 결과, ① 고정백에 집착할 것 ② 최고급의 주미에 집착할 것 ③ 준마이슈에 집착할 것 ④ 좋은 효모에 집착하는 것이며, 근본적으로는 품질이 높은 술제조를 위한 쌀의 확보가 필수적이었다. 그리고 찾아낸 것이 야마다니시키(山田錦)였다. 그러나 시제품 생산에 있어서는 지역 농가와의 협력이 어려워 자사 논과 현외 농협과의 연계를 통해, 현재는 전국 야마다니시키 생산량의 1/4을 사용하고 있다. 또한, 기술적으로도 현내외의 기술 센터나 기관과 제휴해 토우지*(일본술 제조책임자)의 유무와 관계없이, 안정적인 생산을 가능하게 하는 매뉴얼화는 현재의 아사히 주조를 대표하는 정미 2할 3분의 기술로 발전하였다. 그리고 사계절 양조는 기존에는 농한기에만 생산되던 일본술을 연중 생산할 수 있게 되어 정규직 고용 확대로 이어져 지역 경제 활성화에도 기여하고 있다고 할 수 있을 것이다.

　　성장기에는 철저한 데이터 관리를 통해 생산 과정의 시스템화를 꾀했다. AI 예측 모델의 도입이나 제조 공정의 매뉴얼화에 의해 젊은 사원도 전문성이 높은 기술을 단시간에 취득할 수 있게 되어 암묵지의 형식지화를 진행했다. 이는 고품질의 일본술의 안정적인 생산을 가능하게 했을 뿐만 아니라, 해외에서의 생산을 가능하게 하는 것을 의미한다. 실제로 아사히 주조는 미국에 양조장을 건설 중이며, 국내 공장에서 매뉴얼화·시스템화된 생산 과정을 미국 양조장에도 도입할 것으로 생각된다.

(3) 주식회사 무학

무학이 위치한 한국 마산은 위에서 언급한 아사히 주조와 마찬가지로 양조에 적합한 기후와 물을 보유하고 있으며, 간장의 유명한 생산지이기도 하다. 따라서 생성기에는 당시 지역 양조장과 마찬가지로 물과 지역 쌀이 중요한 지역의 자원이었다. 그러나 인근에 부산이라는 거대한 소비 시장이 있었지만, 당시 군수요가 많았던 만주국 등으로의 수출은 입지상의 우위성을 그다지 살리지 못했다고도 할 수 있다. 그러나 식민지 지배로부터 독립한 후 약 15년간은 한국전쟁 등으로 경영이 불안정한 시기였기 때문에 전 회장인 최위승 씨가 사업을 인계받기 전까지는 경영을 유지하는 것이 고작이었다.

성장기에는 소주와 관련된 제도의 규제와 변화로 많은 소주 생산방식이 증류식에서 희석식으로 전환되는 가운데 곡상과 제일제당 대리점에서의 경험은 최위승이 소주시장의 성장 가능성을 깨닫고 무학을 인수하는 계기가 되었다. 그러면서 착임 후, 한국 중소기업산업 시찰단 일원으로 도쿄와 오사카 기업투어에 참가해 자동화된 제조공정 속에서 위생적이고 품질이 안정된 일본술이 생산 및 포장되는 것을 보고 공정 자동화에 나서기로 했다. 그러나 한국에는 그런 기술을 가진 기업이 없었기 때문에 최위승 씨는 오래전부터 갖고 있던 자신의 인적 네트워크를 이용해 일본에서 중고 세병기를 도입했다. 이후 직원들을 일본으로 연수를 보내고 소주용으로 병 생산공장까지 세웠다. 이는 당시 국내 주류 제조업체에서는 상상도 못했던 일로 영세업체가 많았던 소주업계 최초로 자동화 생산 방식을 도입해 대량 생산한 것이 현재 지방 소주업체에서도 전국적인 인기를 얻고 있는 무학의 토대를 마련했다고 할 수 있다.

성장기에는 당시 주류시장의 큰 변화에 대한 대응과 고객층 확대를 도모하기 위해 연구개발을 전문으로 하는 중앙연구소를 설립했다. 그리고 알코올 도수가 25도 일색이던 소주 시장에 저도수 소주를 개발해 전개를 꾀했다. 또한 기존 마산의 물이 공업화로 수질이 악화됨에 따라 국내 명산 중 하나인 지리산에서 용출된 암반수를 100% 사용한 천연 알칼리수를 이용한 소주 개발과 수돗물을 이용하되 정수처리 시스템을 설치하고 활성탄과 역삼투압(R/O) 여과를 포함한 정밀여과 시스템 활용, 초음파 진동 공법(Ultrasonic Wave Vibrations 공법)을 도입함으로써 타사에서 흉내낼 수 없는 자사 핵심자원을 확보할 수 있었다. 또 정제수에 대해서는 외부기관에 분석을 의뢰해 안전성이 확보되고 있음을 소비자들에게 알리고 있다.

(4) SPC 그룹

먼저, 생성기에는 제빵에 필요한 밀가루를 가족이 운영하는 제분공장에서 확보할 수 있었던 점과 서울 이전 후 개발한 무연탄가마 개발로 생산원가를 대폭 깎을 수 있어 타사가 모방할 수 없는 핵심자원을 조기에 확보했다. 또한 그 기술을 자사만이 가지는 것이 아니라 SPC에서 기술을 배운 종업원이 상미당(옛 SPC 이름)의 이름으로 빵을 판매했기 때문에 SPC가 판매할 수 없는 시장에도 상미당의 브랜드가 확산되는 계기가 되었다. 또한, 1964년 도쿄올림픽에 관광참관단으로 방문했을 때 현지 기술을 배우고, 빵 생산 자동화 등을 도입하고 재일교포 공장장을 스카우트해 신상품 개발과 제빵시설을 개선함으로써 자동화를 통한 대량생산과 비닐포장을 통한 위생관리를 가능케 해 히트상품을 만드는 데 성공했다.

형성기에는 우선 장남 허영선 씨가 식품 관련 사업 다각화를 추진했으나 성장의 한계가 보인다고 판단해 비관련 다각화를 적극 추진했다. 하지만, 아시아 금융위기 등 외부 환경 악화 등으로 회사 정리 절차를 밟게 됐다. 한편 차남 허영인 씨는 자사의 핵심 자원이기도 한 제빵기술과 브랜드력을 살리기 위해 식품기술연구소를 설립하고 제빵과 관련된 기술 개발과 수도권이라는 입지적 여건을 살려 해외와의 교류를 활발히 하고 해외 선진기술을 국내에 도입함으로써 자사의 기술력을 높였다. 이를 통해 SPC 상품은 해외 트렌드에 맞춘 최신 상품을 경쟁사보다 빠르게 소비자에게 제공할 수 있었다. 또, 상품의 다양화·고급화를 진행할 수 있었다. 그리고 생산설비 자동화에도 힘써 국내 최초로 다양한 공정을 도입함으로써 안정적이고 위생적인 생산라인을 확보할 수 있었다. 이 밖에도 미국 유학 경험을 통해 얻은 해외 프랜차이즈의 국내 전개도 타사보다 빠르게 이루어졌으며, 특히 미국 유명 프랜차이즈를 현재까지 속속 도입하여 국내에서 성공시키고 일부 해외 판매 권리를 확보하는 등 해외 프랜차이즈 운영 실적은 타사에서 흉내 낼 수 없는 SPC 그룹의 핵심 자원 중 하나가 되었다. 그리고 고객관리시스템의 체계화는 해피포인트카드라는 회원카드의 탄생과 타 브랜드와의 협업을 통한 고객 확보는 타 제빵기업이나 식품브랜드에서는 하지 않았던 SPC만의 고객관리시스템이었다.

성장기에는 기존 연구소의 역할을 더욱 확대하고 서울대와의 산학연계 등을 통해 제빵뿐만 아니라 식품 관련 기술을 확보함으로써 그룹 내 다양한 식품 브랜드 간 시너지 효과를 극대화할 수 있는 시스템을 마련하였다. 그리고. 그 토대가 되는 식품 인프라 관련 계열사를 독립시켜 식재료 유통과 물류를 담당하게 함으로써 효율화를 도모하였다.

(5) 정리

4사의 핵심자원의 특징을 정리하면 각각 유사점과 차이점이 드러난다. 우선 큰 유사점으로는 각 사의 입지조건을 들 수 있다. 예를 들어, 야마다야는 이쓰쿠시마 신사가 있는 미야지마라는 천혜의 관광 자원을 가지고 있었던 것이 관광객에 대한 사업적 접근을 용이하게 했다. 또한 아사히 주조에 관련해서는 일본술 제조에 불가결한 천연수 확보가 되어 있었던 점을 들 수 있다. 무학 역시 마산이라는 술 제조에 적합한 지역에 입지하여 이를 활용한 술을 빚었다. SPC는 밀가루 최대 산지였던 황해도에서 가족이 운영하는 제분공장에서 밀가루를 얻을 수 있었던 점이나 수도권이라는 입지조건은 해외와의 교류가 지방에 비해 활발하게 이뤄질 수 있는 점을 들 수 있다.

두 번째로 우수한 제조기술을 초기 단계부터 확보하고 그 기술을 기반으로 하면서도 시대 변화에 맞춰 신상품 전개와 신규 사업 확대에 힘써왔다는 점이다. 크게 사업을 전개해 나가기 위해서 대형 설비 투자를 실시한 것도 4사의 공통점으로서 들 수 있다.

한편, 차이점으로는 마찬가지로 주류 제조를 하는 아사히 주조와 무학이지만 고급 일본술 제조를 위한 기술 혁신을 한 아사히 주조와 대중적인 소주를 생산하는 무학 사이에는 그 경영 스타일이 전혀 다르다. 아사히 주조에 관련해서는 토우지를 배제하고 일본술 제조의 제약조건이었던 농한기 제조에서 탈피하기 위해 생산 공정의 매뉴얼화와 자동화 공정을 도입해 정미 2할 3푼이라는 높은 정미 비율을 실현하고 타깃을 좁힌 상품의 고급화와 사업 전개를 실시했다. 이에 무학은 대중적인 소주를 제조 및 판매함으로써 시장을 확대하는 사업을 전개했다. 양사는 사업의 시작점이 지방이라는 공통점을 가지면서도, 그 사업전개의 방법이나 기술의 전개과정이 달랐다. 또 야마다야는 모미지 만쥬 카테고리 안에서 핵심 자원을 획득해 자사 기술을 발전시켰는데, SPC그룹의 경우 처음에는 제빵부터 시작했지만 현재는 제빵뿐만 아니라 음식관련 기술까지 기술개발을 하고 있는 점이 다르다.

그리고 국가별 차이점에서 보면, 일본의 경우 자신의 업종이 속한 카테고리 안에서 필요한 기술을 심화시키는 한편, 한국의 경우에는 기술의 사용법을 넓히는 특징을 보이고 있다.

2 경영팀

(1) 야마다야

창업자는 야마다 시게이치 씨지만 그는 여관업에도 종사했기 때문에 아내인 라쿠 씨가 실질적으로 가게를 운영하고 있었다. 기계 구입이나 회계·재무 등에 관한 업무는 부부가 상의하면서 의사결정을 했다. 이처럼 부부가 경영하는 중소기업은 현재도 많이 존재하고 있어 드문 일은 아니다.

형성기에 있어서는, 2대째의 야마다 이사오 씨가 경영으로부터 상품 기획, 제조, 영업까지를 폭넓게 담당하고 있어 명확한 역할 분담은 행해지지 않았다. 기업인과 현장이 직접 대화하면서 경영자와의 소통을 도모하고 회사의 비전을 직원들이 공유할 수 있는 매우 탄탄한 조직체제가 갖춰졌다. 기본적으로 이사오 씨 부부가 경영팀으로 회사 경영에 종사했는데, 이 시기는 현재의 부사장이나 생산본부장 같은 회사의 중심을 담당하는 인재가 형성된 시기이기도 하다.

3대 나카무라 야스후미 씨는 대학 졸업 후, 바로 야마다야에 입사한 것이 아니라 외식업체에서 실무 경험을 쌓은 뒤 이 회사에 입사했다. 외부 실무 경험은 자신이 물려받을 회사를 객관적으로 판단할 수 있는 중요한 단서를 제공해준다. 경영팀에 대해서도 가족 외 경영진이 본격적으로 경영에 참여하게 됐다. 현재 5명의 이사회 멤버 중 사장과 부사장, 생산본부장, 영업부장은 창업자 일족이지만 다른 멤버들과는 혈연관계로 맺어지지 않았다. 패밀리 비즈니스의 약점인 정보의 고착화와 의사결정 시 독재제를 억제할 수 있는 좋은 시스템이라 생각된다.

(2) 아사히 주조

아사히 주조의 창업은 1770년이지만, 현재 사장을 맡고 있는 사쿠라이 카즈히로 씨의 증조부에 해당하는 초대사장이 1892년에 양조장의 경영권을 입수해 현재까지 그 일족이 경영하고 있다.

생성기의 경영팀에서는 사쿠라이 가문의 1대째와 2대째가 회사의 경영을 담당하고, 토우지가 제조를 담당하는 역할 분담된 일반적인 양조장 경영체제였다.

형성기에는 경영과 경리는 3대째 히로시 씨와 아내 레이코 씨가, 제조는 토우지가 담당하는 체제였다. 히로시 씨는 대학 졸업 후 주조업체 영업사원으로 3년반 정도 근무하다 아사히 주조로 돌아와 같은 영업직으로 일했지만, 아버지와 의견차로 인해 주조 방향과 경영을 놓고 갈등을 빚다 결국 퇴사하게 됐다. 이후 석재 도매업회사를 설립해 근무하다가 2대가 급사하자 히로시가 급히 3대 사장에 취임하였다. 히로시 씨는 영업 경험이 풍부하지만 일본술 제조에 관해서는 아마추어였기 때문에, 상품 기획의 관점에서 경영 상황을 개선하려고 했지만 일시적인 효과에 그쳐 근본적인 문제, 즉 안정적이고 고품질의 일본술 생산에는 이르지 못했다. 이 문제를 결정하기 위해 토우지 제도를 폐지하고, 제조 공정의 매뉴얼화와 자동화, 그리고 사계절 양조를 실시했다. 그 결과, 기술 계승의 시간적 제약이 없어져 젊은 사원도 단시간에 기술을 습득할 수 있는 구조를 완성했다. 또한, 제조를 담당하는 토우지 대신에 사원이 제조를 담당함으로써 사원 간의 커뮤니케이션이 활성화되어 새로운 아이디어가 싹트기 쉬운 환경 조성도 가능해졌다. 이러한 움직임은 많은 패밀리 기업이 안고 있는 '정보 고정화' 문제 해결에 도움이 된다. 현재는, 4대째의 사쿠라이 카즈히로씨를 중심으로 「차세대 팀 닷마츠리」만들기를 진행하고 있으며, 특히 해외 사업을 중심으로 활동하고 있다.

(3) 무학

무학 생성기의 경영팀은 식민지 시대의 일본인에 의한 경영으로부터 최위승이 인수하기까지 많은 한국인에 의해 경영되었다. 일부 경영자는 사업 분야를 술 빚기에서 주정생산으로까지 확대한 인물도 있었지만 실질적으로는 이 글에서 정의하는 경영팀은 존재하지 않았다고도 할 수 있다.

본격적으로 경영자로 활동한 것이 현 무학의 회장 최위승 씨이다. 1932년에 태어난 최위승 씨는 무학을 인수하기 전까지는 무, 도자기, 사과 등 다양한 장사를 했지만 그는 장사꾼이 아닌 기업인으로 활동하고 싶다는 꿈이 있었다. 그리고 제일제당 대리점과 곡상을 경영하며 거래처였던 마산의 유원산업에 주정원료를 납품한 것이 계기가 되어 유원산업으로부터 소주 부문을 인계받아 현재 무학의 초대 사장이 되었다.

성장기 경영팀은 2대 최재호 씨를 중심으로 전문경영인 이수능 씨 등으로 구성되어 있으며, 2015년부터는 아들이자 총괄사장인 3대 최낙준 씨가 기업가팀에 참여하여 인포멀한 네트워크를 중심으로 전문경영인이 지원하는 형태로 구성되어 있다. 이러한 경영팀의 형태는 한국의 많은 패밀리 기업에서 볼 수 있는 특징으로 가족 경영자나 그 일족뿐만 아니라 봉급 경영자까지 포함한 경영팀이 조직되는 추세이다. 가족에 의한 폐쇄적인 기업 경영은 때때로 외부로부터의 전문 경영자에게 매력적이지 않게 비춰져 우수한 경영자의 유지·획득이 어려운 경우도 많지만, 무학처럼 전문경영인를 경영팀에 넣는 것은 기업 성장에 중요한 역할을 하는 동시에 사업계승문제 해결을 위한 효과적인 방법 중 하나가 될 수도 있다.

또한, 한국 패밀리 기업의 상당수는 사외경험을 중시하는 경향이 있다. 2대 최재호 씨는 대학 졸업 후 ROTC 장교로 군복무를 하고 제대 후, 제약회사 기획실에서 1년간 근무한 경력이 있으며, 3대 최낙준 씨도 은행 재무기획부에서 근무한 경험이 있다. 조직 외부에서 경험을 쌓는 것은 자사를 객관적인 시점에서 보는 것으로 이어진다.

후계자 육성에 대해서는 많은 한국 기업과 마찬가지로 마케팅, 글로벌 사업부, 수도권 전략본부 등 사내 여러 분야에서 경험을 쌓게 해서 후계자 훈련을 실시하고 있다.

(4) SPC 그룹

생성기 경영팀을 보면 창업자 허창성 씨와 부인 김순일 씨로 구성 돼 있다. 특히 아내 김순일 씨는 허창성 씨의 단점을 커버해 주는 경영 파트너로 인식됐다. 허창성 씨는 황해도에서 지금까지 배운 기술을 발휘할 수 있는 제과점 상미당을 열었는데, 보다 시장이 크고 원자재 구입이 원활하고 유리한 서울로 진출했다. 그래서 경쟁사들이 따라할 수 없는 무연탄 가마를 개발해 그 기술을 직원들에게 배우게 하고 자사 브랜드를 넓히는 계기를 마련했다.

1950년 발발한 한국전쟁으로 허창성 씨는 모든 것을 잃고 말았다. 그러나 전후 서울로 돌아와 용산에 공장을 세웠다. 용산은 당시 미군기지가 위치한 곳으로 제빵에 필요한 원자재를 구하기 쉬운 입지적 여건을 고려한 판단이었다. 그리고 사업이 확대됨에 따라 경영조직도 대략적인 조직에서 총무, 인사, 경리, 영업, 관리 등을 갖춘 체계적인 조직체제를 구성하고, 그 중심부에 가족 중심의 경영팀을 배치함으로써 보다 빠른 의사결정과 소통을 할 수 있도록 하였다.

형성기에 들어서는 두 아들에게 회사 경영을 맡겼다. 우선 장남 허영선 씨는 본사인 삼립식품을, 차남 허영인 씨에게는 샤니 경영을 맡겼다. 두 사람의 경영 스타일이 달라 허영선 씨는 비관련 다각화를 중심으로 사업 확장을 꾀했고, 허영인 씨는 관련 사업을 수직 통합해 관련 다각화를 했다. 허영선 씨는 제빵에 몰두한 사람으로 미국의 유명 제빵학교에서 유학하면서 제빵 기술은 물론 당시 미국에서 유행하던 외식 프랜차이즈와 식품 등을 연구해 귀국 후 자사의 사업 확장에 최대한 활용했다. 이에 허영인 씨는 원자재를 포함한 물류 유통 제조 판매까지 각 계열사를 활용한 수직통합을 통해 안정적인 제품 개발과 공급이 가능한 구조를 만들었다.

결과적으로 허영선 씨의 경영은 실패하고 회사가 도산할 위기에 빠졌지만, 허영인 씨는 자사의 핵심 자원을 연마해 사업 확장에 성공했다. 그리고 삼립식품을 인수함으로써 현재 SPC그룹의 토대를 마련했다.

후계자 육성에 대해서는 장남 허진수 씨와 차남 허희수 씨에게 사업승계를 위해 경영권 이양을 추진하고 있는데, 이들의 의사결정을 돕기 위해 사내외의 유능한 인재를 전문경영인으로 경영팀에 참여시키고 있다. 이러한 움직임은 선행연구나 사례분석에서도 설명했듯이 한국의 많은 패밀리 기업이 가지는 특징이며, 특히 기업규모가 클 경우

채용되는 시스템이다. 장남 허진수 씨도 아버지와 마찬가지로 미국 AIB를 수료하고 SPC그룹 전략기획실과 연구개발, 글로벌 사업 등을 포괄적으로 관리함으로써 후계자 육성과 함께 차세대 경영진을 키우고 있다.

(5) 정리

4사의 경영팀의 특징을 정리하기로 하자. 야마다야는 기본적으로는 야마다 시게이치, 라쿠 부부의 경영부터 시작해 현장 경영을 중시해 왔다. 2대 이사오 씨의 시절에는 뚜렷한 역할 분담이 이뤄지지 않았지만 현장과 경영자 간 소통을 잘 시도했다. 또한, 현재 친족 이외의 경영진이 성장한 것도 이 시기이다. 3대 나카무라 야스후미 씨는 대학 졸업 후 사외 실무 경험을 쌓은 뒤 입사해 객관적으로 판단할 수 있는 경영을 중시한다. 경영팀에 친족의 경영 참여를 가능한 한 억제하고 친족 이외의 인재를 기용하는 등 정보의 고정화와 의사결정시, 독재의 폐해가 나타나지 않도록 힘쓰고 있다.

아사히 주조는 3대 히로시 씨의 취임부터 본격적인 사업 확장을 도모하여 작은 양조장에서만 할 수 있는 강점을 신속하게 파악하고, ① 그 강점을 살리기 위한 기술 확보 ② 안정적인 제품 생산 ③ 직원 확보를 위한 사계절 양조 실시 ④ 타깃층과 진출 시장을 좁히는 등 4가지와 같이 제품의 부가가치를 높이는 전략을 취했다. 또, 후계자 육성에도 힘써 4대 카즈히로 씨에게 해외 개척 일을 맡겼는데 그 배경에는 토우지가 아니라 매뉴얼화와 자동화를 통한 안정적인 생산공정과 종업원의 존재가 컸다.

무학은 창업 당시부터 최위승씨가 사장에 취임하기 전까지는 경영팀의 존재 자체가 미미했으나, 최위승씨 취임 이후 일본 시장에서

벤치마킹한 다양한 제조기술과 공정을 살려 자사의 핵심자원으로 확립하였다. 또한, 2대 최재호 씨는 사외 경험과 시장 트렌드를 읽는 힘으로 당시 25도였던 소주시장에 저소주시장을 개척했고, 지방 소주업체 중 수도권을 중심으로 한 대형 소주업체와 경쟁하는 위치까지 성장했다. 그리고 전문경영자를 고용함으로써 패밀리 기업이 빠지기 쉬운 정보의 고착화에 대한 효과적인 대응책이 되었다. 그리고 해외 진출도 적극적으로 해 20개국 이상에서 활약하고 있다.

마지막으로 SPC그룹은 허창성 씨와 부인 김순일 씨를 중심으로 가족으로 구성된 경영팀을 꾸려 급변하는 외부 환경하에서 회사를 성장시켰다. 그러나 후계자였던 장남 허영선씨의 경영 스타일과 차남 허영인씨의 경영 스타일이 달라 외부 환경 변화를 견디지 못한 허영선 씨의 삼립식품은 도산 위기에 빠졌지만, 허영인 씨가 경영한 샤니는 자사 사업 분야의 선택과 집중을 통해 자사의 경영자원을 개발해 냈고 결과적으로는 위기 상황이었던 삼립식품을 인수해 현재의 SPC그룹을 만들었다고 할 수 있다. 또 각 계열사에는 전문경영인을 두어 보다 안정적인 경영이 가능한 구조를 만들었다.

일본과 한국을 보자면, 일본의 경우 사외 경험을 중시하고 가족으로 구성된 경영팀을 중심으로 일부 가족 외 관계자가 참여하는 경우를 볼 수 있는 반면, 한국의 경우에는 창업 당시에는 가족으로 구성된 경영팀으로 출발하지만 회사가 성장함에 따라 기존 경영팀에 전문경영인이 참여하는 경우가 많다. 이러한 차이는 위에서 언급한 무엇인가 하나를 파고들며 영역을 좁히는 일본적 경영 스타일과 폭넓게 전개하는 한국적 경영 스타일의 차이가 있기 때문이라고 생각된다.

3 사업기회의 인식

(1) 야마다야

초대 경영자 부부의 미야지마 과자 수요 발견이 모미지 만쥬 사업 진출에 직접적인 계기가 됐다. 창업지인 미야지마의 이쓰쿠시마 신사 참배객을 타깃으로 정해 기념품이나 과자등의 판매를 검토했다. 주변에 모미지 만쥬를 제조·판매하고 있는 업체가 많이 존재하기도 하여 모미지 만쥬를 중심으로 한 제과점을 시작하게 되었다.

2세대 경영자시대로 접어들자, 사업 확대와 생산능력 강화가 이뤄지면서 생산능력이 판매능력을 크게 웃도는 이른바 잉여생산능력이 발생했다. 2대 이사오 씨는 새로운 시장 개척을 시작해 미야지마를 잇는 배의 발착지인 미야지마구치에 모미지 만쥬의 판매 점포를 마련하고, 그 후, 시내의 백화점이나 히로시마역의 매점, 고속도로의 휴게소, 히로시마 공항에도 출점하는 등 히로시마와 외부를 연결하는 교통거점에 판매 체제를 갖추었다.

한편, 대량 생산화에 의한 잉여 생산 능력의 발생은, 팥소 이외의 것을 사용한 제품의 다각화로 이어졌다. 1960년대 들어 모미지 만쥬 종류의 다양화, 「토우요우카」의 개발 등이 이루어지게 되었는데, 이러한 시장의 변화를 재빨리 깨닫고 사업 전개에 반영시킨 것이 야마다야의 성장을 이끌었다.

3대째인 현 사장 시대가 되자, 야마다야는 자사뿐만 아니라 외부 기관과의 제휴에 의해 신상품 개발에 몰두하는 동시에 미야지마와 관련된 NHK 대하드라마 붐을 이용해 소비자의 기억에 남는 상품 판매에 힘쓰고 있다. 또한, 현 사장은 관광지선물만으로 판매하는 것으로는 성장에 한계가 있다고 인식하고 관동지방이나 해외 시장으로의 진출을 모색하는 한편, 관혼상제나 크리스마스, 발렌타인 데이 등에 선물되는 제품의 개발을 통해서 시장 확대를 노리고 있다. 『RAKU 야마다야』브랜드의 찻집, 식사, 일본식과 서양식을 절충한 선물용 과자의 판매등이 그 시도의 대표적인 예일 것이다. 또, 미야지마 본점에 있어서의 모미지 만쥬의 제조 체험이나, 오오노 팩토리에 있어서의 공장 견학 코스의 설치는, 모미지 만쥬를 관광객이나 일반 소비자에게 확산시켜 히로시마나 미야지마의 문화를 세계에 전파하는 것 뿐만 아니라, 최종적으로는 미야지마의 관광 활성화로 연결시켜 가는 청사진을 그리고 있다.

(2) 아사히 주조

초대경영자가 아사히 주조 경영권을 손에 넣은 시기는 주조주 제도가 폐지되고 기존보다 자유롭게 양조를 할 수 있게 되어 많은 주조업체가 탄생한 시기였다. 또한 전쟁에 필요한 재원 확보를 목적으로 한 주세 강화의 일환으로 자가양조가 금지되고 각지에 작은 양조장이 만들어진 시기이기도 하였다. 이러한 환경 속에서 초대경영자는 일본의 사케 전통주 시장에 성장가능성이 있다고 판단하여 시장에 진입하기에 이르렀다.

한편, 1980년대 전반에 지역술이 붐을 이루었으나, 아사히 주조가 위치한 지역은 대중교통이 발달하지 않아 관광객들이 찾지도 않았다. 그러다 보니 지역술 열풍에 따른 판매 확대는 이뤄지지 않았다. 또한, 지역의 인구도 급격히 감소하고 있었다. 이러한 어려운 환경 속에서 2대 사장이 급사하여 히로시 씨가 3대 사장으로 취임하게 되었다. 2대경영인의 시기는 질보다 양의 시대. 즉 영업 담당자의 능력과 제품만 있으면 팔리는 시대였다. 그러나 히로시 씨가 취임한 시기는 양이 아닌 질을 요구받는 시기였다.

어려운 경영환경 속에서 히로시 씨는 작은 양조장이 할 수 있는 사업을 궁리했다. 대형 주조사와의 경쟁이 되면, 가격 경쟁에서 질 가능성이 높고, 또 야마구치 이외의 지역으로 진출하면 그 지역 양조장과의 치열한 과당 경쟁이 되어 자금력이 약한 지방의 작은 양조장은 견디기 어렵다고 판단하였다. 그러나 소비자들이 궁극적으로 어떤 술을 찾고 또 작은 양조장이 할 수 있는 사업을 모색해서, 대형 주조사로서는 추구하기 어려운 소규모, 고품질의 다이긴죠슈를 만드는 사업이라면 작은 양조장이라는 것이 반대로 강점이 될 수 있다고 판단했다. 그리고 많은 시행착오를 거쳐 1992년 처음으로 정미 비율 23%의 다이긴죠슈를 출시했다.

또한, 고품질의 다이긴죠슈를 안정적으로 만들기 위해 매뉴얼화된 제조기술(토우지제도 폐지)과 농한기뿐만 아니라 연중 생산이 가능한 사계절 양조기술을 개발하였다. 이를 통해 직원의 연중 고용이 가능해지고 주조 횟수가 늘어남으로써 직원들이 빠르게 기술을 향상시킬 수 있게 됐다.

(3) 무학

무학이 창업한 마산은 술 빚기에 적합한 기후와 양질의 물이 흐르는 지역이었는데, 그 소비처는 지역보다 군수요가 많은 중일 전쟁 지역과 만주국 등이었다. 식민지 지배로부터 독립한 후에는 부산이라는 대도시가 인접한 것을 이유로 당시 지역 유력자들이 경영권을 인수하면서 경영이 계속되었다. 한국전쟁 발발은 막대한 피해를 입혔지만 당시 경영자들은 군, 정부 수입물품 관계자 등과의 네트워크를 이용해 한국 최초로 수입당밀을 원료로 한 주 정도 생산하고 있었다. 전후 여러 차례 합병과 경영권 양도가 이어지면서 1965년 최위승 씨가 사업을 인수하기까지 약 15년간 사명과 사장이 5차례나 바뀌었다.

최위승 씨는 본래 마산을 중심으로 활동한 제일제당 대리점과 곡상을 하던 인물이었으나, 곡물을 취급하면서 소주의 시장성을 살펴 거래처였던 유원사업에서 소주부문을 인수하고 사명을 무학양조장으로 변경하여 초대 사장에 취임하였다.

취임 후, 최위승 씨는 장기적 관점에서 자동화는 반드시 해야 한다고 인식했었다. 1966년 한국 중소기업 산업 시찰단의 일원으로 도쿄와 오사카의 기업 투어에 참가하여 자동화된 제조 공정 속에서 위생적이고 품질이 안정된 일본술이 생산 및 포장되어 있는 모습을 시찰하여 공정 자동화에 나서기로 결정하였다. 그리고 자동화를 위해 일본에서 중고 세병기 도입을 시작해 직원들을 일본으로 연수를 보내고 소주용으로 병 생산공장까지 세웠다. 이러한 자동화 생산의 도입은 당시 지역 내 경쟁사들이 흉내 낼 수 없는 생산력과 기술력을 획득하게 되었으며, 이후 한국 정부가 실시한 '1도 1사 정책'에서도 경상남도 지역 대표로 선정되어 36개사를 통폐합하게 되었다. 또한, 1976년 도입된 자도 소주 구입 제도는 지방 주류 산업을 보호하는 것이 목적이었기 때문에 안정적으로 지역 내 판매가 가능하여 무학 성장의 발판이 되었다.

1996년 갑자기 자도소주 구입제도가 폐지되면서, 폐지에 대비하지 않았던 많은 지방소주회사들은 경쟁력을 잃었다. 또 맥주산업의 성장과 해외 주류 수입 확대는 국내 여러 소주회사에 타격을 줘, 일부만 명맥을 유지하고 있고 나머지는 수도권 대형 소주회사에 인수될 운명이 됐다. 그러나 무학은 1994년 취임한 2대 최재호 씨를 중심으로 제도 변화와 시장 격변에 대비해 생산설비 확충, 저도수 소주 개발과 신시장 개척, 새로운 제조기술 개발과 도입, 해외 주류 국내 수입 등 지방 소주업체로서 가능한 모든 수단을 동원해 수도권 대형 소주업체와의 경쟁에 대비했다. 또한, 국내뿐만 아니라 한류 열풍으로 해외에서도 성공할 가능성이 있다고 판단하여 적극적인 해외 진출도 추진하고 있으며 현재는 20개국 현지 협력업체와 연계하여 수출하고 있다. 베트남에서는 현지에서 소주를 생산·판매하고 있다는 점에서 해외진출에 대한 적극적인 자세가 엿보인다.

(4) SPC 그룹

한국 역사에 빵이라는 식품이 등장한 것은 1720년대이지만, 본격적으로 민간에 소개된 것은 일본식민지시대 전후이다. 당시 빵은 조선에 들어온 일본인을 중심으로 서울이나 일부 대도시에서 전개되었으나, 1940년대에 이르러 일본인 장인 밑에서 한국인이 제빵 기술을 배우는 경우가 많았다. 빵의 주요 소비처는 군대였지만, 당시 조선의 쌀을 대량으로 일본에 수출한 결과 조선 내 식량이 부족했다. 대체할 곡물이 필요했고, 그 대안으로 밀가루를 보급해 그것을 사용한 빵의 소비가 증가했다. 또, 식민지 지배로부터 독립한 뒤 한국에 미군이 주둔하고 주둔지 인근에서는 미군이 제공하는 밀가루 설탕 등 빵 재료가 많이 나돌면서 빵 보급이 가속화되었다.

그런 가운데, 창업자인 허창성씨는 친구의 소개로 일본인이 운영하는 베이커리에서 일하게 되었는데, 빵의 가능성과 황해도에서 가족이 운영하던 제분공장으로부터 밀가루를 안정적으로 사들이는 것이 가능함에 따라 식민지 지배로부터 독립한 후인 1945년 황해도에 상미당을 열었다. 황해도에는 미군 주둔지도 설치되어 빵 만드는 데 필요한 밀가루, 설탕, 버터 등을 구하기 쉬웠지만 시장이 작다고 느껴 더 큰 시장에서 도전하기 위해 서울로 올라와 을지로 방산시장 인근으로 회사를 이전시켰다. 서울은 거대한 시장이었지만, 이미 10개 이상의 베이커리 가게가 있는 경쟁이 치열한 시장이기도 했다. 어려운 여건 속에서 허창성 씨는 독자적인 무연탄 가마를 개발함으로써 큰 폭의 원가절감이 이뤄졌고 가격경쟁력을 갖게 됐다.

그러나 한국전쟁 발발은 허창성이 쌓아올린 모든 것을 무너뜨렸다. 전후 당시 미군이 주둔했던 용산에 비스킷 공장을 지어 처음부터 다시 시작하게 됐지만 군수요와 일반 소비자를 위한 상품을 차례로 판매했다.

성장의 계기가 된 것은 한국 정부가 1962년부터 실시한 혼분식 장려 운동이었다. 식량 부족으로 미국의 식량 원조를 받아 대량의 밀가루를 손에 넣은 한국 정부는 제빵업을 식량 대체 사업으로 인정하고 생산성 향상과 시설 개량 및 확충을 지원했다. 이 같은 정책은 기업인들에게 큰 비즈니스 기회가 됐고 허창성 씨는 제빵 수준은 문명의 수준에 비례한다고 느꼈기 때문에 제빵기술의 선진화를 통해 국가 발전에 기여하고자 했다. 그리고 1964년 도쿄올림픽에 관광참관단으로 일본의 제빵공장을 둘러보며 기술을 배우고 자사의 빵 생산공정에 자동화 기술 등을 도입하는 계기가 됐다. 또 재일교포 기술자를 스카우트해 신제품 개발에 참여시킴으로써 당시 경쟁사들이 흉내낼 수 없는 핵심 자원을 획득했다.

이러한 빵의 보급은 SPC의 성장으로 이어졌지만 1980년대 해외여행의 자유화와 서울올림픽에 따른 해외관광객의 방문 등으로 소비자들은 기존 빵보다 품질이 높은 일명 윈도우 베이커리를 찾는 수요가 증가했다. 또, 외식산업의 다양화와 해외 프랜차이즈의 한국 진출 등은 기존의 빵사업만으로는 살아남기 어려울 가능성이 높았다. 이에 허창성 씨는 고객의 요구에 부응하기 위해 고급 빵을 제조 판매하는 샤니를 설립하고, 이외에도 빵과 디저트와 관련된 계열사를 차례로 설립함으로써 소비자 수요의 다양화에 대응하고자 했다.

형성기에는 장남 허영선 씨에게는 모회사인 삼립식품을, 차남 허영인 씨에게는 샤니를 물려주어 두 회사를 주축으로 한 그룹 운영으로 방향을 틀었다. 허영선 씨는 기존 제빵만으로는 앞으로 존속할 수 없다고 판단해 당시 건설 붐과 관광 붐의 물결을 타고 건설사와 리조트 운영 등에 참여했으나 아시아 금융위기 여파로 회사 정리 절차를 밟을 수밖에 없는 상황이 됐다.

한편 차남 허영인 씨는 제빵 부문이 장래성이 있다고 판단해 스스로도 미국 제빵학교에 다니며 제빵 분야와 관련 분야에 대한 정보와 트렌드 등을 수집하고 국내 전개 타당성 검토, 고급스러운 윈도 베이커리 프랜차이즈 전개와 함께 해외 유명 프랜차이즈를 속속 국내에 도입함으로써 국내 제빵 분야 1위 기업이 돼 삼립식품을 인수해 현재의 SPC그룹을 만들었다. 또한, 국내뿐만 아니라 해외에서도 충분한 경쟁력이 있다고 판단하여 2004년부터 해외 진출을 시작하여 현재는 7개국 430여 곳에서 점포를 운영하고 있다.

(5) 정리

네 회사의 사업 기회 인식을 정리하면 다음과 같다. 먼저 일상에서 사업 기회를 발견한 회사로는 야마다야와 무학이 꼽힌다. 미야지마라는 관광지에 방문하는 관광객을 상대로 과자 판매를 해 섬 밖으로의 판로 확대, 제품의 수요 확대를 목표로 한 점은 의외로 다른 업종인 무학의 사업 전개와 유사하다. 이는 평소 업무에서 주조업이라는 신규 사업 창조의 기회를 발견한 무학이 판로를 마산과 경남지역에서 전국, 세계로 확대해 나간 점, 제품 차별화 등 새로운 고객을 확보하기 위해 분투하고 있다는 점에서도 알 수 있다.

또한, 마찬가지로 주조업을 영위하고 있는 아사히 주조에 관해서는 작은 양조장으로 살아갈 길을 찾고, 그 결과 독자적인 기술을 활용하여 고급 일본술 시장에 진출했다는 점에서는 무학과는 다르지만, 지역사회에 공헌함으로써 우수한 인재와 기술 확보 등에 노력한 점에서는 자사의 핵심 자원을 보호하고 발전시키기 위해 열심인 무학과의 공통점이라 할 수 있다.

덧붙여, 도전 정신을 바탕으로 제품의 차별화나 해외 진출, 마케팅 능력의 강화에 여념이 없는 아사히 주조의 현 사장이 추진하고 있는 경영 스타일은 무학의 스타일과는 약간 다르지만, 젊은층소비자이탈과 신규 소비자 획득에 악전고투하고 있는 주류 산업에 있어서의 공통 과제가 있다.

반면, SPC그룹은 음식문화에서 창업 기회를 인식하고 창업했다는 점에서 다른 기업과 다르다. 점차 진행되는 서구화 속에서 빵의 가능성에 주목하고 정부의 혼식정책을 바탕으로 관련 설비 확충과 시장 확대를 꾀했다. 또, 미군 주둔 시기에 구하기 쉬웠던 밀가루를 이용한 점, 윈도 베이커리 운영과 해외 프랜차이즈 도입 등 소비자 요구를 잘 수렴해 사업 전개에 활용한 점은 평가해야 할 것이다. 최근에 들어서는 소비자의 건강 지향의 고조에 잘 반응해 신제품 개발을 최신 생산 설비에서 실시할 수 있게 된 것도 특기할 만하다.

4 사업 콘셉트

(1) 야마다야

야마다야의 창업자는 「미야지마의 참배객을 향한 모미지 만쥬를 중심으로 한 과자 판매」라고 하는 사업 컨셉을 명확하게 설정해 비즈니스를 시작했다. 지역 자원인 모미지 만쥬를 주력 상품으로 중점 판매한 결과, 점차 그 브랜드는 간사이와 규슈까지 퍼지게 됐다. 이는 야마다야의 경영자와 종업원이 이해하기 쉬운 명확한 컨셉을 내세운 것이 중요하며, 야마다야는 자사 자원의 부족을 미야지마나 이쓰쿠시마 신사, 모미지 만쥬의 브랜드라고 하는 지역 자원을 이용해 보충한 것으로 보인다.

2대 이사오 씨의 시대는 그동안 미야지마 참배객으로만 한정했던 고객에서 탈피하고 판로 확대를 통해 미야지마를 포함한 히로시마 관광객으로 타깃을 확대해 새로운 고객을 끌어들이게 됐다. 특히, 이 판로 확대와 새로운 고객 획득에 있어서, 미쓰코시 백화점이나 히로덴 그룹은 야마다야의 서포터로서 큰 역할을 완수했다. 야마다야는 창업 이래 고객들에게 맛과 좋은 서비스를 제공하기 위해 노력해 왔지만, 이 시대에는 고객의 취향에 맞게 시대가 요구하는 상품(건강 붐에 맞춘 상품 등)을 개발하기 위해 노력함으로써 호평을 받게 되었다.

3대 현 사장이 취임한 뒤로는, 소비자가 좋아할 만한 상품 만들기에 힘써 왔다. 현 사장 시절 들어 가장 공들여 추진하고 있는 사업을 보면 이해하기 쉽다. 예를 들면, 신규 시장이나 신규 고객을 향한 어프로치인 「제작 체험」이나 「공장 견학」은 종래의 관광객 전용 과자 판매에서 탈피하려고 하는 움직임이다. 바로 미야지마의 음식문화를 세상에 알림으로써 총수요를 높이려는 전략이다. 창업 이래, 관광 토산품이라고 하는 사업범위 안에서 사업을 계속해 온 야마다야 이지만, 선물용 과자, 카페 등의 신규 시장에 적극적으로 진출하고 있다. 신규 사업 분야 지식이 전무에 가까운 상황에서 고객 데이터를 모아 분석하고 신메뉴 개발을 통해 사업을 궤도에 올렸다. 고객의 의견을 기존 경영에 피드백하는 것뿐만 아니라 타깃층을 대상으로 시장조사를 진행한 결과를 사업에 반영해 신규 고객을 확보해 나가는 경영 스타일이 이 회사의 사업 확대 배경에 있다.

위에서 언급한 신규 사업을 실시함에 있어, 현 사장은 사내 아이디어나 인재만으로는 획기적인 것이 만들어지기 어려운 점에 주목해 지역의 다른 기업이나 컨설팅 회사, 대학 등과 제휴해 공동 개발을 실시해 성과를 내고 있다.

(2) 아사히 주조

1대, 2대 시기에는 사업 콘셉트를 명확히 하기보다는 비즈니스 기회를 활용해 현지 소비자에게 술을 판다는 인식이 강했다. 실제로 생성기의 아사히 주조의 주요 상품은 보통주였으며, 대량 생산이 가능하여 비교적 저렴한 일본술이었다. 당시는 술을 만들면 팔리는 시기여서 영업사원의 능력이나 특별한 판매 전략이 필요하지 않았다. 그러나, 전국적인 일본술 시장 축소와 지역 수요 감소로 기존 방식으로는 사업을 이어가기 어려웠다. 또, 상품 자체의 경쟁력도 별로 없었기 때문에 다른 지역으로의 진출도 어려웠다. 3대 히로시 씨는 이런 상황에서 회사를 성장시키기 위해 소비자들의 욕구가 가격 대비 대적 만족을 충족시킨 술임을 깨달았다. 즉, 단순히 싸면 되는 것이 아니라 상품에 부가가치를 매겨 그 가치에 타당한 만족도를 얻는 것이 가장 중요하다고 인지한 것이다. 그 결과, 대형 주조사는 추구하기 어려운 제품의 질에 집중하는 제품을 개발하게 되어 닷사이를 탄생시켰다. 닷사이는 보통 일본술보다 높은 가격으로 설정해 브랜드 가치의 원천을 희소성이 아니라 높은 품질로 여긴다. 이 때문에 냉장고에서 온도 관리를 하고 저장하는 등 품질 유지를 위한 조건을 충족하는 거래처에만 유통하는 전략을 취하고 있다. 언뜻 보면 자사 상품에 대한 자부심이 너무 강한 것은 아닐까 생각되지만, 소비자 만족도가 높고 재구매자도 많다는 점에서 히로시 씨가 제시한 사업 컨셉이 소비자에게 받아들여졌다고 할 수 있을 것이다.

한편, 닷사이의 성공 후, 아사히 주조는 자사 직영 바를 오픈했다. 그 이유는 요식업계가 저렴한 술시장쪽으로 이동하는 것에 대해 위기감을 느낀 점, 일본술의 포지셔닝이 와인 아래에 위치한다고 여겨졌기 때문이다. 즉, 닷사이라는 고부가가치 일본술을 생산·판매하는 아사히 주조의 입장에서는 국내외에서 고부가가치 일본술 시장이 성장할 기회가 없어질 우려가 있다고 본 것이다. 그래서 히로시 씨는 다소 가격이 비싸더라도 올바른 일본술을 즐길 기회를 제공함으로써 가격 이상의 가치, 만족감을 주고자 했다. 그리고 이 사업 컨셉을 보다 구현한 것이 닷사이 Bar23이며, 이후 해외에 오픈시킨 닷사이 Bar 상하이이다. 그 성과는 국내외에서의 매출이 매년 성장하고 있음으로 증명되고 있다.

(3) 무학

창업기 무학의 사업 컨셉은 당시 군의 요청에 응한 일본 술을 공급하는 것이었다. 군 수요에 따라 일본술, 소주, 미림, 포도주, 위스키, 브랜디 등 다양한 주류를 생산했다. 또한, 마산이라는 지역은 인근에 마산항과 부산항이 인접한 지리적 이점으로 인해 예로부터 일본이나 만주국행 수출이 활발한 지역이었다.

식민지 지배로부터 독립한 후에는 혼란 상태였던 시대적 배경으로 인해 싸고 취하기 쉽다는 소비자의 요구가 존재했다는 점, 당시 마산 지역 유력자들이 자신의 권위를 과시하기 위해 소주를 제조·판매했을 것으로 추측된다. 또한 한국전쟁 중에는 피난민이나 군수에 맞추어 소량이나마 생산을 계속하고 있었다.

최위승 씨가 사장으로 부임한 시기는 마산이 위치한 경상남도 지역에 수많은 소주회사가 존재하고 청주와 전통주, 막걸리 등도 포함하면 각 마을에 1개 이상이 존재하는 일명 양조장 춘추전국시대이기도 했다. 하지만, 대부분 영세업체였고 모든 것이 수작업으로 이뤄지고 있었다. 최위승 씨는 치열한 경쟁 속에서 존속하고 성장하기 위해서는 다른 회사가 흉내낼 수 없는 무언가가 필요하다고 느끼고 있었다. 그리고 그 기회는 취임 후 이듬해 일본을 시찰하면서 찾은 자동화 공정이었다. 위생적이고 대량생산이 가능한 자동화 공정은 무학에 필요한 기술이었고, 지역에 난립하는 소주시장 패권을 손에 쥐는 중요한 수단이었다.

한편 무학의 움직임과는 별도로 한국 정부 안에서는 주세의 효율적 관리를 위해 각 도당 1개, 전국에서 10개만 존속시킨다는 국세청의 방침이 정해졌다. 이에 따라 국세청은 각 지역을 대표로 하는 소주회사를 제외하고는 모두 통폐합시키고 경남지역에서는 무학이 지역 내 36개사를 통폐합하게 됐다.

그 후, 약 23년간은 경상남도 지역에서는 무학 의 독점시기가 되어, 경쟁은 거의 없고 안정적인 경영이 가능해졌다. 그 사이 상품 리뉴얼이나 개선도 조금씩 했지만 기본적인 제조방법이나 판매방식에는 변화가 없었다. 이는 2대 최재호 씨의 눈에는 비전이 없는 사양산업처럼 비쳤다. 사내에는 열의가 없었고 회사의 비전이나 미래에 대해 말하는 사람도 없었다. 최재호 씨는 사장 부임 후 두 가지 사업 콘셉트를 분명히 했다. 첫 번째는 지방 소주를 전국에 제공하는 것이다. 최재호 씨가 사장에 취임한 시기는 소주업계의 큰 전환기였다. 우선 1996년 자도소주 구입 제도 폐지로 수도권 대형 소주 회사들의 지방 진출이 본격화되면서 많은 지방 소주 회사들은 백기를 들었지만 이를 최재호 씨는 오히려 수도권으로 진출할 기회라고 판단하고 20년간 모은 자금을 이용해 마산뿐만 아니라 수도권에 영업소와 물류센터, 공장을 건립했다. 이로써 무학은 본격화된 대형 소주회사의 경남 진출을 막고 수도권 진출의 토대를 마련했다.

두 번째는 신규 고객층 개척이었다. 위에서 언급한 바와 같이, 점차 낮아지는 소주시장의 주요 타깃은 성인 남성이었다. 그러나 건강지향의 고조와 맥주와 저알코올 음료의 인기가 높아지면서 소주 시장은 점차 축소되고 있었다. 최재호 씨는 이런 현상을 타파하기 위해서는 새로운 고객층 개척이 필요하다고 느끼고, 그 타깃층을 젊은 층과 여성으로 만들었다. 그리고 개발한 것이 기존 알코올이 25도보다 낮아 마시기 좋은 저도수 소주였다. 처음 개척한 저도수 소주는 이후 무학의 시장 우위성을 지속하는 핵심 자원이 되었고, 지속적인 개선과 풍미를 첨가한 과일 소주 개발로 이어졌다. 또, 신규 고객층 개척은 국내에 머무르지 않고 아시아 시장을 중심으로 해외 고객 확보에도 총력을 기울이고 있다.

(4) SPC 그룹

창업자 허창성 씨가 제창한 「빵사업은 문화사업이다」라는 사업 콘셉트는 창업 이후 현재까지 이어지고 있다. 허창성 씨는 빵은 문명의 수준과 비례하기 때문에 제빵의 선진화는 국가발전에도 기여한다고 판단했다. 현실적인 여건을 고려하여 볼 때, 한국에 있어서 제빵기술을 학습하기 위한 최적의 선진국은 일본이었다. 허창성 씨도 일본 제과점에서 기술을 배운 경험이 있어 1964년 도쿄올림픽 관광참관단에 참가했을 때 일본의 높은 수준의 빵 제조 기술을 체감하고 귀국 후,

자동화 설비 도입과 재일교포 기술자를 스카우트했다. 이로써 한국의 제빵 사업을 단숨에 발전시켰고, 그 결과 한국에서 비닐 포장 크림빵을 출시하게 되었다. 또, 제빵산업을 발전시켜 국가에 공헌할 생각이 있던 허창성 씨는 창업 15년 만에 종업원 수가 3,500명을 넘어 당시 한국 사회에 큰 기여를 했다.

형성기에 들어서자 장남 허영선 씨와 차남 허영인 씨가 SPC경영에 참여하였으나, 앞에서 설명한 바와 같이 허영선 씨는 사업 확대에 실패하고 차남 허영인 씨가 삼립식품을 인수하게 되었다. 한편 허영인 씨는 실적 제일주의, 수익성 제고와 품질 향상, 그리고 새로운 개발과 도전이라는 3대 경영 방침을 취임 원년 실천 목표로 꼽았다. 특히 식품을 취급하는 기업으로서 품질관리를 철저히 하여 매일 아침 사장에게 당일 생산한 빵을 제출, 보고하게 하고 있었다. 또, 미국 유학 시절 미국산 제빵 동향을 파악하고 귀국 후에는 식품기술연구소를 설치해 필요한 해외 기술이 있으면 과감하게 도입하거나 자체 개발해 품질 향상에 주력했다. 그 밖에도 원자재 매입부터 생산, 유통, 판매까지 각 단계에서 담당하는 계열사를 설립함으로써 운영 효율화를 꾀했다.

새로운 분야에의 도전도 적극적으로 하여, 국내에 없던 미국 유명 프랜차이즈를 도입하거나 소비자 수요에 맞춘 윈도 베이커리 프랜차이즈를 선보이며 업계 1위 자리를 차지했다.

성장기에는 제빵을 넘어 종합식품회사로 성장하기 위해 경영이념을 정하고 상미당 정신을 제창하며 '행복한 삶의 방식을 위해 최선도'라는 보편적 가치를 지닌 선인들의 지혜를 소중히 여기면서 항상 다음 세대를 내다보고 새로운 것에 도전하겠다는 강한 의지를 의미하는 'GREAT FOOD COMPANY'를 목표로 하고 있다. 그리고 이 목표를 실현하기 위해 기존 식품기술연구소의 역할을 확대하고, 제빵 이외 식품사업의 전개, 해외 브랜드의 국내 도입과 고속도로 SA 운영사업, 적극적인 해외진출을 도모하여 현재는 국내 제빵 분야에서 업계 1위, 식품업계 6위를 차지하고 있다.

(5) 정리

과자 제조업체인 야마다야의 경영 이념은 「불역 유행(不易流行)」이다. 오래된 것과 새로운 것의 융합을 목표로 전통산업에서 미래산업으로 프론티어 정신을 갖고 신분야에 도전하겠다는 뜻이다. 이는 경영이념은 아니지만, SPC그룹의 사업 전개를 보면 상당히 유사하다. 야마다야의 카페 사업 진출, 양과자 만들기, SPC그룹 해외 프랜차이즈 전개, 밀키트 제조, 서양의 카페 문화와 한국 떡의 융합이 대표적이다. 대대로 내려오는 전통기술을 중시하면서도 새로운 사업분야 진출을 통해 새로운 고객을 확보해 나가는 패턴이다.

또한, 마찬가지로 술을 생산하고 있는 아사히 주조나 무학의 사업 컨셉에도 유사점이 보인다. 닷사이라는 고급 다이긴죠슈를 고집하는 아사히 주조와 좋은데이라는 대중적 소주를 제조하는 무학은, 타깃층은 다르지만 자체 핵심기술과 지역기업이자 전통기업의 브랜드를 충분히 살리려는 의도가 엿보인다. 술문화의 전통을 계승하고 지역 및 지역문화를 소중히 여기는 점과 종업원의 개성을 존중하고 개개인의 잠재능력을 마음껏 발휘할 수 있는 환경을 조성하기 위해 노력하고 있는 점은 흡사하다. 또한, 술 제조에 필수적인 환경보전 활동에 적극 나서고 있는 점도 양사의 공통점이다.

한편, 일본과 한국 기업간의 사업 콘셉트에 대한 차이점도 존재한다. 일본 기업의 사업 콘셉트는 한국 기업에 비해 보다 구체적이고 현실적인 의미를 가지며, 사내에서 공유하기 쉬운 내용으로 구성되어 있는 반면, 한국 기업의 경우 비전 제시라는 측면이 강하다.

각국의 문화, 전통산업, 지역산업과의 상생을 도모한다는 점에서 야마다야, 아사히 주조, 무학, SPC그룹 등 4개사 모두 공을 들여 추진해 왔다. 각국과 각 지역을 대표하는 기업인 이상, 지역의 고용과 소비를 포함한 지역산업 활성화와 국가 경제성장에 기여한다는 큰 사명을 짊어지고 있다는 점에서는 4개사 모두 유사한 면모를 보이고 있다.

5 제도, 타기업, 고객과의 관계

(1) 야마다야

생성기의 야마다야는 전시물자 통제 등 매우 어려운 경영환경 속에서 미야지마의 경쟁사인 다른 모미지 만쥬점과 협력하는 파트너십을 형성하였다. 자재구매를 공동으로 한 것, 공동 공장을 차린 것 등이 대표적인 예이다. 모미지 만쥬의 브랜드 확립을 위해서는 한 회사만의 힘으로는 어렵고, 경쟁 상대와 협력 관계를 맺음으로써 서로를 돕는 파트너 기업으로 성장해 나가는 것이 중요하다고 야마다야는 인식하고 있었다. 이처럼 적극적으로 외부와의 네트워크를 활용해 생성기의 곤경을 극복한 것이 야마다야의 특징이다.

2대째 들어서도 시대가 요구하는 신상품 개발에 외부의견을 유연하게 수렴해 적극적으로 개발에 임했다. 또, 시대의 변화와 함께 교통망이 발달해, 구입 루트가 정비된 것이나 다품종화에 수반하는 구입처의 다양화가 진행되는 가운데, 구입처와의 네트워크가 중요해지지만, 야마다야에서는 네트워크의 계승도 일상의 업무 속에서 서서히 선대에서 다음 세대로 진행되고 있었다.

3대 경영자시대에 접어들어서, 야마다야와 지역의 외부 네트워크 구축이 보다 강고해졌다. 먼저, 미야지마 과자제조업조합과의 관계에서는 업계를 둘러싼 규제나 법률에 관한 강습회나 이벤트의 공동개최 등을 통해서 정보의 교환이나 공유를 도모하고 있다. 다음으로 미야지마 관광협회와의 관계를 들 수 있다. 현 사장은 미야지마 관광협회 회장을 맡고 있으며, 동업자 및 타업종과의 교류회도 적극적으로 하고 있다. 지역 자원인 미야지마라는 관광지의 PR뿐만 아니라 환경 보호에도 힘써 지역 경제 활성화를 도모하고 있다.

또한, 지역 기업, 단체, 컨설팅 회사, 대학 등과 협업해 공동 상품 개발을 적극 펼치고 있다. 기업 외부의 다양한 관점에서의 정보 수집·아이디어 모집을 통해 정보의 고정화를 막고 있는 점이 이 회사 경영의 특징이라 할 수 있다.

(2) 아사히 주조

생성기에 일본 정부에 의해 주조주 제도가 폐지되어 종래보다 자유롭게 양조할 수 있게 되었지만, 전쟁에 필요한 재원 확보를 위한 주세 강화의 일환으로 자가 양조가 금지되고 각지에 작은 양조장이 만들어진 시기였다. 아사히 주조가 위치한 야마구치 현 이와쿠니 시에도 주조 업체가 2개사 존재하고 인접한 히로시마에는 일본술 산지로 유명한 사이죠가 있는 어려운 경쟁 환경하에 있었지만, 당시 일본술 소비량은 생산량을 웃돌아 만들면 팔리는 시기였다.

그러나 1970년대 정점을 찍은 이후, 일본술 업계의 쇠퇴가 멈추지 않고, 관련 업종의 도산이 잇따르면서 아사히 주조가 활동 거점으로 삼는 지역에도 큰 영향을 미쳤다. 지역 인구는 기존의 1/6으로 급감하고 일본술 이외의 주류가 점차 등장하는 등 경영 환경은 해마다 악화되었다. 이런 상황을 극복하기 위해 3대 히로시 씨는 자사 간판 상품의 용기를 병에서 종이팩으로 바꿔 저렴한 가격에 내놓았다. 그러나 종이팩은 병보다 일손이 더 필요하기 때문에 보통주 가격 경쟁이 치열해지면서 결국 판매를 중단할 수밖에 없었다.

이러한 어려운 환경은 아사히 주조의 최대 위기가 된 반면, 아사히 주조의 현실을 되돌아보는 기회가 되기도 했다. 그리고 아사히 주조이기 때문에 할 수 있는 일을 발견하고, 그것을 실현시킨 것이 '닷사이'였다. 닷사이의 개발은 아사히 주조 단독사업이 아니었다. 애마구치현의 식품 공업 기술 센터나 히로시마현 국세국의 감정관실 등의 관과 야마다니시키를 생산하는 현내외의 농가, 안정적이고 고품질의 다이긴죠슈를 생산하기 위한 데이터를 분석하는 IT 기업과의 제휴 등, 외부 네트워크를 최대한 활용함으로써, 자사의 코어 기술을 한층 더 진일보시켰다.

한편, 소비자들의 일본술 인지도의 저하를 경계한 아사히 주조는 일본에서는 일본술이 양주보다 가치가 높다는 점을 알리기 위해 판매 채널을 한정하고 직영바를 운영하는 등, 소비자 인지도 제고와 자사 브랜드력을 높이는 전략을 시행했다. 또한, 해외에서도 일본술 보급과 새로운 시장 개척을 위해 해외 바이어 및 레스토랑과 연계해 고급 이미지가 있는 닷사이를 중심으로 부유층을 타깃으로 한 전략을 취하고 있다. 이러한 사업 전개는 이해관계자와의 수직 및 수평형 네트워킹 전략을 펼치고 있는 대표적인 사례라 할 수 있다.

(3) 무학

무학이 창업한 시기는 일제 강점기였기 때문에, 소주의 주요 생산지는 중공업이 발전한 북부 지역이었으나 무학이 위치한 마산은 술 빚기에 적합한 기후와 물이 있고 일본과의 거리가 가까운 지리적 이유로 주도(酒都)라 불릴 정도로 주조 양조업이 발달하였다. 또한 생산한 술의 주요 소비처는 북쪽의 전쟁터와 만주국이었다.

식민지 지배로부터 독립한 후는 정치·경제적으로 매우 불안한 시기였으며, 남쪽에서는 미군을 중심으로 한 군정이 실시되고 있었다. 이때, 일본인이 운영한 주조 회사는 양조 경험이나 기업 경영 경험이 있는 한국인에게 적국 자산으로 불하되었고, 무학도 당시 마산 유력자가 경영하게 되었다. 그러나, 1950년에 발발한 한국전쟁으로 술 수요는 급격히 증가하였으나 전쟁으로 인한 식량난으로 수요에 대해 공급이 따라가지 못하였다. 결국 한국 정부와 미군은 술 빚기에 쌀 사용 금지 정책을 실행했다. 그 영향으로 잡곡을 주원료로 하는 주정의 가치가 올라가 해외로부터의 당밀 수입이 증가하였다. 이 시기에 무학의 경영진은 소주 생산 방식을 기존 증류식에서 희석식으로 변환시켜 주정 생산으로까지 확대시켰다. 그리고 이러한 생산 방식의 전환과 주정 생산은 최위승이 무학의 경쟁력을 인식하고 인수하는 계기가 되었다. 또한 1964년 12월 제정된 「양곡관리법」에 따라 증류식 소주회사는 소멸되고 희석식 소주만 존속하게 되었다. 한국전쟁 전까지만 해도 3,000여 개였던 소주공장은 1964년 55개까지 급격히 감소했다.

1973년 실시된 「1도 1사 정책」에 따라, 무학은 경상남도 지역 대표로 선정되어 36개사를 통폐합하였다. 그리고 1974년의 「주정 할당제」, 1976년의 「자도 소주 구입 제도」의 실시는 무학이 지역 도매상과의 강한 네트워크가 형성되어 안정적인 수입원 확보로 이어졌다. 또, 지역을 대표하는 회사로서 다양한 지역 활동도 펼치며 지방은행 설립추진위원과 상공회의소 회장을 맡는 등 지역과의 소통에 힘썼다.

한편, 소주업체의 과당경쟁을 막기 위해 주류산업은 한국 정부의 통제에 따라 관리됐지만 업계의 자발적 경쟁을 해친다는 지적을 받아왔다. 이에 따라 정부는 주정 배분량을 업체들이 자발적으로 합의한 수준으로 정하도록 제도를 변경했으나 1993년부터는 폐지됐다. 또, 1996년 안정적인 판매를 담보하던 자도소주 구입제도가 갑자기 폐지 되면서 많은 소주회사들이 위기상황을 마주하게 됐다.

그러나 무학은 2대 체제 속에서 신상품인 저도수 소주를 무기로 신규 고객층 개척과 수도권 공략을 진행하는 등, 다른 지방 소주 회사 와는 사뭇 다른 행보를 보였다. 그 결과 수도권에서의 인지도 상승은 물론 전국 시장점유율을 12.7%까지 상승시켰다.

(4) SPC 그룹

SPC그룹 생성기의 경우, 제약조건이 되는 정부와의 관계, 즉 정 부의 혼분식장려운동이라는 제도적 환경에서 SPC그룹의 주요 상품인 빵이 정책의 대표적 대상이 됨으로써 경쟁사와의 경쟁이 완화되고 유 리한 조건에서 경영활동을 할 수 있게 되었다. 또, 미군에 대한 군납품 용 빵과 비스킷을 만든 실적과 경험은 안정적인 거래처 확보와 빵 대 량생산 체제의 기반이 됐다. 기업을 둘러싼 여러 제도에 순응하고, 그 제도를 기업 성장에 잘 활용한 경우라고 생각된다.

형성기에는 두 아들에게 사업승계를 하여 장남 허영선에게는 삼 립식품을, 차남 허영인에게는 샤니를 경영하게 하였다. 허영선 씨는 다각화 경영을 본격화하면서 최초로 식품 관련 다각화를 실시했지만 소비자 요구의 변화와 외식형태의 다양화, 윈도 베이커리 등장으로 식 품 관련 매출이 점차 줄어들면서 새로운 시장 진출을 꾀하게 됐다. 당 시 국민 소득의 급증과 여가 시간의 증가는 건설 붐과 관광 붐을 일으 켰으며, 경영 환경의 변화에 따라 건설업과 리조트 운영에 진출하였 다. 이외에도 화학, 유선방송업계까지 진출을 꾀함으로써 다양한 수 익원을 발굴해 기업을 성장시키려 했으나 1997년 외환위기로 부도가

나 회사 정리 절차에 들어갔다.

한편, 차남 허영인 씨는 변화하는 소비자 요구에 맞는 제품을 개발하고 개선하기 위해 한국 정부의 기술연구소 설립 유도 시책을 활용해 식품기술연구소를 설립하고 제빵 관련 기술을 속속 개발했을 뿐 아니라 해외와의 기술 교류를 통해 국내에 도입했다. 또한, 해외여행을 경험한 소비자의 증가는 제빵업계에 요구하는 기대수준을 끌어올렸고, 그 기준을 충족시키기 위해 윈도 베이커리를 선보였고, 해외 유명 프랜차이즈를 국내에 도입했다. 그 결과, 샤니의 매출은 삼립식품을 웃도는 실적을 보였고 2002년에는 삼립식품을 인수했다.

현재는 식품위생법 강화에 따라 HACCP 강화, 위생관리에 철저한 생산공정 개발과 지속적인 개선을 하고 있다.또 3~4인 가구에서 1~2인 가구로 가족 형태 변화에 따라 밀키트 사업 전개 등에도 힘쓰고 있다.

(5) 정리

4개사 모두 60년 이상의 역사를 가진 노포기업이지만, 지역과의 제휴나 협력을 기반으로 성장해 온 것이 공통점으로 꼽힌다. 예를 들면, 야마다야의 경우, 사입의 협력 체제 만들기, 지역내에서의 과도한 경쟁의 회피는 힘든 시기를 함께 극복 하는 타사와의 협조 자세를 엿볼 수 있다. SPC그룹의 경우도 자사 핵심기술인 무연탄가마를 독립 직원들에게 제공해 상미당 이름으로 판매했기 때문에 자사의 브랜드 역량 강화와 함께 동업자와의 상생을 꾀했다. 그러나 현재의 경영체제가 들어서면서 지역내 네트워크에 머무르는 야마다야에 비해, SPC그룹은 지역 및 한국을 초월한 글로벌 네트워크를 전개하며 관련 다각화를 진행하고 있는 특징이 두드러진다.

한편, 같은 주조 회사인 아사히 주조와 무학을 비교하면, 고급 이미지를 추구하는 아사히 주조와 대중적인 소주를 제조하는 무학과는 그 스타일이 크게 다르다. 환경보전활동, 봉사활동 등을 통한 지역사회와의 상생, 소비패턴 변화에 따른 경영혁신과 해외거점 설치 등 공통점은 몇 가지 있지만, 그 내용에는 차이가 있다. 아사히 주조의 경우 다이긴죠슈에 집중하고, 기술을 연마하여 고급화를 추구함으로써 국내를 넘어 해외 부유층을 타깃으로 한 해외 진출이 두드러지지만, 무학은 소주 소비층을 넓히기 위한 상품 개발과 기술 개발, 그리고 수도권 회사들과 전면 경쟁하는 등 환경 변화에 대해 스스로 환경 변화를 주도하려 했다.

마지막으로 일본과 한국의 제도적 변화나 정부 규제 측면에서 볼때, 한국 기업의 경우는 정부의 정책 변화와 함께 기업을 성장시킨 점을 들 수 있다. 예를 들어 무학의 자도소주 구입제도나 SPC그룹의 혼분식장려운동이 대표적인 예이다. 반면, 일본 기업의 경우 정부 정책의 영향이 한국의 경우에 비해 극히 희박하다.

한편, 업계는 다르지만 생산 현장을 견학할 수 있는 프로그램의 설치나, 지역 자원의 국내외 홍보 활동을 통한 업계 전체의 수준 향상을 도모하는 활동이 4개사에 공통적으로 보여 매우 흥미롭다.

2   발견사실과 프레임워크에의 피드백

이어서, 본서에 있어서의 4개의 케이스를 분석한 결과로부터 얻은 사실에 대해서 4사의 사업 전개를 정리함과 동시에, 본 연구의 프레임워크에 피드백을 실시하고자 한다. 특히 4사의 기업행동을 프레임워크의 중요 분석 팩터인 네트워크와 이노베이션의 2가지 관점에서 유형화하고, 한일 각 산업의 리노베이션 과정의 유사점과 차이점을 도출함으로써 한일 각 기업에 어떤 특징이 있는지 기술해 나간다.

1 비교사례분석으로부터의 발견사실

여기에서는, 4사의 기업 행동의 변천 과정을 형상화하기 위해서 4사의 네트워크의 성질과 이노베이션의 변화를 축으로 한 아래의 2by2 매트릭스를 이용해 각사를 비교해 본다. 아래 그림은 비교사례분석을 실시한 4개사의 기업행동을 시계열적으로 나타낸 것이다. 4사의 기업 행동은 시대의 변천과 함께 어떠한 변화를 이루어 왔을까. 각 회사의 기업 행동 진화 과정을 정리해 보자.

먼저, 야마다야의 경우 왼쪽 아래 셀에서 오른쪽 상단 셀로 이동하는 경향이 있다. 창업초기에, 야마다야는 자사의 제조 기술을 이용해 미야지마의 참배객을 상대로 모미지 만쥬 판매를 중심으로 사업 전개를 하고 있었다. 2대 경영자의 형성기에는, 모미지 만쥬 브랜드를 베이스로 생산 능력이나 판로의 향상·확대를 살릴 수 있도록, 미야지마뿐만이 아니라 히로시마의 방문객이라고 하는 새로운 고객층 전용의 신상품 개발에 착수했다. 3대 사장이 된 뒤에는 지역 기업 및 단체와의 네트워킹을 통해 관광 기념품 이외의 수요 확대에 주력하고 있다. 카페 비즈니스로의 진출이나 양과자 제조에의 도전, 관광과 제과 비즈니스의 융합 구상 등은 동사가 단순한 지역의 토산품 제과 메이커로부터 탈피해, 새로운 비즈니스의 구축을 목표로 하고 있다는 증거이기도 하다.

한편, 야마다야의 네트워크 성질 변화를 고찰하면, 초기 단계에서는 동업자나 구입처와의 단순한 협력 체제에 지나지 않았던 것이, 서서히 그 이해 관계자를 확대해, 현재는 동업자는 물론 관광 관련 종사자, 컨설팅 회사, 대학, 행정 등 다른 업종간에도 적극적으로 교류하고 있다. 야마다야의 네트워킹의 특징은 형식적인 제휴가 아니라, 예를 들면 일시적인 효과로 끝나지 않도록 품질면에도 힘쓰고 있다는 것, 미디어 등선전 광고 효과를 활용하고 있는 것 등, 구체적인 성과를 낳는 데 있다고 말할 수 있을 것이다.

다음으로, 아사히 주조와 무학의 경우는 같은 술 제조에 종사하고 있는 회사임에도 전혀 다른 사업 전개의 족적을 남겨온 점이 흥미롭다. 아사히 주조의 경우 초대가 인수한 생성기 이래, 지역을 중심으로 보통주 제조·판매에 주력해 왔다. 본업을 중심으로 한 상품 개발과 사업 전개를 고집하고 있는 아사히 주조인데, 그 네트워크의 변천 과정을 보면 다양한 이해관계자와의 다양한 네트워킹이 주목된다. 주미

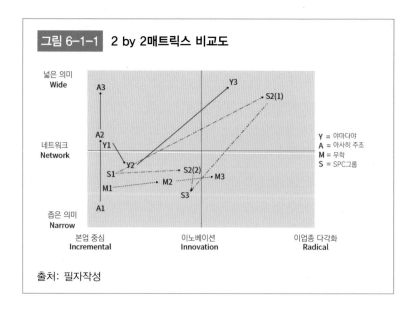

그림 6-1-1 2 by 2매트릭스 비교도

출처: 필자작성

의 정미기술 개발과 제조 과정의 매뉴얼화 및 토우지 제도의 폐지에 협력해 준 농가, 행정, 주조 기술자와의 관계는 해마다 깊어졌다. 특히, 최근에 들어서는 IT기업 등의 인포멀한 이업종 간 교류를 활발하게 실시하고, 해외진출도 시작하는 등 폭넓은 세대·지역·업종과의 네트워킹이 눈에 띈다.

한편, 무학의 경우는 아사히 주조와는 전혀 다른 사업 전개를 하고 있다. 국가정책과 규제의 차이가 있기 때문에 단순 비교하기에는 무리가 있을지 모르지만, 최근 양사의 경영을 고찰하면 그 차이는 명확하게 나타나고 있다. 무학은 식민지하의 군수요에 대응하기 위한 주조 경험을 축적하여 식민지 지배로부터 독립한 후에는 정치적 경제적 불안정과 전쟁이라는 어려운 경영환경 속에서도 경영활동을 계속해 왔다. 최위승 씨가 취임한 이후에는 자신이 가진 네트워크를 활용해 자동화 설비를 도입해 대량 생산을 시작했다. 그리고 한국 정부의 정책에 따른 영향이기도 하지만 현지 소주시장을 안정시켰다. 그러나 정책 변화로 각 지역 소주 시장이 자유화되면서 수도권을 중심으로 한 대형 소주 회사들의 지방 진출과 맥주와 와인 등의 새로운 주류의 등장으로 인해 소주 시장 축소가 본격화되었다. 무학은 2대 취임과 함께 시장 변화에 대비해 기존 25도 소주에서 도수를 낮춘 저도수 소주를 개발해 지역 시장 수성을 다지고 수도권 공략을 진행했다. 또, 해외에도 전진기지를 두는 등 지방 소주회사로서 다른 소주회사와는 다른 길을 걷고 있다.

한편, 무학의 사업 전개에 있어서의 네트워크의 변화를 고찰하자면, 사업기반이 있는 현지에서의 영향력이 매우 강했고 주조업에 의해 막대한 자산을 축적하고 있었기에, 사회공헌의 일환으로서 여러 사업에 참가했지만, 폭넓은 네트워킹을 전개할 필요성이 특별히 발생하지 않았었다고 생각된다.

다음으로 SPC그룹은 처음에는 제빵 사업을 중심으로 정부 정책과 함께 비즈니스를 성장시켜 제빵 관련 분야로의 진출을 꾀했다. 창업자는 두 아들에게 회사를 물려줬지만 장남의 경우 기존 제빵 분야보다 건설업과 관광업 등 비관련 다각화를 진행했지만 악화된 외부환경의 영향으로 위기 상황에 빠졌다.

반면, 차남은 오랜 세월을 거쳐 축적해온 제빵 기술을 기반으로 꾸준히 그 사업 영역을 확대해왔다. 구체적으로는 자신의 해외 경험과 네트워크를 활용해 해외 유명 프랜차이즈를 국내에 도입하고, 윈도 베이커리 프랜차이즈를 전개한 것과 식품 원재료부터 유통, 제조, 판매, 관리까지 수행하는 수직통합을 실현시킴으로써 독자적인 물류채널을 확보하는 등, 시작은 제빵업이었지만 최종적으로는 식품제조업 영역에까지 사업을 발전시켰다. 또한 빵의 본고장인 유럽에도 매장을 개설하여 한국의 제빵 기술을 국내외에 알리고 있다.

2 프레임워크로의 피드백

본 연구의 프레임워크는 한일 각 지역을 중심으로 발전하고 있는 기업의 내부요인인 4개의 구성요소(경영팀, 지역의 핵심자원, 사업기회의 인식, 사업콘셉트)와 학습의 장, 외부요인인 4개의 팩터(제도, 경쟁기업, 파트너기업, 고객)와의 관계를 어떻게 관리하는가 하는 것이었다. 또한, 일본과 한국이라는 서로 다른 나라가 가진 제도의 차이도 고찰 대상으로 주목했다. 각 지역의 산업을 담당하는 기업이 어떻게 급변하는 환경에 대응해 왔는지에 대해서는 비교 사례 분석에 의해 정리되어 있다. 그렇다면 정리의 포인트를 프레임워크의 다른 중요 팩터인 조직 학습이나 장이라는 개념을 중심으로 '지역발 기업의 성장 발전 과정'이라는 위의 발견 사실과 대조해 보기로 하자.

먼저, 야마다야에 대해서는 창업자 부부를 중심으로 한 가족 내에서의 의사결정에서 경영협의회에서의 의사결정 프로세스로의 진화를 볼 수 있다. 현재는 이사 5명으로 최종 의사결정을 하지만, 가족 외 구성원을 포함한 생산본부장, 영업본부장, 총무부장의 권한 강화에 의한 가족경영 탈피를 볼 수 있다. 현장 중시의 1인 경영에서 의사소통을 도모하는 합의 경영으로의 진화 과정이 동사의 성장 과정에 있어서의 하나의 특징이다. 후계자 육성 측면에서는 외부에서의 취업 경험을 쌓게 하는 경험주의적 육성을 중시하고 있다. 또, 사내에 돌아왔을 때에는 후계자를 거래처와의 회의나 협의의 현장에 동행시킴으로써, 조금씩 네트워크를 계승시키고 있다. 제조면에 있어서는 일반 판매용 모미지 만쥬는 생산을 자동화했지만, 수제 기술에 관해서는 사원 몇 명에게 대대로 계승시켜 채산성은 떨어지더라도 전통 기술 보호의 관점에서 조직 내 후계자 육성에 힘쓴다. 거기에 더하여 현 사장은 미야지마 관광 협회와 과자 제조 조합의 직을 맡음으로써 타사와의 협조를 도모하면서 경영 환경의 변화에 대응해 나가는 지역 협동의 장을 형성·발전시켜 왔다.

다음으로 아사히 주조는 1대와 2대 경영자시기에는 경영을 담당하는 사쿠라이 가문과 제조를 담당하는 토우지로 분담하여 주조에 관한 의사결정이 이루어졌다. 하지만 3대에 접어들면서 토우지 제도가 갖는 리스크가 부각됐다. 그것은 토우지의 이동으로 인한 기술 유출과 제조기술이 사내에 공유되지 않는 점이었다. 3대째는 토우지 제도의 리스크를 회피하고, 제조 공정의 매뉴얼화를 진행시키기 위해, 토우지 제도를 폐지하고, 양조 시스템의 단순화에 임했다. 그에 따라 경영과 제조가 일치하게 되어 사쿠라이 가문을 중심으로 신속한 의사결정이 이루어지게 되었다. 또한, 매뉴얼화에 의해 종업원이 단시간에 기술을 배울 수 있고 형식지화된 제조기술의 전달이 가능해져 철저한 조직학습이 이루어져 왔다.

반면, 무학과 SPC그룹은 일본 기업과는 다른 경향을 보이고 있다. 선행 연구나 사례 분석 시에도 언급한 바와 같이, 한국 기업의 대부분은 다각화가 진행됨에 따라 성장해 나가기 위해 외부에서 전문경영인을 확보하고 비전 공유를 도모했다.

무학의 경우 현재 경영진은 7명으로 이사회가 구성되어 있으며, 그 중 4명이 사내이사, 3명이 사외이사이다. 사내이사는 최씨 일가(2, 3대)와 전문경영인 2명으로 구성돼 있으며, 사외이사 3명은 감사(비상근)를 맡고 있다. 그리고 소주회사를 이어가기 위한 후계자 육성 과정을 살펴보면, 경영진을 중심으로 시장조사와 향후 트렌드를 살펴보고, 그 결과를 바탕으로 주류연구소를 중심으로 주조기술을 매뉴얼화하여 직원들에게 공유시켜 술을 만드는 구조로 되어 있다. 후계자는 경영진에 속해 전문경영인의 지원을 받는 것으로 선대부터의 경영방침이나 이념, 술 제조 시 재무 및 제조공정에 관한 철저한 조직학습이 이루어져 왔다.

또한, 무학에 있어서 초대에서 2대 경영자로 바뀐 후의 큰 변화로서는 사내 회의를 빈번하게 실시해, 데이터를 바탕으로 기업 내외의 환경 변화를 조직내 구성원과 공유하고 있는 경향을 볼 수 있는 것이다. 이에 따라 노사 간 협력이 활발히 이뤄져 2015년 투명경영상을 수상하는 등 조직 존속을 강화한 것도 주목할 점이다.

마지막으로 SPC 그룹을 살펴본다. 허영인 현 사장은 미국 유학 경험을 쌓는 등 넓은 세계관을 가진 경영자로, 경험주의적 경영자 육성을 지향하는 면에서는 야마다야와 공통적이다. 예전에는 샤니 공장이 위치한 경기도 성남상공회의소 회장을 맡는 등 지역 전체의 활성화에도 힘썼다. 현재 본사를 서울로 옮겨, 성남상공회의소에서 대한상공회의소로 소속처가 변경됐다. 또한, CSR 활동의 일환으로서 SPC 행복 재단을 2011년에 설립해, 사회공헌 활동이나 인재육성등을 적극적으로 지원하는 등 지역이나 업계와의 제휴 활동도 비교적 능숙하게 전개하고 있다. 그리고 프랜차이즈에 참여한 가맹점과의 협의회도 정기적으로 열어 다양한 협력 프로젝트를 시작하는 등 협동하면서도 경쟁해 나가는 SPC 경영의 특징을 보여주는 좋은 예이며, 회사 조직의 장(場) 형성과 진화 과정이 나타난 현상이라 할 수 있다.

그러나, 이해관계자들은 저마다 입장이 있고 경영방침과 사고방식이 다르기 때문에, 협력체제를 유지해 나가기는 쉽지 않다. 행정에 관해서도 형식적인 협력관계에 머무르는 경우가 많아 자발적이고 보다 적극적인 연계관계가 향후 요구된다.

또한, 대학과의 연계를 통해 자사 직원은 물론 향후 SPC그룹에서 일하고 싶은 학생들을 대상으로 제빵에 대한 이론적인 교육과 SPC그룹 내 카페, 베이커리 등에서의 실습을 통해 지식을 습득할 수 있는 프로그램을 2012년부터 실시해, 대상자에게는 물리적 지원과 경력 디자인 등을 지원함으로써 큰 호응을 얻고 있다. 또한, SPC그룹에도 즉시 전력이 될 수 있는 유능한 인재를 조기에 확보할 수 있는 동시에 자사의 이미지 메이킹으로도 이어질 수 있어 변화하는 경영환경에 유연하고 적극적으로 대처해 나가는 이 회사의 경영자세가 엿보인다.

SPC의 조직 내부 의사결정 프로세스로서는, 생성기에는 창업자와 아내를 중심으로 한 경영팀에 의해 의사결정이 이루어졌다. 현재는 SPC그룹 내 상장사인 SPC삼립의 최대주주인 지주회사 파리크라상과

BR코리아를 허씨 일가가 소유하고 그 두 회사를 중심으로 계열사를 지배하고 있는 지배구조를 갖고 있다. 그리고 현재의 의사결정 과정은 허씨 일가를 중심으로 각 계열사 전문경영인의 지원으로 의사결정이 이루어지고 있으나, 직원들과의 간담회나 다양한 행사를 통해 일반 직원들의 적극적인 의사표명도 요구하고 있는 것이 현 경영진의 특징이라고 할 수 있다.

후계자 육성은 SPC에 있어서의 최대의 과제이다. 허영인 씨는 차남이지만 특별히 장남에게 사업승계를 하는 일은 없을 것이라고 선언했으며, 현 시점에서 후계자가 아직 정해지지 않았다. 또한 SPC그룹뿐만 아니라 많은 한국 기업의 문제점으로 꼽히는 것은 상술한 상속세의 문제이다. SPC그룹의 경우도 복잡한 지배구조로 인해 지분 승계와 상속세 문제, 그리고 후계자 자신이 자신의 능력을 사내외 주주들에게 인정받을 수 있을지가 이 회사의 중요 과제로 떠오르고 있다.

한편, 일반 사원의 육성에 관해서는 직무 분야에 따라 다른 채용 시스템을 이용하고 있다. 기술직의 경우 10주간 기술 관련 교육을 실시해 합격자를 중심으로 기술직 채용을 실시하고 있다. 일반 사무직에 대해서는 중도채용과 인턴십을 통한 채용이 일반적으로 이뤄지고 있다. 채용은 매년 이뤄지고 있으며 각 계열사에 따라 채용 기준이 다르다.

또한, 한국의 경우, 아시아 금융위기 이후 IMF로부터 금융지원을 받는 동시에 구미의 잡(Job)형식의 고용형태가 도입되어 현재 많은 기업이 채용하고 있다. 잡형식의 고용형태란, 업무내용에 따라 높은 전문성을 가진 인재를 비정기적으로 채용하는 고용형태다. 잡형식의 고용형태에는 종신고용이나 연공서열이 없고, 업적이나 직무경력에 따라 매년 연봉교섭을 실시하는 구조로 되어 있어 젊은 사원의 고용은 많지만 평균 근속연수가 일본 기업에 비하면 상당히 짧다. 한편, 일본

기업의 대부분은 멤버십(Membership)형 고용형태를 유지하고 있으며, 일본적 경영을 대표하는 종신고용, 연공서열이 그 대표적인 예이다. 최근 들어서는 한국처럼 잡형식의 고용 형태로 옮기려는 기업도 등장하고 있다.

SPC그룹 중 주식시장에 상장된 SPC삼립을 기준으로 평균 근속연수가 5년 6개월이 채 안 되는 것은, 유연한 고용이 가능한 장점이기도 하지만 기술 유출과 사내 치열한 경쟁 환경이 향후 후계자 문제와 함께 중요 과제가 되고 있다.

이상으로, 프레임워크에서의 외부요인과 한일기업의 내부요인이 조직학습과 장의 형성·발전이라는 메조 팩터를 통해 잘 연동됨으로써 기업은 성장·발전해 나가지만 그 과정은 다양하고 복잡하다. 이번 4개사의 사례에서는 그 일부 경로가 제시됐을 뿐이다. 그러나 본 연구의 프레임워크를 기반으로 자사의 성장·발전 과정을 면밀히 살펴본다면 향후 발전 루트를 어느 정도 구상하는 것이 가능할 것이다.

02 본 연구의 인플리케이션과 이후의 과제

1 연구상의 함의

이하에서는, 본 연구에서 얻은 시사점을 이론적 함의 와 실천적 함의이라는 2가지 차원에서 정리한 후에 향후의 연구과제에 대해 언급한다.

1 이론적 함의

첫째, 지금까지의 한일 기업이나 기업가에 대한 선행연구의 대부분은 기업가 육성에 관한 내용이 적고, 그 육성과정을 명확히 파악한 것은 더욱 적다. 본 연구에서는 복수의 기업에서 기업가 육성 과정에서 외부 취업 경험의 중요성과 그 후의 조직 내 적응 과정을 거쳐 최고의 자리에 오르는 일련의 과정을 살펴봄으로써, 기업가 육성 과정을 상세하게 분석하였다. 또한, 해외 유학이나 해외 교우관계 등 글로벌 네트워크를 구축해 나가는 과정에서 기업인 자신이 글로벌한 시점을 가진 기업인으로 성장하는 것은 물론 기업 운영에 있어 주관적인 결단에 의존하지 않고 객관적인 데이터를 이용한 경영으로 돌아서는 계기가 된다는 것도 밝혀졌다.

또한, 카나이(金井)에 따르면, 기업가 중에는 조직을 만드는 기업가와 사업을 창조하는 기업가가 존재한다. 본 연구에서는 복수의 기업이 자사의 사업 창조뿐만 아니라 지역 만들기나 소속 산업 전체의 수준 향상에 적극적으로 임함으로써 지역사회를 재활성화하고 이를 수행하는 조직 만들기에도 매진하고 있는 것으로 나타났다. 물론 그 존재는 아직 작지만 지역 전체, 업계 전체를 들어 생존을 위해 분투하고 있는 모습이 인상에 남는다.

둘째, 패밀리 비즈니스 연구에 관해서는 선행 연구에서는 정보의 고정화나 가족 내에서의 후계자 선정·계승에 의한 조직 내부 구성원의 동기부여 저하, 후계자 육성에 소요되는 막대한 시간이나 후계자와의 갈등 등이 패밀리 비즈니스의 문제점으로서 지적되어 왔다. 또한, 소유와 경영의 분리가 어려워 회사를 공기(公器)로 취급하는 의식 결여가 큰 문제로 거론돼 왔다. 본 연구에서는 복수의 기업에서 위에서 언급한 패밀리 기업의 전통적인 경영 스타일이 현대에는 이미 무너졌다는 것이 판명되어, 경영협의회 등 최고 의사결정 기관 내에 씨족 경영자 이외의 의견을 폭넓게 받아들여 경영에 임하고 있는 경우가 밝혀졌다. 또한, 본 연구에서는 볼 수 없었지만 최근에는 도야마의 주조회사에서 동족 경영계승을 포기하고 타업종에서 젊은 경영자를 초빙하여 상품개발과 마케팅력을 강화하고 있는 사례가 존재하고 있다. 이와 같이 업계 외부로부터의 인재등용과 의견청취는 조직에 Lock-In되어 있는 구성원들에게 신선하고 참신한 자극을 주어 결과적으로 새로운 이노베이션을 창출하는 계기가 된다.

셋째, 조직학습과 이노베이션이론과 관련된 이론적 공헌은 다음과 같다. 선행연구의 대부분은 그 수준이 싱글루프 학습이든 더블루프 학습이든 기업가적 리더십이 그 실현에 있어서 매우 중요한 역할을 한다는 점이 강조되고 있었다. 그러나, 본 연구의 사례분석 결과에서는 조직학습을 촉진하기 위한 기업인의 역할도 중요시되지만, 기업인의 강한 리더십이 때로는 조직 내 구성원의 조직학습에 방해가 될 수 있음을 밝혀냈다. 조직학습의 개념 속에서 더블루프 학습은 조직의 이노베이션과도 깊은 관련이 있다. 경영환경 변화에 대한 적응 필요성이 인식되더라도 최종적으로 결단하는 것은 최고경영진, 경영팀의 의사에 따른 것이다. 즉, 중소기업에 있어서의 기업가 혁신에 대한 의사가 약한 경우, 조직 내의 구성원이 학습이나 이노베이션에 임하려고 해도 그 실현은 어렵다.

또한, 지역 산업에서의 오픈 이노베이션의 적응 가능성이 사례 분석 결과에서 도출되었다. 예를 들면, 보수적으로 그 전통을 계속 지킨다는 이미지가 강한 지역 전통 과자나 술업계에서도 조직 내부의 인재에 의한 이노베이션 촉진에 의존하지 않고, 문호를 열어 조직 외부로부터의 작용에 의해 조직의 이노베이션이 활성화된다는 것이 본 연구의 사례 분석에서 밝혀졌다.

넷째, 비즈니스 모델론이나 자원 베이스론에 관해서는 선행 연구에서의 유무형 핵심 자원의 차원 및 범위에 관해서 그 정의의 확대 및 융합의 필요성을 볼 수 있었다. 예를 들어, 관광지라는 카테고리는 얼핏 보면 유형자산의 범위에 속하는 것처럼 보이지만, 그 관광지를 찾는 사람들은 관광지 자체의 매력뿐만 아니라 관광지의 이미지를 딴 음식이나 기념품 등의 매력에도 이끌려 방문할 경우도 있다. 따라서, 유형자산과 무형자산의 성질을 모두 가지고 있는 경영자원의 존재도 인정해야 하는 것이다.

또한, 비즈니스 모델이나 시스템은 동태적으로 진화해 간다. 각 산업에 있어서의 경영 자원의 유지·보존·발굴뿐만 아니라, 그것을 새로운 경영 환경의 변화 속에서 비즈니스 모델이나 시스템으로서 정착시켜 나가는 것이 기업의 성장·발전의 열쇠가 되고 있음이 판명되었다.

다섯째, 지역기업을 분석할 때, 기존에 별도로 논의되어 온 기업가, 비즈니스 모델 시스템, 핵심자원 등 기업의 내부적 요인과 조직을 둘러싼 다양한 이해관계자 및 제도 등 기업의 외부적 요인을 조직학습이나 네트워크라는 개념을 통해 미시적 및 거시적 수준으로 통합하였다는 데 본 연구의 의의가 있다. 조직 내부와 외부의 링키지 핀(Linkage Pin)으로서 네트워크나 조직학습 장소의 존재는 매우 중요하다는 것이 본 연구를 통해 더욱 분명해졌다고 생각된다.

마지막으로 일본과 한국이라는 다른 나라에 속하는 기업의 경영활동에 대해 같은 프레임워크로 분석할 수 있었다. 본 연구에서는 정부와 지자체를 외부환경의 요소로 도입함으로써, 일본과 한국의 제도에 대해 비교하고, 각 기업이 성장하는 데 정치와 지자체가 어떤 역할을 했는지 비교할 수 있었다. 자본주의를 기반으로 하는 유사한 경제체제에서도 각국의 정치적 이유가 기업의 성장에 영향을 미치고 국제비교를 할 때는 기업의 내부적 요인뿐만 아니라 외부적 요인도 중요하다는 것을 본 연구에서 알 수 있었다.

이상으로, 본 연구에서는 한일 각 지역의 경제를 담당하는 패밀리기업의 매니지먼트를 분석할 때 필요한 이론을 통합하여 비교 사례분석을 시도한 결과, 몇 가지 사업 전개의 패턴을 제시할 수 있었다. 거기에 더해 각국의 지역 산업이나 패밀리 기업의 연구 영역에 임하는 것이 기업가 활동, 비즈니스 모델, 비즈니스 시스템, 네트워크, 조직 학습, 패밀리 기업 등의 연구 영역을 이론적으로 진화시킬 가능성이 있음을 시사했다.

2 실천적 함의

지금부터는 본 연구의 실천적 함의을 제시한다.

첫째, 전통산업과 관련된 지역기업은 기업의 장기적인 성장과 발전을 위해 그 사업구조의 내용을 음미하고, 지켜야 할 것과 포기해야 할 것을 명확히 해야 한다. 여기서 주의해야 할 것은, 한때 일본에서 화제가 된 리스트럭처링과 여기서 말하는 전략적 재고(전략적 철수등)와는 분명히 다르다는 점이다. 예를 들면, 유행에 편승한 일시적인 비즈니스는 배제해야 하지만, 지역사회의 장기적인 발전을 위해서 필요한 사업이라면 그 사업이 지금 당장은 회사에 공헌하지 않더라도 끈기 있게 계속해 나가는 것이 중요해진다. 야마다야의 미야지마 관광협회와의 관계성, 아사히 주조의 지역경제 활성화 기여와 지역환경보전 활동 실시, 무학의 지역은행 설립 참여, SPC그룹의 CSR 활동은 암암리에 작금의 단기적 이익을 추구하고 타산적으로 행동하는 일부 기업의 행동에 대해 경종을 울리고 있다. 지역 안에서 지역과 함께 살면서 성장 발전하는 운명공동체라는 말은 입으로만 할 것이 아니라 유언실행(有言実行)을 해야 할 것이다.

둘째, 지역사회 발전에 있어서 지역 행정단체나 대학 등의 산학관 제휴의 역할에 대해 언급한다. 어느 지역에나 그 지역을 대표하는 산업이 존재한다. 예를 들어 히로시마 지역은 공구용 줄, 붓, 일본술, 바느질용 바늘의 유명한 산지이다. 그러나 각 분야에 종사하는 지역 기업은 그 규모 면에서 중소 영세 기업이 많다. 각각의 기업은 경쟁하는 입장에 있지만, 지역 전체의 입장에서 생각하면 협력해 나갈 필요가 있다. 각 협동조합 등의 민간 차원에서의 협력 체제도 중요하지만, 각 자치체가 주도해 나가는 플랫폼 만들기도 요구되지 않을까. 각 사업 분야의 동향이나 선진적 사례 소개, 다양한 타업종계와의 교류 기

그림 6-2-1 일본과 한국의 기업이 함께 걷는 길

그림: Illustration by Joon Moon M.D.

획, 컨설팅 기회 제공 등은 개별 지역 기업이 담당하기에는 그 짐이 너무 무겁다. 행정기관의 입장에서 한 기업을 전면 지원하는 것은 제도상 무리가 있기 때문에 지역 업계 전체를 끌어올리는 식으로 실시해야 한다. 이러한 이해관계에서 민간기업과 행정기관의 협동체제가 자연스럽게 필요해진다.

또한, 산학 협력은 최근, 대학의 적극적인 사회사업 추진, 많은 비용을 들이지 않아도 쌍방이 이익을 향유할 수 있는 환경이 대두 되고 있다. 기업 입장에서는 사내에 없는 신선한 자극이나 아이디어를 찾을 수 있고, 대학으로서는 기업과의 제휴를 통해서 사회공헌을 할 수 있는 기회가 되기 때문에 매우 효과적인 수단일 것이다. 물론 이상적으로는 지역의 행정, 기업, 대학이 하나가 되어 지역 전체를 끌어들이는 시스템을 만드는 것이 전통 산업에서도 요망된다.

셋째, 패밀리 기업의 전통적인 경영 스타일을 극복해야 한다. 본 연구에서 다루고 있는 대상 기업 중에서도 많은 기업이 많든 적든 세대갈등이라는 문제에 직면해 있다. 창업 초기부터 현재에 이르기까지 많은 기업에서 소유와 경영의 분리가 이뤄지지 않은 것이 큰 문제점으로 부각되고 있지만, 경영진은 이를 깨닫지 못하고 있다. 여기서 오해받고 싶지 않은 것은 친족경영 혹은 가족경영 전체에 대한 비판이 아니라는 점이다. 애초에 기업은 공기(公器)이지 개인 소유물이 아니다. 대기업이나 상장한 기업이 되면 일반적으로 그 정보를 공개해야 하고, 기업의 경영에 대한 책임도 상당히 엄격해진다. 규모가 다르다고는 하지만, 지역 전통기업도 예외는 아니다. 집안 경영, 친구 경영, 친인척 경영 자체가 나쁜 것이 아니라 경영진이 기업을 영위할 능력이 있느냐가 문제인 것이다. 총수의 직관이나 결심에 의존하는 경영이 아니라 외부의 객관적 견해나 데이터에 기반한 경영으로 돌아서기 위해서라도 경영과 소유를 분리하는 발상은 한 번 고려해 볼 일이 아닌가 싶다. 아들이나 친인척에게 회사를 맡기는 것이 전제조건이 아니라 경영자로서의 소질을 갖췄느냐가 중요한 문제다. 앞서 언급한 바와 같이 도야마 지역이지만, 일본술을 제조하는 회사 중에서 친족 경영에서 탈피해 타업종에 종사하고 있던 인물을 전문 경영자로서 초청해 참신한 신상품 개발에 성공해 도쿄 시장에도 진출한 경우가 있다. 아마추어의 눈에 비친 현장에서 나온 신선한 아이디어에 의해 신사업의 성과가 생겨난 것이다.

또한, 국제적 감각을 갖춘 기업가의 육성이 아울러 필요할 것으로 생각된다. 국내 시장이 축소되면서 해외 시장 개척을 포함한 해외 진출 움직임이 나타나고 있지만, 국내 고객뿐 아니라 해외 고객을 확보하기는 쉽지 않다. 특히 내수시장이 작고 어느 정도 기업이 성장하면 반드시 해외진출을 하는 한국 기업과 규모의 경제를 실현할 수 있는 내수시장을 가진 일본 기업의 해외진출에 대한 온도차가 있다. 이번 사례에 한해서도 한국 기업이 일본 기업보다 해외 진출의 필요성에 대해 이해하고 신속한 의사결정을 통해 해외 사업을 전개하고 있음을 알 수 있다. 따라서 이제 한일 지역기업 경영자들은 국제적인 사업감 각을 일찍부터 길러야 한다. 무역 환경과 원료 조달을 위한 시장 환경 이 나날이 변화하고 있는 가운데 수동적인 자세로 경영해 나가는 시 대는 지났다. 언어와 문화를 포함한 해외에 정통한 인재의 육성이 절 실히 요구되는 상황이 되고 있다.

이상으로, 본 연구에는 지역 패밀리 비즈니스에 있어서의 글로벌 한 시야를 가진 기업가 육성의 필요성, 패밀리 비즈니스에 있어서의 소유와 경영의 분리를 통한 이노베이션의 촉진 가능성, 지역사회에 있 어서의 산학관 제휴를 통한 플랫폼 구축을 통한 지역 활성화, 전략적 재고와 전통 산업 유지의 병용에 의한 성장·발전 가능성 등과 같은 지역사회의 성장·발전에 있어서 실천적으로 적용 가능한 시사점이 풍부하게 포함되어 있다.

3. 이후의 연구과제

마지막으로 본 연구의 비교사례 분석을 통해 나타난 향후 연구과 제에 대해 서술한다.

먼저, 본 연구의 한계로 지적할 수 있는 것은 그 분석대상이 일본 과 한국의 일부 업종에 한정되어 있다는 점이다. 향후, 분석 대상과 지 역을 확장함으로써 한층 더 디테일한 발견 사실을 얻을 수 있을지도 모른다. 또한, 비교 사례 분석을 실시할 때 필요한 인터뷰 내용과 횟수 인데, 가능한 한 같은 항목의 질문 조사표와 같은 횟수의 심층적인 인터뷰 조사를 염두에 두고 있었지만, 조사 대상기업의 사정과 대상자 개인차에 의해 반드시 같은 수준의 양과 질의 데이터를 확보하기가 쉽지 않다. 2차 데이터나 인터뷰의 추가로 그 한계를 보완하고는 있지만, 그것은 본 연구의 한계인 동시에 향후 해결해야 할 과제일 것이다.

다음으로 본 연구에서 제시된 선행연구의 범위를 보다 확장한 후 분석틀을 보다 정교화할 필요가 있다. 개선된 분석틀을 이용해 다양한 분석으로 기업경영의 본질에 다가설 필요성이 있을 것이다. 본 연구의 분석대상이었던 일본과 한국의 과자, 술 관련 기업에 사업규모와 사업 분야 등의 변수를 추가함으로써 보다 폭넓은 지역기업론과 패밀리기 업론으로 발전시켜 나갈 필요가 있을 것이다.

또한, 본서에서는 정성적인 접근법을 이용하는 동시에 대상국의 지역 상품이나 지역 브랜드를 의식한 정량적인 접근도 시도했지만, 조사 기간이 짧고, 선행 연구의 리뷰와 분석의 부족, 조사표 설계의 미숙함에 의해 그 결과는 만족할 만한 수준에 도달하지 못했다. 향후에는 보다 다양한 국가의 지역 기업이나 패밀리 기업의 일반적인 특성을 알아보기 위해 분석 대상과 범위를 확대하고, 업계나 업종, 국경을 초월한 정성적 및 정량적 연구 기법의 적용이 요망된다. 이러한 점을 의식하면서 향후 지역 기업 연구나 패밀리 기업 연구, 중소기업 연구를 국제적인 시점을 의식하면서 연구를 진행해 나갈 것이다.

색인

한국과 일본의 지역 패밀리기업의 매니지먼트 비교

초판발행   2023년 7월 25일

지은이   김태욱
펴낸이   안종만·안상준

편 집   전채린
기획/마케팅   손준호
표지디자인   이수빈
제 작   고철민·조영환

펴낸곳   ㈜ 박영사
               서울특별시 금천구 가산디지털2로 53, 210호(가산동, 한라시그마밸리)
               등록 1959. 3. 11. 제300-1959-1호(倫)
전 화   02)733-6771
f a x   02)736-4818
e-mail   pys@pybook.co.kr
homepage   www.pybook.co.kr
ISBN   979-11-303-1750-2   93320

정 가   29,000원